Confucionismo: uma abordagem intercultural

SÉRIE PANORAMA DAS CIÊNCIAS DA RELIGIÃO

Confucionismo: uma abordagem intercultural

Matheus Oliva da Costa

Rua Clara Vendramin, 58 | Mossunguê | CEP 81200-170 | Curitiba | PR | Brasil
Fone: (41) 2106-4170 | www.intersaberes.com | editora@intersaberes.com

Conselho editorial Dr. Ivo José Both (presidente) | Drª Elena Godoy | Dr. Neri dos Santos | Dr. Ulf Gregor Baranow ‖ *Editora-chefe* Lindsay Azambuja ‖ *Supervisora editorial* Ariadne Nunes Wenger ‖ *Assistente editorial* Daniela Virolí Pereira Pinto ‖ *Preparação de originais* Rodapé Revisões ‖ *Edição de texto* Mille Foglie Soluções Editoriais | Larissa Carolina de Andrade ‖ *Capa e projeto gráfico* Sílvio Gabriel Spannenberg (*design*) | TWINS DESIGN STUDIO e Wonderful Nature/Shutterstock (imagens) ‖ *Diagramação* Rafael Ramos Zanellato ‖ *Equipe de design* Iná Trigo ‖ *Iconografia* Palavra Arteira | Regina Claudia Cruz Prestes

Dados Internacionais de Catalogação na Publicação (CIP)
(Câmara Brasileira do Livro, SP, Brasil)

Costa, Matheus Oliva da
   Confucionismo: uma abordagem intercultural/Matheus Oliva da Costa. Curitiba: InterSaberes, 2021. (Série Panorama das Ciências da Religião)

   Bibliografia.
   ISBN 978-65-5517-858-6

   1. Confucionismo 2. Confucionismo – China I. Título. II. Série.

20-49327   CDD-299.51

Índices para catálogo sistemático:
1. Religiões de origem chinesa 299.51

Cibele Maria Dias – Bibliotecária – CRB-8/9427

1ª edição, 2021.

Foi feito o depósito legal.

Informamos que é de inteira responsabilidade do autor a emissão de conceitos.

Nenhuma parte desta publicação poderá ser reproduzida por qualquer meio ou forma sem a prévia autorização da Editora InterSaberes.

A violação dos direitos autorais é crime estabelecido na Lei n. 9.610/1998 e punido pelo art. 184 do Código Penal.

SUMÁRIO

9 | Prefácio
12 | Apresentação
22 | Como aproveitar ao máximo este livro

25 | **1 Raízes da cultura chinesa e do confucionismo**
25 | 1.1 A Antiguidade chinesa: arqueologia, história e mito
35 | 1.2 Práticas e cosmovisões da Antiguidade chinesa
38 | 1.3 A transformação do legado da Antiguidade pela dinastia Zhou

58 | **2 Confúcio e a transformação do legado da Antiguidade**
58 | 2.1 Confúcio como marco histórico e cultural
68 | 2.2 As fontes do pensamento de Confúcio
75 | 2.3 Ideias centrais no pensamento de Confúcio e seus primeiros seguidores

91 | **3 A formação da escola dos eruditos e as escolas concorrentes**
92 | 3.1 O contexto social, político e intelectual chinês após Confúcio: algumas escolas de pensamento
98 | 3.2 Mêncio: defensor e continuador das ideias confucianas
104 | 3.3 Xunzi: autor do primeiro texto confuciano sistemático

122 | **4 A tradição confuciana na história da China imperial**
123 | 4.1 A vitória de Confúcio: o confucionismo como política de Estado
133 | 4.2 A disputa pelo Império: confucianos em convivência e embate com outras tradições
142 | 4.3 Os neoconfucionismos e a expansão neoconfuciana na Ásia

163 | **5 Confucionismo contemporâneo: crise política e identidade cultural**
164 | 5.1 A queda de Confúcio como reflexo do século da humilhação
173 | 5.2 Confucionismo político nos séculos XX e XXI
187 | 5.3 Confucionismo como marca identitária da "chinesidade" na diáspora chinesa

205 | **6 A dimensão religiosa da tradição confuciana**
205 | 6.1 Conceito de religião, terminologia chinesa e confucionismo
212 | 6.2 Aspectos religiosos em textos e práticas dos eruditos (Ru)
226 | 6.3 Confucionismo popular e as novas religiões chinesas "confucionizadas"

242 | Considerações finais
244 | Referências
253 | Bibliografia comentada
256 | Apêndices
264 | Respostas
266 | Sobre o autor

Mais do que um homem ou um pensador, e até mais que uma escola de pensamento, Confúcio representa um verdadeiro fenômeno cultural que se confunde com o destino de toda a civilização chinesa. Esse fenômeno [...] manteve-se durante 2.500 anos e perdura ainda hoje, após passar por várias transformações e sobreviver a muitas vicissitudes.
Anne Cheng

PREFÁCIO

Certas crises, como a que vivemos recentemente em razão do coronavírus, expuseram, mais uma vez, o estranhamento de boa parte da sociedade brasileira com relação à China. Para além das complicadas acusações sobre os hábitos de alimentação e de higiene dos chineses lançadas nas redes sociais – fruto de ignorância, preconceito, inveja ou, pura e simplesmente, má-fé –, a emergência civilizatória causada por um vírus respiratório também mostrou que ainda temos muito a aprender sobre os chineses. Em especial porque, na cena global que há de emergir do pós-crise, os chineses provavelmente terão um protagonismo ainda maior em relação ao restante do planeta. Mais do que isso: é bem possível que, na "próxima onda", o sistema de pensamento ocidental (judaico, cristão, grego, romano, racional, irracional...) venha a absorver e incorporar perspectivas oriundas do sistema chinês de pensamento.

Como, então, conhecer, de fato, os chineses e sua mentalidade? Como distinguir, nas comunidades chinesas continentais e naquelas espalhadas pelo mundo desde antes do advento comunista de 1949[1], os elementos do olhar, os valores e as representações do humano e do divino, da política e da educação? Como identificar aqueles dados e perspectivas, enfim, capazes de nos situar de fato – e, até mesmo, de estabelecer maior alteridade – em relação às mulheres e aos homens da China?

Se eu pudesse arriscar um "caminho de desvelamento", sugeriria quatro vias essenciais: a do taoismo, a do confucionismo, a do pensamento estratégico-militar e a da compreensão do corpo

---

1 Como as de Hong Kong, Macau, Taiwan e as da zona de influência chinesa no sudeste asiático, além dos Estados Unidos.

em relação à cosmogonia e ao universo. Essas vias, vale observar, cruzam-se muito mais do que poderíamos imaginar em um primeiro momento e permitem acessar vias secundárias associadas à História, às muitas escolas de pensamento, ao budismo chinês e à religiosidade popular, à medicina tradicional, às artes marciais, à relação com o meio ambiente, com a tecnologia e até com sistemas políticos mais recentes.

Neste livro, Matheus Oliva da Costa – pesquisador vigoroso e entusiasmado que tive a alegria de acompanhar já em seus primeiros passos acadêmicos há alguns anos – oferece uma chave para o ingresso na senda do confucionismo. Nesta obra muito interessante, o autor fornece uma visão panorâmica da escola fundada pelo Venerável Mestre Kong, tarefa para cuja realização atende dois públicos com igual qualidade. Em primeiro lugar, o formado por aqueles que conhecem Confúcio só de ouvir falar – ou melhor, só de ler aforismos de autenticidade duvidosa em redes sociais. O outro grupo é formado por estudantes e entusiastas do pensamento chinês, entre os quais me incluo. Para estes, a obra se assemelha a um orientador de conhecimentos ou um indicador luminoso daquelas "zonas obscuras" de conhecimento que, muitas vezes, acabam supridas por achismos e opiniões sem fundamentos.

Para produzir esta breve, porém valiosa, "tradução", Matheus se serviu de fontes de primeira qualidade, o que fez com o superego de um erudito chinês da dinastia Song! Brincadeiras à parte, o fato é que o autor dedicou muita atenção e esforços para oferecer uma obra que efetivamente contribuísse para o conhecimento do confucionismo. Para isso, usou linguagem clara e amigável, com a medida pedagógica certa para uma excelente compreensão por parte do leitor médio.

Antes de ceder espaço ao que realmente interessa – as lições de nosso erudito Matheus sobre um outro erudito, Confúcio –, gostaria de expressar minha alegria por fazer parte deste trabalho. Boa leitura!

Rodrigo Wolff Apolloni

Mestre em Ciência da Religião pela Pontifícia Universidade de São Paulo (PUC-SP), doutor em Sociologia pela Universidade Federal do Paraná (UFPR) e professor de Tai Chi Chuan e Jian Shu (esgrima chinesa) no Centro Ásia, em Curitiba.

APRESENTAÇÃO

No presente livro, voltado para estudiosos da cultura da China em geral (sinólogos) e, principalmente, para estudantes de Ciência das Religiões[1], nosso objetivo é apresentar uma visão panorâmica sobre o confucionismo. Nosso propósito, portanto, não é desenvolver exaustivamente as dimensões da tradição confuciana, mas apontar a riqueza e a diversidade interna do confucionismo como sistema cultural. Assim, esperamos que fique um pouco mais clara a complexidade do assunto, a fim de contribuir para uma compreensão mais sensível das culturas, filosofias e religiões asiáticas, com ênfase nas chinesas – as quais, nos últimos anos, voltaram a chamar a atenção de todo o mundo.

Explicitaremos, nesta obra, que o sistema cultural que chamamos em português de *confucionismo* é uma referência central da história e da sociedade chinesas, e até mesmo de todo o leste asiático – em especial, Coreia, Japão e Vietnã. Isso também significa que o confucionismo tem despertado o interesse e servido de base de uma parcela considerável da humanidade há mais de 2 mil anos. Nos últimos séculos, com o advento das trocas culturais – pacíficas ou violentas – em escala mundial, o fenômeno também tem chamado a atenção de pessoas de países como França, Canadá

---

1 Cientes da variedade de termos usados para designar essa ciência e, apesar de sabermos que, no Brasil, predomina a locução *Ciências da Religião*, entendemos que esta é uma área de saber autônoma, razão pela qual a consideramos uma ciência. Além disso, acreditamos que os pesquisadores e profissionais desse campo têm como foco *as religiões*, no plural. Por isso, usaremos a nomenclatura *Ciência das Religiões*, sinônimo do que foi chamado no século XIX de *Science of Religion* ou *Religionswissenschaft* por Max Müller, o que, desde meados do século XX, é mais conhecido, em inglês, como *Study of religions* ou *Religious studies*.

e Brasil, cuja cultura é predominantemente cristã e nos quais há falantes de línguas neolatinas.

O aprofundamento dessas trocas interculturais – em razão tanto do colonialismo quanto do aumento das relações internacionais – e a necessidade dos europeus de sistematizar cientificamente essas novas informações foram importantes para a formação inicial da Ciência das Religiões (Waardenburg, 1999) no final do século XIX. Ao mesmo tempo, essa área acadêmica ajudou a despertar interesse pelas novidades que chegavam, sobretudo, da Ásia, da África e das Américas. Um exemplo claro disso é o trabalho do fundador da ciência em questão, Friedrich Max Müller (1823-1900). Ele idealizou e começou a organizar a famosa obra *Sacred books of the East* (*Livros Sagrados do Oriente*), publicada entre 1879 e 1910 e formada por 50 volumes que reúnem traduções de escrituras de dezenas de religiões de origem asiática.

Já no primeiro volume desse compêndio de traduções, constam alguns dos clássicos confucianos traduzidos pelo sinólogo James Legge (1815-1897). Trata-se do *Clássico da História* (*Shūjīng* 书经), o *Clássico da Poesia* (*Shījīng* 诗经) e o *Clássico da Filialidade* (*Xiào jīng* 孝经), cujas traduções de Legge foram disponibilizadas no portal *Chinese Text Project* (Sturgeon, 2006). Isso sinaliza a importância do confucionismo para alguns intelectuais europeus já no século XIX, o que ajudou a formar tradições de sinologia (estudo da China) na Europa e América do Norte.

No Brasil, como relata o historiador, filósofo e um dos raros sinólogos brasileiros, André Bueno (2014, p. 113), o interesse por Confúcio no Brasil teve um "início religioso", pois ganhou destaque inicialmente com o nome de uma das primeiras comunidades espíritas-kardecistas do Brasil. Aqui a referência é à Sociedade de Estudos Espíritos – Grupo Confúcio, fundada em 1873 no Rio de Janeiro, que mudou de nome poucos anos depois e parou de mostrar interesse pelo sábio chinês.

Durante o século XX, o confucionismo atraiu a atenção de poucos brasileiros graças à migração japonesa. Ao longo de todo esse século foram publicadas traduções de estudos estrangeiros sobre o assunto. Nas décadas finais do século XX, autores brasileiros esotéricos, ou pessoas simplesmente interessadas em religiões e filosofias além das dominantes, começaram a escrever livros que tratavam direta ou indiretamente da tradição de Confúcio. Somado a tudo isso, na década de 1950, o Brasil começou a receber alguns migrantes chineses que trouxeram consigo saberes tradicionais, incluindo valores e práticas inerentes ao confucionismo (Costa, 2015a, 2015b). Por exemplo, artes marciais (*kung fu*), medicina chinesa e até novas religiões chinesas "confucionizadas".

No século XXI, tem havido o crescimento da influência chinesa no cenário global. A cultura da China não apenas chama a atenção dos brasileiros, mas também começa a chegar até nós de maneira mais intensa em razão das imigrações do povo chinês para o Brasil, do aumento do comércio e da fundação de instituições como o Instituto Confúcio em território nacional. Seguindo esse fluxo, na última década foi publicada a primeira tradução completa para português do Brasil d'*Os Analectos*, de Confúcio (sua principal obra), feita pelo brasileiro Giorgio Sinedino em 2012.

Surge, então, um questionamento: Se europeus começaram a estudar o assunto ainda no século XIX, o que poderia significar essa longa demora do interesse brasileiro por fenômenos como o confucionismo? A resposta possivelmente seja a falta de curiosidade do brasileiro por culturas como as asiáticas e as africanas. Isso poderia ser explicado pela tradição de ter a Europa e o cristianismo como centro das atenções, o que, muitas vezes, gera desinteresse ou até preconceito por outras culturas. Somamos a isso o fato limitador de poucos brasileiros saberem a língua chinesa e conhecerem a história da China. A esse respeito, Bueno (2014, p. 128, grifo do original) declara:

Confúcio representa um problema epistemológico para os brasileiros: é um **problema de construção do conhecimento**, que deriva da mistura de preconceito, ignorância e limitação que afeta nossa formação cultural e universitária. Conhecer Confúcio não nos mostra apenas o que é a raiz da China, mas revela nossas próprias deficiências de formação, e a incapacidade que tivemos até agora de lidar com a diferença.

Se assim é, o desinteresse pelo confucionismo levanta o seguinte questionamento: Em que medida nós, brasileiros, somos abertos e interessados por outras culturas que não sejam as europeias? Como cidadãos, é muito importante ter essa predisposição para conhecer culturas diferentes da nossa e com elas conviver, de forma que haja mais respeito com as diferenças entre as pessoas. E, para cientistas das religiões ou qualquer outro estudante das culturas, é requisito básico ter interesse e abertura para estudar diferentes culturas. Quem estuda somente sua tradição não tem parâmetros para entender outras culturas, tampouco, na verdade, a própria. Como diria Max Müller (1882): quem conhece somente uma religião não conhece nenhuma.

Acreditamos que a escrita deste livro se justifica por suprir parte dessa demanda por abertura intercultural e por dar a chance de conhecer com mais profundidade outras realidades sociais diferentes da nossa – especialmente se você, leitor, for um profissional do estudo das culturas e religiões. Dessa forma, você, como cidadão, terá mais ferramentas para conviver com pessoas que praticam de alguma maneira a tradição que este livro aborda (como chineses e japoneses) ou mesmo treinará sua abertura psicológica para se relacionar melhor com diferentes culturas. Como cientista das religiões ou estudioso das culturas em geral, terá fundamentos e direcionamentos para compreender melhor uma das bases culturais mais antigas e praticadas dos últimos dois milênios.

O que, afinal, é o confucionismo?

É obvio, para o leitor, que a palavra *confucionismo* em português é derivada do nome *Confúcio*, a qual, portanto, representa a doutrina (*–ismo*) desse pensador. Porém, essa elucidação não basta.

O nome *Confúcio* vem da expressão da língua chinesa *Kŏngzǐ* 孔子: ao passo que *Kong* era o sobrenome (em chinês se usa o sobrenome na frente do nome pessoal), o termo "*zǐ* 子" significava "mestre", um tratamento de respeito empregado por pessoas que, social ou moralmente, situavam-se, em relação a ele, em nível hierárquico igual ou inferior. Às vezes, seu nome é escrito de maneira mais longa, como *Kŏngzǐ* 孔子, o que fez, por equivalência fonética, missionários jesuítas europeus latinizarem/romanizarem o vocábulo como *Confucius* no século XVI. Em termos chineses, há ainda *Kŏng Qiū* 孔丘, em que *Qiū* é o nome próprio desse personagem histórico, e *Zhōngní* 仲尼, um nome de cortesia ou alcunha, costume cultural chinês de adotar um nome de tratamento para adultos (o que costuma ocorrer, então, em torno dos 20 anos).

Entretanto, o confucionismo é mais do que apenas a "doutrina de Confúcio". O termo nativo chinês para designar quem segue o Caminho (*Dào* 道), ao qual o próprio Confúcio também aderiu e do qual se tornou um personagem-chave (mas sem chegar exatamente a ser um "fundador"), é *Rú* 儒, que pode ser traduzido como "eruditos", "letrados" ou "acadêmicos". Por derivação, cerca de cinco séculos depois, historiadores chineses usaram o termo *Rújiā* 儒家 (escola ou tradição dos eruditos), mais ligado à tradição oficial e ortodoxa dessa escola. Depois também surgiu a derivação *Rújiào* 儒教 (ensinamentos ou doutrina dos eruditos), que tem sentido mais cotidiano e religioso – ainda que *Rujia* e *Rujiao* sejam quase sinônimos. Em razão do termo original *Rujia* (ou *Rujiao*), é comum em pesquisas em língua inglesa sobre esse tema ver o termo *ruism* ("ruísmo") em vez de *confucionismo*, no caso de autores que buscam se aproximar da terminologia original.

Optamos por manter a denominação *confucionismo*, ainda que saibamos da imprecisão do termo. A escolha se deve não só à tradição do uso do termo em línguas latinas – o que facilita a comunicação com você, leitor –, mas também ao entendimento de Confúcio como sistematizador e marco dessa tradição, a qual, aliás, é um dos pilares da cultura chinesa e de grande parte da Ásia.

Após séculos como referência cultural de uma grande parte da população mundial, durante o século XX o *confucionismo* sofreu inúmeras baixas, entre elas: deixou de ser doutrina oficial do Estado chinês e coreano; perdeu muito da força dentro da política de outros países asiáticos, como o Japão; vários elementos seus foram combatidos tanto na China (como seu tradicionalismo) quanto internacionalmente (a ligação com o machismo chinês); e perdeu as instituições educacionais que formavam confucianos. Enfim, caiu muito o prestígio que Confúcio e seus ensinamentos tiveram por mais de dois milênios.

No século XXI, no entanto, estamos assistindo a uma retomada de iniciativas confucianas ou inspiradas nessa tradição. O exemplo mais forte, sem dúvida, é que o governo chinês passou a criar os "Institutos Confúcio" para divulgação da cultura chinesa em todo o mundo de modo institucional, sobretudo pelo ensino de sua língua oficial. E existem outros casos: são ofertados cursos de filosofia chinesa (incluindo filósofos confucianos) em grandes universidades em todo o mundo; há revistas especializadas em confucionismo; e voltam a existir defensores da utilidade de sua filosofia política nos Estados democráticos atuais.

Entre perdas e resgates, a tradição ligada ao nome de Confúcio e que está entrelaçada com a cultura antiga chinesa sempre foi praticada por uma parcela considerável da população. Em certos casos, como o culto caseiro aos ancestrais e a importância da família, normas culturais também para os chineses imigrantes, trata-se de um legado defendido por confucianos desde a Antiguidade. Em casos mais específicos, como o culto a Confúcio, que pode incluir sacerdotes, sacrifícios/oferendas e altares, também é possível observar tais práticas ao longo da história chinesa até hoje.

Como você, leitor, pode ter inferido, o confucionismo tem diferentes aspectos: é, ao mesmo tempo, uma proposta política e uma filosofia moral; tem fortes elementos religiosos, embora não seja necessariamente uma religião em todos os aspectos. Mais do que isso, é uma cultura, um sistema cultural, ou seja, um sistema de práticas e visões de mundo que se mantém mediante tradições, com continuidades e descontinuidades, e que impacta direta e indiretamente a vida de bilhões de pessoas no mundo há cerca de 2.500 anos (ver o Apêndice 1).

O estudo da tradição confuciana se legitima também na Ciência das Religiões, justamente por instigar a pensar os conceitos mais básicos, por exemplo, o de religião: o confucionismo não é facilmente classificado como religião, mas também não é possível negar que haja elementos religiosos nele, o que o torna um fenômeno no mínimo polêmico, central no aquecimento de debates teóricos com exemplos da realidade social. O tema deste livro desafia cada pesquisador da área a se munir com conceitos abrangentes, atualizados e reconhecidos sobre o que seria ou não religião. Da mesma forma, como essa tradição tem diversas dimensões, é necessário mostrar cada uma delas, a fim de apresentar o confucionismo ou "ruísmo" de maneira mais ampla e profunda.

Entendemos que o confucionismo é mais bem descrito como um **sistema cultural**. Isso porque, embora carregue, sim, elementos religiosos, a tradição, como um todo, não é exatamente uma religião. Na verdade, é uma tradição que enfatiza a ação política, a educação e a família e que contém dimensões e camadas que a compõem. Tem uma longa história e guarda suas perspectivas históricas próprias, conta com todo um sistema filosófico com autores e temas bem-estabelecidos, apresenta aspectos espirituais/religiosos, é a base de um modelo político que foi um dos mais duradouros da história mundial (desde a China Imperial), e muito mais.

Para explicitar isso, utilizamos aqui abordagem intercultural e descolonial – seguindo autores como Enrique Dussel (2000) e Richard King (2005). Nosso método consiste em abordar as dimensões centrais do confucionismo por meio de uma escrita que entrelaça elementos sincrônicos e diacrônicos. Em outras palavras, buscamos mostrar, de maneira complementar, os acontecimentos históricos da tradição confuciana e temas transversais que podemos observar pela perspectiva de certos conceitos, como religião, política ou filosofia. Por desejarmos oferecer ao leitor um livro acessível e que forneça fundamentos sobre o tema trabalhado, privilegiamos as informações históricas, sem esquecer as questões transversais.

Na prática, os seis capítulos desta obra foram formulados para que você compreenda a formação histórica do confucionismo. No Capítulo 1, tratamos das raízes da antiga cultura chinesa e explicamos de que forma os confucianos se veem como um legado dessa antiguidade. No Capítulo 2, enfatizamos Confúcio como um personagem histórico que ressignificou as antigas tradições. No Capítulo 3, falamos sobre a formação do confucionismo nos séculos seguintes àquele em que viveu Confúcio, dando destaque para os dois maiores defensores da tradição. No Capítulo 4, apresentamos um panorama geral da história do confucionismo como referência cultural e política central no leste asiático. Ao longo desses quatro primeiros capítulos, mencionamos também alguns pontos mais transversais, como questões de gênero ou filosofia confuciana. No Capítulo 5, mostramos tópicos históricos importantes para entender a situação do confucionismo dos últimos séculos até a atualidade. Contudo, daí em diante, dedicamos a explanação a discussões sociais sobre aspectos da tradição que se fizeram presentes em diversas épocas e se relacionam com as culturas chinesas e asiáticas de modo geral. No Capítulo 6, o derradeiro, abordamos a questão, talvez, mais polêmica do confucionismo: Este é ou não uma religião? Trata-se de um capítulo mais transversal ou conceitual, que se vale de fontes históricas.

E, para que você tenha conhecimento dos recursos que este livro lhe fornece, fazemos alguns avisos. O primeiro deles é que a história chinesa tem cronologia própria, sendo necessário ter ao menos um conhecimento básico a esse respeito para o estudo do confucionismo. Para facilitar a leitura, elaboramos um quadro com a cronologia chinesa e anexamos os acontecimentos e personagens confucionistas em cada período da história chinesa, no Apêndice 1.

Diferentemente do que se espera, por exemplo, de um artigo científico, a linguagem empregada neste livro é a mais fluída possível. Por isso, além da linguagem mais acessível e direta a que buscamos, em vez de realizar menções a obras de terceiros constantemente, optamos por citar diretamente apenas as informações que julgamos menos conhecidas ou aquelas que desejamos que você busque na fonte original. Embora a maioria das informações não seja acompanhada da menção às obras dos autores de onde foram retiradas, podemos dizer que compilamos como fonte as publicações mais atuais disponíveis principalmente em português sobre o tema do livro, em especial: Max Kaltenmark (1981), Marcel Granet (1997), Ho Yeh Chia (1999, 2006), Fairbank e Goldman (2006a, 2006b), D. C. Lau (2007), Anne Cheng (2008), Karyn Lai (2009), André Bueno (2011a, 2011b), Giorgio Sinedino (2012), Mario Poceski (2013), Rosana Pinheiro-Machado (2013), Huang Yong (2013), Michael Schuman (2016) e Brian Van Norden (2018).

Outro aviso é que, em diversos momentos, buscaremos mostrar fontes primárias, textos originais. No caso de obras já suficientemente traduzidas do chinês para o português brasileiro, optamos por mencionar citações diretas dos trechos escolhidos. Para o livro *Os Analectos* (*Lún Yǔ* 论语), de Confúcio, utilizamos principalmente a tradução de Giorgio Sinedino (2012), já que é a única feita integral e diretamente para o português brasileiro. Usaremos também como referência a excelente tradução de D. C. Lau (2007), bem como o *website Chinese Text Project* (Sturgeon, 2006), que contém o texto original e a tradução de J. Legge.

No mesmo sentido, uma vez que a escrita chinesa, usada para termos originais, tem estrutura bem diferente da do português, foi necessário escolher um sistema de transliteração dos caracteres chineses (ideogramas) para letras alfabéticas, como já fizemos nesta Apresentação. Utilizamos o sistema popularmente conhecido como *Pinyin*. Esse sistema, inclusive a pronúncia adaptada aos fonemas do português brasileiro, é mais bem explicado no Apêndice 2.

Em suma, fornecemos uma visão geral sobre o confucionismo por meio de uma base histórica e de discussões teóricas que busca instigar o leitor a conhecer mais do confucionismo, ao mesmo tempo que lhes fornece fundamentos sobre o tema. Caso você, que lê esta obra, deseje aprofundar seus conhecimentos no assunto, sugerimos que leia as obras indicadas na seção Bibliografia comentada, que consta no final do livro. Da mesma forma, recomendamos uma leitura crítica do livro, já que não pretendemos que aquilo que aqui escrevemos seja considerado uma verdade imutável sobre o assunto: ao contrário, é uma possível abordagem sobre o tema. Depois de ler este livro, busque em outros locais mais informações sobre o que aqui tratamos, já que, como o confuciano mestre Xun disse, "o Aprender não pode parar" (*Xué bù kěyǐ yǐ* 学不可以已, Xunzi, 2006, 1.1, tradução nossa).

COMO APROVEITAR AO MÁXIMO ESTE LIVRO

Empregamos nesta obra recursos que visam enriquecer seu aprendizado, facilitar a compreensão dos conteúdos e tornar a leitura mais dinâmica. Conheça a seguir cada uma dessas ferramentas e saiba como elas estão distribuídas no decorrer deste livro para bem aproveitá-las.

RAÍZES DA CULTURA CHINESA E DO CONFUCIONISMO

Introdução do capítulo
Logo na abertura do capítulo, informamos os temas de estudo e os objetivos de aprendizagem que serão nele abrangidos, fazendo considerações preliminares sobre as temáticas em foco.

IMPORTANTE!

Importante!
Algumas das informações centrais para a compreensão da obra aparecem nesta seção. Aproveite para refletir sobre os conteúdos apresentados.

> ser visto de maneira bastante ampla como uma "di
> verdade carregava poucas características pessoais, t
> mais cosmológico e natural. Também a organização
> sociedade mudara: uma divisão em pequenos estado
> dos" foi formada em volta da autoridade central do im
> Zhou, tendo ocorrido um longo período inicial de paz
>
> **CURIOSIDADE**
>
> Existem várias expressões que transmitem a importâr
> de *Tiān* 天 (Céu) para a cultura chinesa; por exemplo
> (Tudo sob o Céu; o mundo; todo o mundo civilizado
> *dì* 天地 (Céu e Terra, tudo o que existe, universo); *T*
> (Mandato Celestial; Decreto Celestial; e, por aproxima
> Celestial); *Tiānzǐ* 天子 (Filho do Céu, título dado a i
> que deveriam refletir o mandato celestial durante a g
> e muitas outras.

Curiosidade
Nestes boxes, apresentamos informações complementares e interessantes relacionadas aos assuntos expostos no capítulo.

> mento, ou seja, livros, pensadores e grupos de pessoas q
> dar respostas e soluções à crescente crise social da ép
> surgiria Confúcio em meio a pensadores e escolas qu
> dar respostas alternativas às dele, como *Lǎozǐ* 老子,
> escola dos nomes e a escola das leis, entre muitos ou
>
> **SÍNTESE**
>
> Tópicos do Capítulo 1
>
> | Período | Acontecimento e/ou personagens |
> |---|---|
> | Antes de 2000 AEC | • Três Soberanos.
• Cinco Imperadores.
• Reis Sábios (Yao, Shun e Yu). |
> | 2100-1600 AEC Dinastia Xia | • Idade do Bronze
• Relato tradicional da primeira dinastia, sem evid científicas. |
> | 1600-1046 AEC Dinastia Shang | • Culto henoteísta a Shangdi.
• Sacrifícios aos deuses e ancestrais imperiais.
• Crença nos fantasmas.
• Formação das práticas divinatórias pelo uso ritua início da escrita chinesa. |

Síntese
Ao final de cada capítulo, relacionamos as principais informações nele abordadas a fim de que você avalie as conclusões a que chegou, confirmando-as ou redefinindo-as.

> **INDICAÇÕES CULTURAIS**
>
> LOPES, F. S. Culto dos antepassados. *Revista Macau*, n. 34, 2
> em: <https://www.revistamacau.com/2013/10/15/culto-
> dos/>. Acesso em: 3 dez. 2020.
>
> Esse artigo reúne algumas informações sobre a histó
> aos antepassados na época antiga. Aprofunda e forn
> ções mais detalhadas sobre os elementos rituais dess
> especial os tipos de ritos e os objetos utilizados. É re
> o leitor entender melhor a realidade cultural e religi
> do período exposto neste capítulo.
>
> **ATIVIDADES DE AUTOAVALIAÇÃO**
>
> ⚏ Conhecer elementos básicos da cronologia chines
> te, uma vez que fornece fundamentos para a com
> contexto histórico vivido por Confúcio. Assinale c
> a sequência histórica tradicional (do mais antigo
> novo) dos soberanos, imperadores e dinastias da

Indicações culturais
Para ampliar seu repertório, indicamos conteúdos de diferentes naturezas que ensejam a reflexão sobre os assuntos estudados e contribuem para seu processo de aprendizagem.

ATIVIDADES DE AUTOAVALIAÇÃO
1. Sobre a tipologia das cinco relações sociais básicas [...]
   por Confúcio com base nos cinco clássicos, é corre[...]
   A) a visão confuciana da sociedade é a de que todo[...]
   da mesma forma, de que as relações são todas d[...]
   B) na perspectiva dos defensores do Caminho co[...]
   relações entre pessoas são de diferentes tipos,
   padrões culturais específicos.
   C) conforme Confúcio e seus seguidores acreditam [...]
   sociais são diferentes, mas não deveriam sê-l[...]
   devem amor aos próprios pais tanto quanto [...]
   outra pessoa.
   D) É possível interpretar nas ideias de Confúci[...]
   que todos os seres humanos se relacionam d[...]
   maneira, mesmo sendo diferentes.
   E) Ainda que haja cinco tipos de relações sociais [...]
   ve-se tratar todas as pessoas com o mesmo pad[...]
   de interações

Atividades de autoavaliação
Apresentamos estas questões objetivas para que você verifique o grau de assimilação dos conceitos examinados, motivando-se a progredir em seus estudos.

ATIVIDADES DE APRENDIZAGEM

Questões para reflexão
1. Explicamos, neste capítulo, que a história chinesa p[...]
   a partir de duas perspectivas, uma histórica e a[...]
   outra mítica ou tradicional. Você observa isso na [...]
   sua sociedade também? Ou seja, você e as pessoa[...]
   utilizam quais fontes para entender a própria [...]
   materiais científicos ou as fontes tradicionais?
2. Citamos alguns conceitos teóricos e métodos bás[...]
   cia das Religiões neste capítulo inicial da obra. Vo[...]
   história, os autores, as teorias e os métodos próprio[...]
   das Religiões? Mencione ao menos um exemplo [...]
   desses quatro aspectos.

Atividade aplicada: prática
1. Explicitamos aqui a importância dos ancestrais [...]
   para os chineses antigos. Muitos afirmam que es[...]

Atividades de aprendizagem
Aqui apresentamos questões que aproximam conhecimentos teóricos e práticos a fim de que você analise criticamente determinado assunto.

BIBLIOGRAFIA COMENTADA

BUENO, A. **A educação chinesa na visão confucionista.** Ed[...]
2011. Disponível em: <https://www.academia.edu/14[...]
EducArte_a_Educa%C3%A7%C3%A3o_Chinesa_numa_[...]
3%A3o_confucionista>. Acesso em: 2 dez. 2020.
Trata-se de uma das poucas publicações sobre um tópic[...]
cífico da tradição confuciana, no caso, a educação. Mais [...]
expor a perspectiva confucionista, o autor mostra em [...]
dos capítulos o que se pode aprender com essa visão tão [...]
conhecida no Brasil. André Bueno é o pesquisador que m[...]
contribuído qualitativa e quantitativamente para a sinolo[...]
língua portuguesa em geral.

CHENG, A. **História do pensamento chinês.** Petrópoli[...]

Bibliografia comentada
Nesta seção, comentamos algumas obras de referência para o estudo dos temas examinados ao longo do livro.

RAÍZES DA CULTURA CHINESA E DO CONFUCIONISMO

Quando se pensa em confucionismo, é comum imediatamente associar o termo à junção de *Confúcio* (nome do mestre) ao sufixo *-ismo*, que significa "doutrina" ou "sistema". No entanto, tal como foi registrado n'*Os Analectos* 7.1, o próprio Confúcio (2012, p. 212) disse: "Transmito, mas não crio. Confio e amo [sic] a Antiguidade".

E o que ele queria dizer com isso? Uma interpretação recorrente é que, na verdade, Confúcio teria sistematizado tradições que ele aprendera. Neste capítulo, explicaremos o que era essa *Antiguidade* com A maiúsculo na qual ele confiava e que ele amava. Enfatizaremos os elementos desse período antigo que mais tiveram impacto na tradição confuciana, tanto no aspecto religioso quanto nas dimensões filosófica e política.

1.1 A Antiguidade chinesa: arqueologia, história e mito

O termo *antiguidade* geralmente se refere a um período de formação das primeiras civilizações. No Brasil, tende a significar o período equivalente à Grécia e à Roma Antigas, em que raramente se incluem os egípcios. Na verdade, existiram muitas antiguidades, que coexistiram em diferentes partes do mundo e para diferentes povos. Nas palavras do filósofo Enrique Dussel (2000), pode-se falar em sistemas regionais na antiguidade, em que várias sociedades criaram sistemas sociais em determinada região, como os sumérios, os babilônios, os maias, os hindus e – entre muitos outros – os chineses.

1.1.1 Perspectiva moderna da Antiguidade da China

O que conhecemos hoje como China tem um passado longo, plural e complexo. Descobertas arqueológicas do século XX informam que espécies do gênero *Homo* já existiam nessa região há quase 1 milhão de anos. O mais antigo deles é o famoso "Homem de Pequim" (*Homo erectus pekinensis*) – um grupo de fósseis da subespécie *Homo erectus* (cujo nome faz referência à região de Pequim, atual capital da China) que, como antes já se tinha calculado comprovadamente, teria vivido há pelo menos 500 mil anos. Uma equipe de cientistas chineses descobriu há uma década que, na verdade, havia também a subespécie *Homo erectus* entre 680 e 780 mil anos (Shen et al., 2009).

Mais tarde, há cerca de 200 mil anos, grupos de *Homo sapiens* surgiram na África e chegaram à região sul chinesa por volta de 100 a 80 mil anos. Desses vários grupos, há cerca de 50 mil anos, a subespécie *Homo sapiens sapiens*, dos atuais seres humanos, como você e eu, sobreviveu adaptando-se às novas condições do mundo.

Ao longo de dezenas de milhares de anos, esses seres humanos desenvolveram várias habilidades, entre as quais destacamos o gradual aprimoramento da agricultura, elemento cultural importante para a estabilidade de qualquer civilização. Diversos grupos espalhados pelo norte da China formaram as primeiras comunidades estáveis desde 5 mil anos antes da era comum (AEC), como as culturas Yangshao e Longshan, que, segundo evidências, faziam peças de cerâmica e criavam animais (Fairbank; Goldman, 2006a; Poceski, 2013).

Já nesse passado distante é possível identificar elementos culturais que foram lentamente sendo formados entre os povos dessa região. Por exemplo, é aceitável a hipótese de que as peças de cerâmica eram usadas para cerimônias religiosas, como em rituais de enterros. No entanto, foi no período seguinte, da Idade de Bronze – ca. 2000 AEC –, quando começaram a se formar as primeiras histórias, personagens e dinastias de que se tem relato pelos documentos chineses. Na sequência, apresentaremos um panorama histórico delas.

Conforme a narrativa histórica chinesa tradicional, a primeira dinastia da antiguidade da China foi a *Xià* 夏[1], que teria existido

---

1 Adotamos por padrão, nesta obra, apresentar a primeira ocorrência dos nomes de dinastias, povos, figuras importantes e elementos da cultura chinesa recorrendo à transliteração no sistema *Pinyin* (confirme explicamos na Apresentação), seguida dos ideogramas chineses correspondentes para conhecimento do leitor. Para evidenciar esse uso, aplicamos também o recurso gráfico do destaque em itálico. Nas ocorrências seguintes, quando desacompanhadas do ideograma, usamos a grafia comumente empregada em português, sem os caracteres do *Pinyin*. Para saber a pronúncia correta de tais nomes e palavras, recomendamos a leitura do Apêndice 2, que consta no final da obra.

entre 2205 e 1766 AEC. De um ponto de vista das ciências modernas, incluindo a arqueologia, não há evidências suficientes da existência de uma "dinastia", como descrito. Mas, levando em conta estudos recentes da historiografia da China que objetivam determinar a cronologia chinesa, podemos supor que essa dinastia existiu por volta de 2100-1600 AEC. Deixando de lado essas controvérsias, foi durante essa época que apareceram os primeiros registros de novidades culturais muito importantes para a cultura chinesa: escrita, metalurgia e formas de organizações sociais complexas (como divisões de classes).

Em seguida, ocorreu a constituição da dinastia *Shāng* 商, também chamada de *Yīn* 殷 por associação à sua última capital, que, na datação tradicional, existiu entre 1766 e 1122 AEC, embora recentemente estimem que ela tenha existido por volta de 1600 e 1046 AEC. Desenrolado no norte da atual região da China, esse é um dos períodos mais fundamentais de sua história, uma vez que é nele que a escrita começa a ser usada com mais frequência, sobretudo no ritual divinatório. Da mesma forma, é a fase em que o bronze passa a ser largamente utilizado para a produção de objetos de rituais a divindades e para confecção de instrumentos agrícolas e militares.

29 Raízes da cultura chinesa e do confucionismo

MAPA 1.1 – Território estimado das dinastias Shang (à esquerda) e Zhou (à direita)

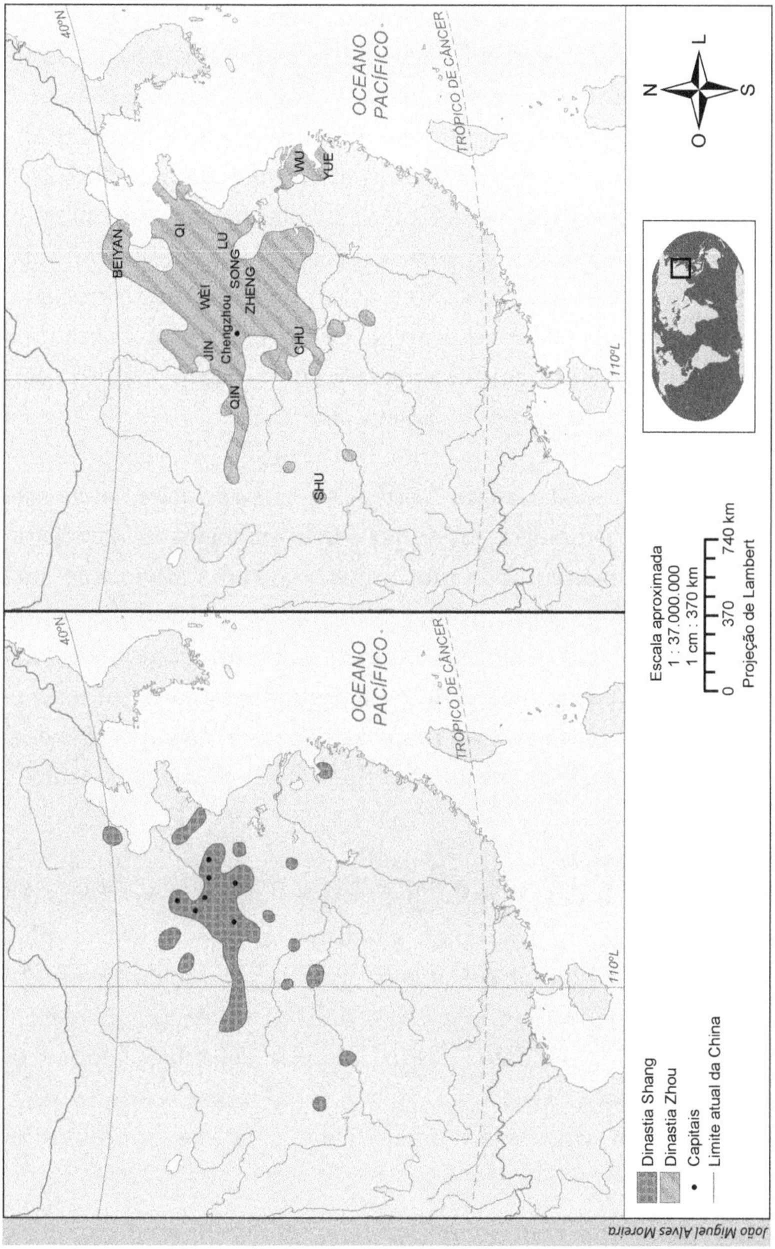

Embora os eventos anteriores tenham sido importantes, foi durante a dinastia *Zhōu* 周 que se estabeleceram as bases da civilização chinesa que a seguiu. Nela também, com mais ênfase, a tradição confuciana se formou. Registra-se como tempo tradicional de duração dessa dinastia o período que compreende 1122 e 256 AEC. No entanto, ainda que se mantenha consenso sobre a data de término, o início passou a ter cronologia alternativa mais aceita hoje: 1046 AEC. Essa diferença se deve ao fato de o processo de transição de poder ter ocorrido de maneira bastante gradual e, mais importante, porque a mudança dinástica foi marcada por fortes alterações na moral daquela civilização.

Se antes os Shang falavam em *Shàngdì* 上帝 (Governante Supremo), os Zhou enfatizaram o *Tiān* 天 (Céu) como principal elemento da própria cosmologia. Ainda que o Céu (em maiúsculo) pudesse ser visto de maneira bastante ampla como uma "divindade", na verdade carregava poucas características pessoais, tendo caráter mais cosmológico e natural. Também a organização material da sociedade mudara: uma divisão em pequenos estados "confederados" foi formada em volta da autoridade central do imperador dos Zhou, tendo ocorrido um longo período inicial de paz (por séculos).

Curiosidade

Existem várias expressões que transmitem a importância da noção de *Tiān* 天 (Céu) para a cultura chinesa; por exemplo: *Tiānxià* 天下 (Tudo sob o Céu; o mundo; todo o mundo civilizado chinês); *Tiāndì* 天地 (Céu e Terra, tudo o que existe, universo); *Tiānmìng* 天命 (Mandato Celestial; Decreto Celestial; e, por aproximação, Destino Celestial); *Tiānzǐ* 天子 (Filho do Céu, título dado a imperadores, que deveriam refletir o mandato celestial durante a governança); e muitas outras.

Como você pode notar, esta apresentação se alinha a um ponto de vista atual e leva em conta a perspectiva científica e historiográfica moderna. No entanto, será que foi da maneira descrita anteriormente que os chineses – entre eles os confucianos – viam a própria antiguidade? A seguir, exporemos outra perspectiva sobre ela, tendo como referência as narrativas tradicionais chinesas, que mesclam história e mitos (ou seja, discursos ricos de simbolismos e elementos fantásticos que têm alto significado para aquele povo).

1.1.2 Perspectiva confuciana da Antiguidade da China

Conforme a narrativa construída pela tradição dos confucianos, estes acreditam que a Antiguidade teria sido um período melhor do que o atual (e até mesmo melhor do que a época de Confúcio, de quem falaremos mais em outro momento). Teria sido melhor porque havia os Reis Sábios que guiavam "tudo sob o Céu", o mundo conhecido, com virtude, seguindo o Caminho do Céu. Eles eram considerados virtuosos porque agiam de maneira natural, em harmonia com os "desejos do Céu", o que tem conotação tanto de moralidade quanto de ciclos naturais. Da mesma forma, seguir o Caminho do Céu implica saber organizar a sociedade humana com a mesma perfeição que a estrutura do Céu organiza tudo o que existe. Contudo, gradativamente, os seres humanos se afastaram desse caminho, prejudicando-se uns aos outros, sem virtude. Ainda que as narrativas tradicionais sejam muito extensas, podemos ter uma boa noção sobre os personagens da Antiguidade e seus feitos com os Três Soberanos (*Sān Huáng* 三皇) e os Cinco Imperadores (*Wŭ Dì* 五帝).

Os Três Soberanos

Os Três Soberanos são identificados de diferentes maneiras; aqui abordaremos duas. Uma versão mais cosmológica fala do Soberano Celestial, do Soberano Terrestre e do Soberano Humano, indicando os três elementos ou poderes em que, em termos mitológicos, o mundo é dividido desde a Antiguidade pelos chineses. Outra versão sobre os Três Soberanos relaciona os títulos de Soberano Celestial e Soberano Terrestre ao casal *Fúxī* 伏羲 e *Nǚwā* 女娲. Fuxī é referido como o inventor da música, da pesca, da criação de animais, da divinação pelos oito trigramas usados no *Yìjīng* 易经 (sobre os quais versaremos adiante nesta obra) e até mesmo da escrita. Atribuem-lhe, em alguns relatos, corpo de um dragão ou serpente.

FIGURA 1.1 – Representações, da esquerda para a direita, de *Fúxī* 伏羲, de *Nǚwā* 女娲 e de *Shénnóng* 神農

Por sua vez, Nuwa, a irmã de Fuxī 伏羲, algumas vezes mencionada como a divindade que reconstruiu o mundo e, mais recorrentemente, como a divindade que criou os seres humanos, é normalmente representada pelo corpo de uma serpente.

O terceiro Soberano (*Huáng* 皇) seria *Shénnóng* 神農, cujo nome poderia ser traduzido como "Agricultor Divino", e é conhecido como aquele que ensinou a agricultura aos chineses. Por consequência, teria ensinado o uso das ervas e dos minerais – motivo que o tornou um patrono da fitoterapia para a medicina chinesa.

Os Cinco Imperadores

Os Cinco Imperadores são: *Huángdì* 黃帝 (Imperador Amarelo), *Zhuānxū* 顓頊, *Kù* 嚳, *Yáo* 堯 e *Shùn* 舜 – sobre os quais há algumas versões diferentes e entre os quais destacaremos aqui três.

O Imperador Amarelo é um dos maiores símbolos da cultura chinesa. Em algumas narrativas, a ele é atribuída, entre outras façanhas, a invenção do fogo, da bússola, da carroça e da medicina. Ele é visto como pioneiro e criativo, e conta-se que ele teria se valido de conhecimentos militares para vencer disputas contra outros povos, o que teria possibilitado a existência dos chineses. Assim como no campo da defesa externa, ele teria organizado a sociedade internamente, mediante a manutenção da saúde e a implantação de sistemas de punição. Uma de suas esposas, *Léi Zǔ* 嫘祖, tão sagaz quanto ele, teria inventado a seda, produto historicamente ligado à cultura chinesa. Seu neto *Zhuānxū* 顓頊 e seu bisneto *Kù* 嚳 foram líderes reformadores que teriam estabelecido normas sociais de convivência que tiveram impacto em toda a história chinesa, como a proibição de casar-se com membros da própria família (exogamia).

Na tradição confuciana, *Yáo* 堯 e *Shùn* 舜 são os dois imperadores da Antiguidade com maior relevo.

Yao, filho do imperador Ku, é retratado como um líder capaz de guiar o povo com sabedoria, tendo se utilizado dos conhecimentos astronômicos e agrícolas para se harmonizar com o todo, beneficiando a população. Ele é famoso por ter sido o primeiro a realizar uma das ações mais nobres segundo a tradição confuciana: indicou um sucessor com base na virtude deste, e não em ambições pessoais ou ligações familiares.

O último dos imperadores da Antiguidade, sucessor de Yao, foi Shun. Ele teve experiências complicadas, e até violentas, com membros da própria família que se voltavam contra ele, mas nunca deixou de ajudá-los. Graças à postura benevolente e leal que tinha com a difícil família, ele é visto como um exemplo de "filialidade" (*Xiào* 孝), ou seja, de alguém que age com lealdade, gratidão e até devoção para com seus pais e sua família, por extensão. Sendo a China uma civilização que se formara a partir da povoação de regiões no entorno de grandes rios, muitas vezes aconteciam enchentes que desequilibravam a população, atrapalhando a colheita e até vitimando pessoas por afogamento. Em sua função de governante, Shun buscou com muito afinco possíveis soluções para esse problema. A resolução dessa questão conduz a outro personagem muito relevante: *Yǔ* 禹.

Yǔ 禹, o Grande, ganhou esse título em razão do sucesso que obteve ao resolver o problema das enchentes que, havia tempo, dificultava a vida da população. Ele demonstrou incansável dedicação e força de vontade para cuidar desse assunto político quando era ministro do imperador Shun. Yu chegou a ficar anos sem voltar para a própria casa, pois investia todo o seu esforço para sanar o problema das inundações, o que ficou registrado como símbolo de um governo que cuidava da população igualmente ou até melhor do que cuidava da própria família. Naturalmente, Shun seguiu a tradição de ter um sucessor pelo critério da virtude, e Yu se tornou o novo líder. Este aproveitou com sabedoria a oportunidade, tanto que é lembrado como o fundador da dinastia Xia, a qual, no entanto, retomou a tradição de ter como sucessores os filhos do governante.

Graças a essa continuidade dos três governantes que guiavam o povo pautados pela virtude, no entendimento confuciano da história, eles são conhecidos como os Três Reis Sábios da Antiguidade. Eles são considerados símbolos sociais de comportamento para os confucianos e, de certa maneira, para toda a civilização chinesa. Todos esses personagens que citamos até este ponto da obra têm muita importância para essa cultura, razão pela qual, pelo prisma confuciano, toda pessoa deveria conhecer as obras clássicas (sobre as quais trataremos mais à frente) que versam sobre eles, que seriam modelos de ser humano.

Isso posto, conforme explica Brian Van Norden (2018), a versão mitológica dessas narrativas tem conexões com a versão moderna da história da China. Ele explica que "as histórias de Fuxi, de Shen Nong e do Imperador Amarelo, embora míticas em seus detalhes, podem representar uma vaga memória da transição humana de caçadores-coletores nômades para agricultores e, em seguida, para populações urbanas" (Van Norden, 2018, p. 22). Assim, o conhecimento das narrativas tradicionais, incluindo seus mitos, continua válido como fonte simbólica para compreender a história chinesa, o que pode ser mais bem entendido criticamente se utilizadas também fontes científicas atuais.

1.2 Práticas e cosmovisões da Antiguidade chinesa

É possível que você tenha observado, a Antiguidade chinesa está repleta de reviravoltas políticas e sociais. A formação da sociedade chinesa desse período ocorreu ao longo de três a dois milênios antes da era comum (AEC), o que significa que foram longos séculos de construção histórica com continuidades e descontinuidades. Nesta seção, exploraremos as práticas e a visão de mundo (cosmovisão) do período ancestral dessa civilização. Enfatizaremos os elementos culturais mantidos, ainda que em constante transformação, e os aspectos alterados de maneira profunda até a passagem da dinastia Shang para a dinastia Zhou, no momento em que Confúcio viveu.

Entre os diversos aspectos iniciais para o estudo da Antiguidade da civilização chinesa, está a cosmovisão sobre divindades, questão-chave de mudanças culturais que têm impacto até hoje na China. Como já informamos, durante as primeiras dinastias antigas, em especial entre os *Shāng* 商, os chineses acreditavam na divindade Shàngdì 上帝 (Governante Supremo ou Senhor do Alto). Como o nome dele indica, era considerado um ser supremo, embora também houvesse outros seres espirituais (metaempíricos). Isso significa que, desde os tempos mais remotos, aquele povo já tinha uma cosmovisão *henoteísta*, ou seja, a crença de que existem diversas divindades (ou seres espirituais), sendo uma delas entendida como a superior, que aos demais lidera.

> **Importante!**
>
> Um dos métodos mais usados nas ciências humanas e sociais é a tipologia (Stern; Costa, 2017). O fundador da Ciência das Religiões, Max Müller (1823-1900), em seu projeto de desenvolver métodos de comparar cientificamente religiões, percebendo os limites dos termos *monoteísmo* (crença na existência de uma única divindade) e *politeísmo* (crença na existência de várias divindades, com relativa igualdade de importância), propôs o conceito formal de *henoteísmo* como um tipo misto dos dois anteriores. Hoje, no entanto, sugerimos que o exercício mental de classificar essas formas de teísmo (ou cosmovisão sobre divindades) de cada religião é muito mais um recurso didático do que um instrumento de pesquisa. Em outras palavras, é muito útil para começar a estudar religiões, em especial, no ensino religioso escolar, já que instiga o desenvolvimento cognitivo de estudantes; no entanto, no mundo acadêmico, é mais interessante usar esses conceitos apenas como uma primeira aproximação, sabendo que é necessário fazer pesquisas empíricas para entender melhor o universo cultural de cada grupo de praticantes – o que pode servir para instigar reflexões mais profundas na educação básica também.

Sabendo-se que em chinês arcaico, o termo *Shàng* 上 significa "alto" e *Dì* 帝 pode significar "senhor", "governante", "imperador" ou mesmo "deus/divindade", convém explicar o que isso significava no contexto da Antiguidade chinesa. O cientista das religiões Poceski (2013, p. 22) relata que era "considerado distante e inacessível, altamente potente, contudo afastado do cotidiano das pessoas", havendo, por isso, uma "aura de mistério cercando Shangdi". Os acontecimentos naturais e sociais eram interpretados como uma possível expressão de Shangdi: sucessos políticos e militares bem como boas colheitas mostravam que essa divindade estava satisfeita; e, por sua vez, desastres climáticos e perda de guerras eram vistas como demonstração de sua fúria.

Conforme a sinóloga Anne Cheng (2008), durante a dinastia Shang começou a formação de uma organização social mais complexa na China, com hierarquias bem-definidas e poder centralizado, o que foi representado de certa maneira em sua divindade central. Shangdi refletia e reforçava essa estrutura social, pois era o Governante Supremo de outros seres espirituais e dos seres humanos. Esses outros seres incluíam os ancestrais da casa real, figuras centrais na vida religiosa chinesa, os quais, desde aquela época, são vistos como seres a quem se deve ter respeito e a quem se deve prestar homenagens. Havia também divindades ligadas a elementos e processos naturais (lua, chuva, estações etc.).

Todas essas divindades teriam impacto sobre a vida humana no entendimento daquele povo. Por isso, eram realizados rituais ou cerimônias em que se buscava a comunicação com esses seres, a fim de se evitarem problemas e de se obterem benefícios. Uma forma de fazer isso era por meio de sacrifícios, nos quais se ofereciam bebidas, vegetais, animais e até mesmo humanos. Sobre a importância dos sacrifícios, vale lembrar que, quando alguém poderoso falecia, fazia parte dos ritos de morte enterrar todos os pertences daquele senhor ou daquela senhora, incluindo seus servos.

Como você certamente percebeu, desde a Antiguidade chinesa já havia a noção de continuidade do processo de morrer, que, no caso chinês, ocorre pela divinização dos ancestrais. Isso significa que, nessa visão, após a morte física, os parentes falecidos podem se comunicar com os vivos fisicamente, já assumindo o papel de ancestrais. Aliás, mais do que conversar com eles de maneira geral, a família real tinha um culto próprio aos ancestrais da casa real, que julgavam beneficiar "tudo sob o Céu", algo que reforçava o poder do governante. O diálogo com os ancestrais e com toda a rede de seres espirituais integrava o cotidiano daquela sociedade, sendo importante fator para a sua manutenção.

IMPORTANTE!

O texto de ensino religioso no documento da Base Nacional Comum Curricular (BNCC – Brasil, 2018, p. 440) aborda "ideias de imortalidade" (ancestralidade, reencarnação, ressurreição, transmigração, entre outras). O caso chinês, e mais especificamente o do confucionismo, parece um ótimo exemplo para abordar em sala de aula tradições que valorizam fortemente seus ancestrais e realizam práticas em homenagem a eles. Recomendamos fazer essa *Ciência das Religiões Aplicada* à educação, ou seja, o necessário processo de transposição didática dos estudos da Ciência das Religiões para materiais didáticos e para o contexto da aula de educação básica (Santos, 2018; Costa, 2019).

1.3 A transformação do legado da Antiguidade pela dinastia Zhou

A passagem dos Shang para os Zhou, como aludido antes, representou uma mudança profunda nos aspectos da cosmovisão sobre seres espirituais. A nova ordem social pregada pelos Zhou rompeu com a noção de Shangdi e a substituiu pela ideia também abstrata e ainda mais despersonalizada de *Tiān* 天 (Céu). Vale nos debruçarmos um pouco mais sobre essa ideia.

Para toda a cultura chinesa, com especial ênfase entre os confucianos, a dinastia Zhou marca um período de intensas transformações na cosmovisão dessa civilização, mas de manutenção, de certo modo, de tradições e elementos anteriores das dinastias Xia e Shang. Uma das maiores descontinuidades é a alteração do culto a Shangdi para o culto a *Tiān* (daqui em diante, referido como *Céu*, com inicial maiúscula). Essas duas divindades guardam aspectos comuns: são centrais na estrutura de divindades da Antiguidade chinesa, têm forte aspecto masculino e expressam significados de autoridade.

As descontinuidades, no entanto, são as que mais impactaram a história chinesa. Ao contrário da aura de mistério que os gostos e os desgostos de Shangdi evocava, a partir dos Zhou, o Céu começou a ter um significado moral bastante positivo: era entendido como moralmente bondoso e pautado por certa virtude natural. Harmonioso por definição e princípio, era associado a uma ordem que faz tudo funcionar como funciona. As coisas e, mais ainda, as pessoas encontram seus lugares e papéis por desígnio do Céu. Por isso mesmo, Cheng (2008, p. 58) afirma que "ordem social e ordem cósmica se encontram e se confundem" na China Antiga.

Ainda que o Céu seja retratado com algumas características antropomórficas, como quando se relata que se agradou com atitudes virtuosas de governantes ou quando deu bênçãos para os que cumprissem atitudes rituais corretas, ele não corresponde exatamente a uma divindade antropomórfica. Primeiro porque, mesmo estando claramente ligado ao domínio espiritual (ainda que em conexão com o domínio social humano), o Céu não se encaixa bem na noção de "divindade" como se vê em diversas religiões, estando mais para um princípio espiritual presente na cosmologia chinesa. Segundo que, de maneira geral, o Céu pouco apresenta de referências humanas (*antropos*) em suas expressões e formas (*mórphos*). Suas características são muito mais do ambiente natural, dos ciclos das estações, do crescer e do morrer, um princípio que existe no mundo, de maneira mais impessoal. Tudo isso fez muitos estudiosos traduzirem *Tiān* como "natureza" (em vez de "Céu").

Como entre os Zhou o Céu é o gerador da ordem natural e da ordem social, vistas de maneira orgânica e integrada, essa força espiritual foi relacionada estreitamente a questões e figuras do governo. O imperador recebeu o título de Filho do Céu (*Tiānzǐ* 天子)", já que, à semelhança do Céu, está acima de tudo – como soberano, estava acima de todos socialmente, refletindo a autoridade cósmica do Céu na própria autoridade social. Inclusive, a exemplo do que ocorria com Shangdi, apenas o soberano, o Filho do Céu, poderia realizar determinadas cerimônias ao Céu. Não pense, no entanto, que toda essa autoridade lhe era dada facilmente. Ao contrário, a condição ou o requisito para ter o título de Filho do Céu era ser sábio o suficiente para agir de acordo com a moralidade exercida pelo Céu e em harmonia com este; afinal, apesar de na maioria das vezes a sucessão ter se dado por critério hereditário, o príncipe tinha de desenvolver virtudes de governança. Havia, portanto, um "mandato celestial" (*Tiānmìng* 天命) que legitimava alguém moral e virtuosamente apto a governar, autorizando-o a exercer o poder do Céu na dimensão da humanidade (ou pelo menos nos domínios da China).

Contudo, caso o governante não agisse de maneira virtuosa com o povo, estava sujeito a perder o mandato celestial. Curiosamente, os antigos chineses da era Zhou (e, de certa maneira, pelos dois milênios seguintes) acreditavam que essa perda de mandato se efetivava com alguns sinais naturais e sociais, como desastres ambientais e rebeliões. Nesse sentido, foi criada uma "filosofia da história" que via a sucessão e as quedas de dinastias como ciclos de acúmulo e perda de virtude dos governantes e, por consequência, do mandato celestial (Bueno, 2011b, p. 11-31; Van Norden, 2018, p. 26).

Foi exatamente com essa lógica que os Zhou se afirmaram socialmente. Argumentaram em seus textos que os últimos imperadores dos Shang teriam perdido o mandato celestial tal como seus antecessores Xia, e que eles, os Zhou, teriam conquistado a confiança do Céu para governar. Vale a pena ler brevemente a narrativa tradicional sobre a transição dessas primeiras dinastias, já que é um registro que adquiriu grande importância para a formação da filosofia da história dos confucianos. Trata-se do relato a seguir cuja fonte original é o *Clássico da História* (Shujing, 2006, citado por Bueno, 2011b), parte "História dos Zhou", capítulo "Duque Shao", parágrafos 7 e 6 [*Shūjīng* 書經, *Zhōushū* 周書, *Zhàogào* 召誥 7, 6]:

> [Parágrafo 7] Analisando os homens da Antigüidade, vemos que existiu o fundador da dinastia de Xia. O Céu guiou-lhe o espírito, permitiu que os seus descendentes o sucedessem e os protegeu. Ele se tornou familiar ao Céu e foi-lhe obediente. Com o passar do tempo, entretanto, caiu por terra o decreto com o seu favor. Assim também ora acontece, ao examinarmos o caso de Yin [Shang]. Houve a mesma orientação do seu fundador, que, corrigiu os erros de Xia, cujos descendentes gozaram da proteção do Céu. Ele também foi familiar e obediente ao Céu. Agora, porém, o decreto em seu favor caiu por terra. Sobe hoje ao trono o nosso rei [da dinastia Zhou], na juventude; que ele não desdenhe dos mais velhos e dos experientes, porque se pode afirmar que eles estudaram a virtuosa conduta dos antigos e amadureceram os seus conselhos na contemplação do Céu.
>
> [Parágrafo 6] Quando o Céu rejeitou e pôs termo ao decreto em favor da grande dinastia de Yin [Shang], nele se encontravam muitos dos seus antigos e sábios reis. O rei, entretanto, que deveria

suceder-lhes, o último de sua [linhagem], procedeu de tal forma desde que assumiu o mandato, que até chegou a manter os sábios na obscuridade e os viciosos nos cargos. Os pobres, nessas circunstâncias, carregando os filhos e conduzindo as mulheres, erguerem aos Céus as suas lamentações. Fugiram, mas foram novamente presos. Oh! O Céu teve compaixão do povo das quatro regiões; o seu decreto favorecedor recaiu em nossos zelosos fundadores [da dinastia Zhou]. Que o [novo] rei cuidadosamente cultive a virtude da reverência. (Bueno, 2011b, p. 71-72)

Quem são esses personagens citados? E como essas histórias aconteceram? Mais importante ainda: o que elas significam para a construção da narrativa histórica chinesa e confuciana? Para você conhecer todos os detalhes, seria necessário que este livro fosse inteiramente destinado ao estudo da Antiguidade chinesa – projeto que recomendamos que alguém faça um dia no Brasil. Como não é o caso, focalizaremos na transição dos Shang para os Zhou, cuja importância é central para a construção do ideal confuciano de governo e sociedade.

Primeiramente, é notável a forma cíclica como esses antigos clássicos foram escritos. Observe que no excerto o parágrafo sétimo aparece antes do sexto. Isso foi feito para o relato ficar mais compreensivo ao leitor brasileiro; no entanto, fazemos a você o convite para lê-los novamente na ordem original (do parágrafo 6 para o 7), para ter a experiência, ainda que brevíssima, da leitura dos clássicos, tal como os antigos chineses tiveram.

Provavelmente você está se perguntando por que razão estamos salientando isso. Assim como a já citada filosofia da história toma os acontecimentos humanos de maneira cíclica, o método de escrita antigo é muitas vezes cíclico. Como toda cultura, os elementos criam sentidos uns em relação aos outros, reforçando o significado de cada um, formando um sistema.

Essa forma cíclica de escrita serve para evidenciar que, tal como ocorreu na passagem das dinastias Xia para a Shang (ou Yin), um dia esta última também iria dar lugar a outro grupo de pessoas que manteriam o mandato celestial com mais seriedade. Na passagem citada, é dito que o último rei dos Shang, "o último de sua linhagem", rejeitava pessoas sábias, empregava os incapazes e prejudicava severamente a população. Quem era ele? Trata-se do Imperador Xin (*Dì Xīn* 帝辛), também chamado de *tirano rei Zhòu* 紂 dos Shang.

Di Xin, conta-se, começou sua vida como um príncipe belo e inteligente de um poderoso rei dos Shang. Contudo, ao longo das décadas, ele se tornou cada vez mais vaidoso, tendo gastado muito com luxos e prazeres – como carnes, bebidas e orgias com centenas de concubinas. Era também cruel com seus críticos ou simplesmente com quem não seguia suas ordens, matando-os, prendendo-os ou expulsando-os, o que fazia até mesmo com parentes. Com o tempo, suas ações prejudicaram todo o reino dos Shang, e sua má fama se espalhou, tendo difamado toda a linhagem de governantes da dinastia, que existia havia cerca de cinco séculos.

Paralelamente, no estado chamado de *Zhōu* 周, vizinho e vassalo dos Shang, crescia um príncipe que iria mudar a história chinesa. *Jī Chāng* 姬昌, mais tarde chamado de *rei Wén* 文, teve o pai assassinado por um dos governantes dos Shang, que temia o crescimento daquele como governante e concorrente. Wen, que era um "duque" (*gōng* 公; governante de um estado vassalo ou província), governou o próprio estado com sabedoria e, quando soube das várias crueldades que Di Xin fizera, tentou reclamar delas, o que resultou em sua prisão pelo imperador.

Durante o cárcere, numa cidade próxima à capital dos Shang, duas realizações lhe renderam posteriormente o título de *Wén* 文 (cujo significado é "cultura", "refinamento" ou "escrita"). A primeira foi o que é tradicionalmente narrado como sua contribuição ao estudo das "mutações (*Yì* 易)", escrevendo os nomes e as decisões (ou julgamentos) de cada um dos 64 hexagramas do *Clássico das Mutações* (*Yì Jīng* 易经), de que falaremos mais a frente (Yijing, 2006; Wu, 2015). A segunda foi conversar com pessoas comuns onde era vigiado, ensinando-lhes músicas e demonstrando-se pacífico com elas, que o viam como humilde e generoso, diferentemente do tirano Di Xin. Dessa forma, não instigou revoltas, pois entendia que não havia condições e oportunidades para isso ainda.

Passados alguns anos, seus amigos do estado de Zhou, preocupados com ele, buscaram agir com a estratégia de bajular o vaidoso Di Xin com presentes, pedindo-lhe que soltasse o amigo, pois este não seria ameaça. A estratégia teve o resultado esperado. No retorno como governante do estado de Zhou, Wen estabeleceu um forte reino, que alguns já viam como o início da dinastia Zhou, e começou a conquistar estados vizinhos, sem, no entanto, chamar atenção ou rivalizar com Di Xin. No entanto, ele faleceu antes de conseguir ter a hegemonia do poder.

Um de seus filhos, *Jī Fā* 姬发, mais tarde chamado de *rei Wŭ* 武 (o guerreiro), completou o trabalho do pai. Percebendo o descuido de Di Xin para com o próprio povo e reino, Wu organizou seu exército para finalmente destronar o tirano dos Shang. O povo estava tão decepcionado com o tirano Di Xin, que parte do próprio exército dos Shang se voltou contra ele, contribuindo para que a tropa comandada por Wu vencesse. Dessa maneira, oficialmente deu-se a queda da dinastia Shang e ocorreu a fundação formal da dinastia Zhou, que desde então unificou, sob sua autoridade, os estados vassalos. Apesar da relativa linearidade dessa narrativa, é possível observar que as três dinastias antigas (e também muitas das seguintes) ocorreriam paralelamente em alguns períodos.

Uma parte da história é muito importante aos confucianos. O rei Wu concluiu o legado do pai, o rei Wen, e fundou a dinastia

Zhou com o mandato celestial que os Shang perderam em razão da tirania de Di Xin. No entanto, poucos anos depois o rei Wu faleceu. Um de seus irmãos mais novos, o então duque *Dàn* 旦 de 周 *Zhōu* (duque de Zhou), era o sucessor mais próximo, considerando-se que o rei Wu havia deixado um filho que ainda era muito novo para governar. Numa atitude que foi lembrada como símbolo de humildade, lealdade e virtude, o duque de Zhou assumiu somente a regência temporária da nova dinastia, esperando que seu sobrinho estivesse suficientemente preparado para subir ao trono. Este, anos depois, se tornou o rei *Chéng* 成 (o maduro, o estabelecido).

Daquele momento em diante, alguns séculos de paz e estabilidade social se seguiram. E, durante esse tempo, quais outras alterações teriam surgido nessa civilização? Uma delas tem relação com os seres espirituais. Os ancestrais continuaram a ser homenageados em rituais, mas agora de forma mais abrangente: todas as pessoas, inclusive as camadas mais humildes da sociedade, passaram a realizar cerimônias aos antepassados. Dessa forma, segundo Poceski (2013, p. 25): "o relacionamento com os antepassados tornou-se uma extensão da relação pai-filho", com mais força da linhagem do pai, ainda que as ancestrais mulheres e as do lado materno também fossem objeto de culto.

Curiosidade

Desde a Antiguidade chinesa havia classes sociais distintas. Entre as diversas que havia, quatro se destacavam no antigo sistema *fēng jiàn* 封建 (estado descentralizado com muitas províncias vassalas e autoadministradas, num sistema semelhante ao de federação) dos Zhou. As quatro classes eram: os *shì* 士 (eruditos, funcionários, guerreiros e donos de terras), os *nóng* 农 (agricultores), os *gōng* 工 (artesãos) e os *shāng* 商 (comerciantes). Como o sistema de tributos era parecido com o da Europa medieval, alguns traduziram esse sistema como "feudal", mas, diferentemente do caso europeu,

> graças à ideia de mandato celestial, os senhores podiam ser trocados, e os agricultores tinham mais liberdade. Da mesma forma, os comerciantes (shang) eram controlados pela nobreza (shi) e não adquiriram autonomia como a "burguesia" dos feudos europeus (Fairbank; Goldman, 2006a).

Assim, durante a dinastia Zhou, o culto aos ancestrais se popularizou e se intensificou, tendo fortalecido a noção de "filialidade" (*Xiào* 孝, "amor aos pais") que já existia, mas era menos enfatizada. Entre os Zhou, a moralidade foi mais intimamente atrelada à cosmologia, e o respeito à própria família se tornou um símbolo de virtude. E, nesse contexto, a família inclui os vivos e os ancestrais, o que gerou um intenso senso de valorização da história, além de um controle social por meio de valores morais.

Assim como no caso dos ancestrais, houve tanto continuidades quanto descontinuidades no que concerne a outras divindades durante o tempo dos Zhou. A população divinizou heróis da história dessa cultura, como *Shénnóng* 神农 (Deus da Agricultura), título espiritual dado a um dos Três Soberanos da Antiguidade. Havia também deusas mais misteriosas como a *Xī Wáng Mǔ* 西王母 (Rainha Mãe do Oeste) ou divindades locais de cada rio e de cada montanha.

Segundo o sinólogo e diplomata brasileiro Giorgio Sinedino (2012, p. 248-249), na época dos Zhou, chineses acreditavam que existiam divindades (ou "espíritos") do Céu e divindades da Terra – uma cosmovisão que continua até hoje, de certa maneira. As divindades do Céu (*Shén* 神) eram seres que tinham relação com elementos naturais (chuva, colheita, sol, lua etc.). Por sua vez, as divindades da Terra (*Qí* 祇 ou *Dìqí* 地祇) eram concebidas como o espírito dos falecidos. As divindades do Céu eram cultuadas em ritos sacrificiais públicos e em espaços abertos – visando a uma conexão direta com o Céu –, ao passo que as divindades da Terra eram cultuadas internamente por cada uma das famílias, que tinham obrigações rituais de homenageá-las, uma vez que se tratava também de seus ancestrais. Há, ainda, diversos outros tipos de seres da Terra, como os *Guǐ* 鬼, que, por aproximação, podem ser traduzidos como "fantasmas", já que eram seres espirituais que podiam prejudicar os humanos, razão pela qual estes davam àqueles oferendas para que ficassem satisfeitos e não causassem problemas.

Diferentemente da relação mais direta de troca e de custo-benefício que a população mantinha com as divindades durante as dinastias Xia e Shang, no decorrer da dinastia Zhou tiveram início formas mais moralizantes de contato com elas. O comportamento adequado e nobre de cada pessoa começou a ser mais valorizado do que o mero rito em si. De tal modo, mais do que buscar as divindades para obter vantagens ou evitar prejuízos, esse pensamento que floresceu durante os Zhou via as divindades como seres atentos à virtude moral de cada pessoa e, em especial, do governante. Vale a pena ler o seguinte trecho de um texto antigo[2]:

> O duque disse: "Minhas ofertas sacrificiais foram abundantes e puras; as divindades não me abandonarão, mas me sustentarão". Seu ministro respondeu: "Ouvi dizer que as divindades e os fantasmas realmente não são afeitas pelas pessoas, mas é somente a virtude que elas prestam atenção. Por isso, nos Livros de Zhou, lemos: 'O grande Céu não tem afeições; ajuda apenas os virtuosos'[...] Assim, se um governante não tiver virtude, o povo não se afeiçoará a ele e as divindades não aceitarão suas ofertas. O que as divindades vão observar é a virtude de cada um. (Miller, 2007, tradução nossa)

---

2   O excerto trata-se de uma tradição Zuo de comentários dos Anais de Primavera e Outono [*Chūnqiū zuǒ chuán* 春秋左傳], livro 5, duque *Xī* 僖, parte 5, comentário 9. É uma tradução nossa, amparada na tradução inglesa de Andrew Miller, 2007.

Como pode ser notado no trecho citado – um comentário antigo (o *Zuozhuan*) de um texto ainda mais antigo (o *Shujing, Clássico da História*) do período dos Zhou –, não apenas a visão de mundo, mas também os ritos para divindades começaram a ter a virtude como centro. Sob os Zhou, a relação com as divindades e com todo tipo de ser espiritual foi profundamente alterada. Era o início de um processo de ressignificação cultural que seria posteriormente intensificado.

O leitor vigilante certamente percebeu que nesta parte citamos direta e indiretamente algumas obras, como o *Clássico das Mutações*, o *Clássico da História* e os *Anais de Primavera e Outono*. Somados ao *Clássico da Poesia* e ao *Clássico dos Ritos* (Sturgeon, 2006; Bueno, 2011b), esses livros são os cinco clássicos da Antiguidade, que, mais tarde, foram compilados e considerados canônicos para a tradição chinesa. Sobre eles, neste momento, são relevantes dois entendimentos:

1. A importância que os chineses deram, desde o mais remoto período da Antiguidade, e com mais ênfase desde os Zhou, para a tradição escrita. Ainda que poucos fossem letrados nesse reino, a escrita era símbolo de registro da memória, o que, mesmo tendo sofrido algumas críticas, em geral era visto como algo excelente, que deveria ser valorizado. Assim, com os Zhou, a cultura letrada exerceu papel central na construção da civilização chinesa, uma vez que havia muita consciência dessa necessidade, até mesmo pelas pessoas não letradas.

2. A importância da divinação. Estudos arqueológicos sugerem que, desde a era dos Shang, havia práticas divinatórias (ou oráculos) às quais recorriam inicialmente os poderosos e governantes. Há indícios de que, há cerca de 4.000 a 3.500 anos, os chineses começaram a utilizar ossos de tartaruga e de boi para buscar compreender com mais clareza os desafios da

vida. Eles realizavam rituais em fogueira na qual colocavam os ossos (chamados de "ossos de dragão") e observavam as rachaduras, com base nas quais registravam os padrões de imagens que apareciam.

Como os que mais se valiam dessas práticas eram os governantes, as questões lançadas aos oráculos eram mormente relacionadas a problemas do seu meio, como: Shangdi favorecerá ou não nosso ataque ao outro reino? É auspicioso caçar naquela floresta amanhã? Na próxima primavera a colheita será abundante?

Como é possível perceber, tratava-se de uma comunicação com outras realidades, outros seres, não humanos (metaempíricos). Por um lado, uma vez que esses ritos eram parte da agenda normal dos governantes, a divinação tinha um aspecto solene, como um culto religioso oficial. Por outro lado, era uma prática claramente espiritual que, no entanto, era essencialmente feita com preocupações sociais e partia da vontade humana, e não por iniciativa dos seres espirituais. Tratava-se uma prática espiritual, mas também bastante moral, que misturava as ordens cosmológica e social – uma marca da cultura chinesa, como você deve ter notado até agora.

Essa prática deu legitimidade política aos reis dos Shang, gerando coesão social; e, mais importante, deixou como legado histórico a escrita chinesa. Logo, o interesse de registrar as importantes respostas que eles recebiam fez nascer o hábito de registrar a memória por meio da escrita. A divinação é a fonte histórica da escrita chinesa e até mesmo do seu modo de pensar. A esse respeito, Cheng (2008) argumenta que isso deixou como herança uma "racionalidade divinatória", marcada pela valorização do poder de intuição e de indução, bem como por um senso de oportunidade que busca observar as configurações de cada situação. Aprofundando a percepção dessa autora, é razoável afirmar que a racionalidade chinesa foi formada e moldada em um contexto ritual que gerou o gosto pelo ordenamento.

Se lembrarmos da breve história do rei Wen, podemos observar que ele também era profundamente interessado pela prática divinatória, tendo deixado contribuições escritas sobre seus estudos a respeito das *Mutações*. Segundo a versão da tradição, o antigo soberano Fuxi teria alcançado conhecimentos que formaram a base do que viria a ser o *Clássico das Mutações* (Yijing, 2006; Wu, 2015). Por exemplo, ele teria criado os "dois modelos" (linha aberta e linha contínua, ou *yīn* 阴 e *yáng* 阳) e as oito imagens (*Bāguà* 八卦), além de ter inventado a escrita, a caça, a culinária e a música.

Os Zhou receberam e aprofundaram a tradição divinatória de seus antecessores de forma tão intensa que o próprio rei fundador (ou idealizador), o rei Wen, a sistematizou no livro oráculo chamado posteriormente de *Clássico das Mutações* (Yijing, 2006; Wu, 2015) – obra que é uma das maiores heranças das antigas práticas divinatórias. Seu filho, o duque de Zhou, também contribuiu com outras partes desse livro. Por fim, Confúcio fez sua parte com extensos comentários. Essa obra foi construída como um grande trabalho coletivo ao longo de mais de um milênio, envolvendo muitos outros personagens. No entanto, é importante registrar a voz da tradição na sua manutenção, pois foi assim que esse clássico ficou conhecido na cultura chinesa como um todo, inclusive entre os confucianos.

Entendida a importância da cultura escrita e da divinação, relatamos a partir deste ponto o processo que conduziu a dinastia Zhou à sua longa queda. Há um marco histórico: o caso do rei *Yōu* 幽 (781-771 AEC). Ele trocou sua rainha por uma das concubinas e cogitou deixar seu segundo filho "não legítimo" como herdeiro, o que contrariava as normas sociais de que o sucessor seria o primogênito nascido do casamento oficial. Entretanto, a rainha tinha força política e, com o apoio da própria família, retomou o poder, tendo feito o primogênito reinar. O novo rei, apelidado posteriormente de *Píng* 平 (literalmente "paz", 770-720 AEC), reinou em uma nova capital, mais a leste. Isso delimitou a transição entre o período da dinastia Zhou ocidental (1046-771 AEC) e o período da dinastia Zhou oriental (771-256 AEC).

Apesar de ter retomado a paz – com estabilidade social e ausência de guerras –, em algumas décadas a autoridade dos reis Zhou diminuiu diante do aumento do poder dos duques dos estados vassalos. Esses estados ou províncias tentaram controlar uns aos outros numa disputa pelo poder; esses embates faziam estados surgirem e desaparecerem rapidamente como os ciclos das estações, o que fez o período ser chamado de *Período das Primaveras e Outonos* (771-481 AEC). Em seguida, a situação política e social só piorou, com forte instabilidade e violência entre as províncias e as pessoas em geral, razão pela qual esse tempo foi denominado de *Período dos Estados Combatentes* (403-221 AEC).

Apesar dos claros pontos negativos de toda essa situação problemática no final da dinastia Zhou, a necessidade de soluções criativas em diversos setores mostrou-se um ponto positivo. Por consequência, floresceu o que foi chamado de cem escolas de pensamento, ou seja, pensadores e grupos de pessoas que buscaram dar respostas e soluções à crescente crise social da época, na qual surgiria Confúcio em meio a pensadores e escolas que buscaram soluções alternativas às dele, como *Lǎozǐ* 老子, *Mòzi* 墨子, a escola dos nomes e a escola das leis, entre muitos outros.

Síntese

Tópicos do Capítulo 1

Período	Acontecimento e/ou personagens
Antes de 2000 AEC	- Três Soberanos. - Cinco Imperadores. - Reis Sábios (Yao, Shun e Yu).
2100-1600 AEC Dinastia Xia	- Idade do Bronze. - Relato tradicional da primeira dinastia, sem evidências científicas.
1600-1046 AEC Dinastia Shang	- Culto henoteísta a Shangdi. - Sacrifícios aos deuses e ancestrais imperiais. - Crença nos fantasmas. - Formação das práticas divinatórias pelo uso ritual de ossos e o início da escrita chinesa.
1046-256 AEC Dinastia Zhou	- Cosmologia do Céu e seus derivados (filho do Céu, mandato celestial, filosofia da história dos ciclos dinásticos, tudo sob o Céu etc.). - Rei Wen, rei Wu, Duque de Zhou e rei Cheng. - Sistema *fēng jiàn* 封建, ou federação descentralizada. - Filialidade (Xiao) e a difusão do culto dos ancestrais de cada família. - Cinco clássicos da antiguidade, incluindo o oráculo livro *Yijing*.
771-481 AEC Período das Primaveras e Outonos	- Intensas disputas políticas dos estados do reino Zhou. - Crise da dinastia Zhou. - Nascimento de Confúcio e outros pensadores: momento de efervecência intelectual.

Indicações culturais

LOPES, F. S. Culto dos antepassados. **Revista Macau**, n. 34, 2013. Disponível em: <https://www.revistamacau.com/2013/10/15/culto-dos-antepassados/>. Acesso em: 3 dez. 2020.

Esse artigo reúne algumas informações sobre a história do culto aos antepassados na época antiga. Aprofunda e fornece um conteúdo mais detalhado sobre os elementos rituais dessa prática, em especial os tipos de ritos e os objetos utilizados. É relevante para o leitor entender melhor a realidade cultural e religiosa chinesa do período exposto neste capítulo.

Atividades de autoavaliação

1. Conhecer elementos básicos da cronologia chinesa é importante, uma vez que fornece fundamentos para a compreensão do contexto histórico vivido por Confúcio. Assinale corretamente a sequência histórica tradicional (do mais antigo para o mais novo) dos soberanos, imperadores e dinastias da antiguidade chinesa.

   A) Dinastia Xia, dinastia Shang, dinastia Zhou, Três Soberanos e Cinco Imperadores.
   B) Três Soberanos, dinastia Xia, dinastia Shang, dinastia Zhou e Cinco Imperadores.
   C) Dinastia Zhou, dinastia Shang, dinastia Xia, Três Soberanos e Cinco Imperadores.
   D) Três Soberanos, Cinco Imperadores, dinastia Zhou, dinastia Shang e dinastia Xia.
   E) Três Soberanos, Cinco Imperadores, Dinastia Xia, dinastia Shang e dinastia Zhou.

2. Durante a antiga dinastia Shang, os chineses acreditavam em diversos seres espirituais, havendo, no entanto, uma divindade considerada superior na hierarquia dos seres divinos: Shangdi (Senhor do Alto). Sabendo disso, e com base nos conhecimentos básicos sobre religiões que cientistas das religiões construíram ao longo da história, assinale a alternativa que melhor classifica o modelo de cosmovisão chinesa sobre divindades, conforme o que foi discutido no Capítulo 1.

   A) Monoteísta, pois acreditavam que existia uma única divindade ou ser espiritual que criou todo o mundo e as pessoas.
   B) Politeísta, pois acreditavam na existência de diversos seres espirituais, sem distinção de importância.
   C) Ateísta, pois, estando preocupados com a organização social, não acreditavam em seres espirituais.

d] Henoteísta, pois acreditavam em diversos seres espirituais, havendo, porém, uma divindade superior que liderava as demais.

e] Panteísta, pois acreditavam que o mundo ou o ambiente era uma divindade que se expressava por eventos naturais.

3. Releia a seguinte citação de uma antiga obra (*Zuozhuan*) que comentava os clássicos.

> O duque disse: "Minhas ofertas sacrificiais foram abundantes e puras; as divindades não me abandonarão, mas me sustentarão". Seu ministro respondeu: "Ouvi dizer que as divindades e os fantasmas realmente não são afeitas pelas pessoas, mas é somente a virtude que elas prestam atenção. Por isso, nos Livros de Zhou, lemos: 'O grande Céu não tem afeições; ajuda apenas os virtuosos' [...] Assim, se um governante não tiver virtude, o povo não se afeiçoará a ele e as divindades não aceitarão suas ofertas. O que as divindades *vão observar é a virtude de cada um*. (Miller, 2007, tradução nossa)

Sabendo das profundas mudanças na cosmovisão e nas práticas da civilização chinesa durante a transição da dinastia Shang para a dinastia Zhou, é correto afirmar que:

i. Shangdi era uma divindade misteriosa e antropomórfica, ao passo que o Céu dos Zhou era claro sobre a necessidade da conduta moral virtuosa e era um ser espiritual mais impessoal.

ii. ao contrário de Shangdi, que podia beneficiar ou prejudicar a humanidade sem uma justificativa clara, o Céu seria virtuoso, ainda que beneficiasse mais quem tinha virtudes.

iii. as oferendas a Shangdi incluíam bebidas, animais e até humanos para apaziguá-lo, mas os ritos de sacrifício para o Céu deveriam ser feitos com sinceridade por pessoas virtuosas.

Agora, assinale a alternativa correta a respeito dessas proposições:

A] Todas são verdadeiras.
B] Somente I é verdadeira.
C] Somente I e II são verdadeiras.
D] Somente III é verdadeira.
E] Todas são falsas.

4. A importância de oráculos ou divinações na cultura chinesa antiga remete à noção de racionalidade divinatória. Assinale a alternativa em que se descreve corretamente essa forma de racionalidade própria do pensamento chinês:

A] A forma de raciocínio dos antigos chineses, por ser fundada sob o ambiente das práticas divinatórias, é pautada pela reflexão abstrata que não se importa com o contexto vivido.
B] A racionalidade chinesa antiga, por ter sido fortemente impactada pela prática divinatória, busca causas específicas e contextuais, mas nunca de forma intuitiva, apenas objetivamente.
C] É uma maneira de pensar em que se valoriza o poder de intuição e de indução, o que conduz a um senso de oportunidade que ajuda a observar as configurações de cada situação vivida.
D] O pensar chinês na antiguidade é baseado, em grande medida, nas práticas divinatórias, o que o tornou interessado apenas no mundo espiritual, e não no social.
E] É um pensar que, com base em questões próprias do contexto, acredita somente na ação do ser humano, e não na ajuda divina.

5. O culto aos antepassados na China Antiga relaciona-se com a noção de filialidade (*Xiao*), especialmente a partir da dinastia Zhou. Como esses dois elementos da Antiguidade se relacionam entre si?

   A] Na Antiguidade chinesa, os pais não eram valorizados. Valorizavam-se apenas os antepassados, pois estes seriam seres muito diferentes uns dos outros.

   B] As duas relações mais importantes da Antiguidade eram a da pessoa com seus antepassados e a da pessoa com seus pais, cada uma das quais alimentava e reforçava a outra.

   C] Durante a Antiguidade, os chineses valorizam muito os pais, mas faziam ritos sacrificiais aos antepassados somente por medo deles.

   D] As relações entre pais e filhos e entre antepassados e seus descendentes, por serem duas formas físicas de contato entre todas as partes, eram exatamente iguais.

   E] A relação com os pais e a relação com os antepassados não eram importantes, tendo sido ainda menos valorizadas durante a dinastia Zhou.

ATIVIDADES DE APRENDIZAGEM

Questões para reflexão

1. Explicamos, neste capítulo, que a história chinesa pode ser vista a partir de duas perspectivas, uma histórica e arqueológica, outra mítica ou tradicional. Você observa isso na história da sua sociedade também? Ou seja, você e as pessoas a sua volta utilizam quais fontes para entender a própria história, os materiais científicos ou as fontes tradicionais?

2. Citamos, neste capítulo inicial da obra, alguns conceitos teóricos e métodos básicos da Ciência das Religiões. Você conhece a história, os autores, as teorias e os métodos próprios da Ciência das Religiões? Mencione ao menos um exemplo de cada um desses quatro aspectos.

Atividade aplicada: prática
1. Explicitamos aqui a importância dos ancestrais e da família para os chineses antigos. Muitos afirmam que esse tema tem relevância até hoje nessa cultura, razão pela qual parece ser interessante buscar entender melhor esse assunto na voz dos próprios chineses. Para isso, cumpra as etapas descritas a seguir:

1º Procure alguma família chinesa ou um grupo de descendentes de chineses a fim de realizar uma breve entrevista com eles sobre o assunto (preferencialmente de forma presencial, mas pode utilizar, se necessário, da internet ou do celular)

2º Após explicar que se trata de um trabalho para entender a cultura chinesa e que este será usado apenas para estudo individual, peça aos entrevistados que respondam:
   A] Qual é o sobrenome de sua família?
   B] Qual é a importância da família em sua vida?
   C] Vocês prestam homenagens aos ancestrais? Como?
   D] Vocês têm um altar para seus ancestrais? Podem descrevê-lo?

3º Registre por escrito as respostas e as discuta com colegas, preservando a identidade dos entrevistados

4º Leia o artigo "Culto dos antepassados", de Fernando Sales Lopes (2013), apresentado na seção Indicações culturais. Compare o que os chineses (ou descendentes deles) lhe contaram e o conteúdo do texto citado, observando se é possível identificar os elementos do culto dos antepassados citados no texto também no relato obtido na entrevista.

CONFÚCIO E A TRANSFORMAÇÃO DO LEGADO DA ANTIGUIDADE

Você certamente recorda que, no capítulo anterior, perguntamos o que Confúcio (2012, p. 212) quis dizer quando afirmou na passagem 7.1 d'*Os Analectos*: "transmito, mas não crio; Confio e amo a Antiguidade". Neste capítulo, esclareceremos como Confúcio recebeu e transformou esse legado, sendo, ao mesmo tempo, um marco divisor da história chinesa. Por um lado, conforme detalharemos, ele se sentiu continuador de uma tradição (um dos últimos, por sinal). Por outro lado, a maneira específica como ele interpretou e "transmitiu" essa tradição foi singular e impactou toda a vida chinesa até hoje. Primeiramente, explicaremos melhor o contexto em que viveu para depois tratar de suas ideias e da renovação que ele fez das antigas tradições.

2.1 Confúcio como marco histórico e cultural

Como demonstramos no capítulo anterior, a Antiguidade chinesa tem uma longa história, com diversidade de narrativas, personagens controversos, trocas dramáticas e cíclicas de dinastias, estruturas de poder já bem-estabelecidas e, entre muitos outros aspectos, sérios problemas sociais. Confúcio é filho desse tempo.

Ele nasceu no período em que o império descentralizado dos Zhou começou a se enfraquecer de tal forma que não mais conseguiram se recuperar. Os estados vassalos brigavam entre si para controlar o poder, o que caracterizou o Período das Primaveras e Outonos (771-481 AEC).

Figura 2.1 – Entrada do "Pavilhão do Grande Realizado (*Dàchéng diàn* 大成殿)", no Templo de Confúcio em *Nánjīng* 南京, China

Em razão dessas disputas políticas e bélicas, as estruturas sociais foram bastante abaladas. Uma das consequências foi que, entre as pessoas da classe mais nobre, como os *shì* 士 ou os descendentes das famílias de antigos reis e duques, muitos perderam poder de maneira brusca e rápida. Um deles foi o pai de Confúcio, *Kǒng Hé* 孔紇 (ou *Shū Liáng'hé* 叔梁紇), que teria vivido na passagem dos séculos 7 e 6 AEC, e era descendente de uma família de nobres (duques) da era Shang. Ele teve também mais três filhas e um filho, este com deficiência física, o que, na época, fazia de Confúcio o líder da família, depois da mãe.

Sua mãe, *Yán Zhēngzài* 顏徵在, não era nobre, provavelmente uma concubina do pai de Confúcio; logo, tratava-se de uma união que desrespeitava a etiqueta social (*Lǐ* 礼). Confúcio nasceu por volta do ano 551 AEC na pequena cidade de *Zōu* 邹, onde seu pai trabalhava, no estado de *Lǔ* 鲁 (atual estado de *Shāndōng* 山东). Em razão disso, Confúcio, após a morte prematura do pai (quando o filho tinha apenas 3 anos de idade), teve uma vida economicamente humilde, tendo chegado a passar dificuldades materiais. Isso o estimulou a desenvolver diversas "habilidades para coisas insignificantes", como ele mesmo afirmou na passagem 9.6 d'*Os Analectos* (Confúcio, 2012, p. 280). Em termos bem brasileiros, ele teve de "se virar" para sobreviver.

Confúcio, porém, não se satisfez com as habilidades que lhe foram úteis para sobrevivência, tendo afirmado na passagem 2.4 d'*Os Analectos*: "aos quinze anos, dediquei-me de coração a aprender" (Confúcio, 2007, p. 69). Sua mãe teria o incentivado a estudar, e acredita-se que possivelmente foi com o intuito de que seu filho aprendesse a cultura e a educação tradicional do estado de Lu que eles se mudaram para a capital *Qūfù* 曲阜 após a morte do pai. Contudo, ela faleceu pouco depois, antes dos 40 anos, tendo deixado a vida de Confúcio ainda mais difícil, porém com motivos para superar tal condição (Huang, 2013).

Como não era parte da elite que estava no poder, ainda que tivesse ascendência nobre, não pôde ter uma educação formal para ser um funcionário oficial (*Shì* 士). Todavia, conseguiu estudar em escolas não oficiais para pessoas das classes trabalhadoras, o que fez, principalmente, por interesse próprio. E esse já é um ponto que vale ressaltar em sua trajetória.

Inspirado em seu conhecimento histórico, sobretudo no caso dos reis sábios Yao e Shun, que escolheram sucessores pela virtude, e com base nas próprias vivências, Confúcio foi um grande defensor da ideia de que o mérito do cultivo moral valia mais do que o "berço de ouro" de cada pessoa. Dessa forma, ele foi um dos primeiros pensadores a mostrar que não basta ter o privilégio de nascer nobre, uma vez que cada pessoa precisa demonstrar nobreza moral por seus próprios esforços e méritos para ser considerada e reconhecida. Esse discurso pode ser visto no Brasil de hoje como conservador, mas, na época, foi inovador e enfrentou muita resistência.

Voltemos para a aspiração de Confúcio. Sua dedicação para aprender, ou seja, estudar livros e práticas, mas também crescer como ser humano, marcou uma transformação na vida de Confúcio e o tornou numa figura histórica. Mais do que isso, sua decisão não apenas afetou seu tempo e as pessoas com que teve contato, mas também impactou os milênios e diversas culturas seguintes. Conforme Cheng (2008, p. 64):

> Mais do que um homem ou um pensador, e até mais que uma escola de pensamento, Confúcio representa um verdadeiro fenômeno cultural que se confunde com o destino de toda a civilização chinesa. Esse fenômeno [...] manteve-se durante 2.500 anos e perdura ainda hoje, após passar por várias transformações e sobreviver a muitas vicissitudes.

Um dos motivos para esse impacto tão duradouro talvez seja a característica ambígua e, por isso mesmo, específica de Confúcio: era ao mesmo tempo nobre e plebeu. Assim, ele pôde experienciar dois aspectos bem contrastantes da realidade social de sua época. Era livre numa sociedade em que havia servos e escravos, e tinha ascendência que poderia lhe render oportunidades políticas de ascensão social. No entanto, por ser filho de uma união condenada socialmente naquele tempo, e por ser economicamente pobre, viveu como as pessoas das camadas mais baixas da sociedade.

Essa condição dupla fez Confúcio dedicar um olhar terno e compreensível tanto para as estruturas de ordem e governança, quanto para a população que era governada e para os costumes populares (trataremos mais detalhadamente sobre essa duplicidade no Capítulo 3). Em termos sociológicos, ele era, portanto, uma pessoa que representava simultaneamente classes sociais mais altas e classes sociais mais baixas. Por essa razão, tinha uma visão ampliada de seu contexto social, uma perspectiva rara em sua época e que foi um empecilho para que fosse compreendido ainda em vida.

Marcado precocemente por sua vontade de aprender, aos 19 anos se casou com *Qí Guānshì* 亓官氏, e um ano depois teve o primeiro filho, *Kŏng Lǐ* 孔鲤 (ou *Bó Yú* 伯鱼). O casal teve também duas filhas; uma delas morreu ainda cedo e a outra se casou quando adulta, sendo essas as únicas informações disponíveis sobre elas. As necessidades que passou quando jovem, suas obrigações como pai de família e sua forte aspiração de aprender, que perdurou por toda a sua vida, provavelmente foram os motivos para se formar uma personalidade ávida pelo conhecimento, tanto prático quanto teórico (para ele, indissociáveis, aliás).

Existia uma espécie de currículo básico para os *shi* (nobres eruditos) na Antiguidade chinesa dos Zhou, que consistia em seis artes ou habilidades: (1) os ritos, cerimônias ou etiquetas sociais (*Lǐ* 礼); (2) a música (*Yuè* 乐); (3) o arco e flecha (*Shè* 射); (4) a condução de carruagens (*Yù* 御); (5) a caligrafia (*Shū* 书); e (6) a matemática (*Shù* 数). Confúcio aprendeu todas essas habilidades, conforme diversas fontes biográficas indicam, tendo maior apreço pelos ritos (*Lǐ* 礼 / 禮).

Se há um aspecto que distingue o pensamento de Confúcio daqueles desenvolvidos por outros pensadores chineses, e mesmo em outros locais do mundo, é a centralidade de *Lǐ* 礼. O termo *Li* é normalmente entendido como "ritos" ou "rituais", inclusive no sentido religioso e sacrificial, mas está longe de se restringir a isso. Seu significado abrange desde a ação cerimonial, da mais cotidiana à mais específica, até a maneira adequada de agir socialmente: as etiquetas sociais e o papel cultural de determinada figura, por exemplo.

Dois casos sobre os ritos (Lǐ 礼) podem exemplificar como Confúcio foi central para a releitura da Antiguidade.

O primeiro é mostrado em uma cena do filme *A Batalha pelo Império*, de 2010, dirigido pela diretora *Hú Méi* 胡玫, que reproduziu cinematograficamente cenas que, segundo registros tradicionais, ocorreram na vida de Confúcio. Na época retratada no longa, quando tinha entre 20 e 30 anos de idade, Confúcio já havia estudado bastante e ganhado algum renome social sobre seu conhecimento a respeito dos ritos. Nesse momento, ele já havia criado um de seus maiores legados: um tipo de escola particular que aceitava todas as pessoas interessadas em estudar, sem restrições de classe, onde já contava com os primeiros alunos ou discípulos. No filme, durante uma reunião política em seu estado natal, quando ele finalmente havia conquistado um cargo político local importante, ele clama pela vida de um escravo que, conforme os ritos antigos, deveria ser enterrado junto de seu senhor. Seu argumento era de que aquele era um rito inadequado pertencente a outros tempos, e não refletia o espírito virtuoso dos Zhou, que valorizava a humanidade. Isso demonstra que ele amava os ritos (Lǐ 礼), mas acreditava que eles deviam sempre ser revisados pelo critério do que é moralmente válido em cada contexto. Essa não é uma modificação simples. Confúcio, inspirado diretamente pelo apelo à virtude defendido nos textos e personagens dos Zhou, alterou profundamente a forma como os ritos (Lǐ 礼) eram compreendidos. Conforme Cheng (2008, p. 79), Confúcio realizou um "deslizamento semântico, passando do sentido sacrificial e religioso à ideia de uma atitude interiorizada de cada pessoa, que é consciência do outro e respeito pelo outro, e que garante a harmonia das relações humanas, tanto sociais como políticas". Essa ressignificação instaurou o desenvolvimento de uma filosofia moral e social centrada nos seres humanos, antes apenas insipiente, e que se tornou referência de comportamento no leste asiático.

O segundo caso se encontra no trecho 15.10 d'*Os Analectos* (Confúcio, 2012, p. 474): "Yan Yuan perguntou como administrar um país. O Mestre disse: 'Utilizar o calendário da [dinastia] Xia; andar na carruagem *lu* da [dinastia] Yin [Shang]; usar chapéu cerimonial da [dinastia] Zhou. [...]'". Essa passagem mostra que Confúcio desenvolveu a ideia de que toda a história chinesa acumulara contribuições e que cada rito advindo da Antiguidade tinha papel e lugar na sociedade. Isso não apenas implica a necessidade de conhecer as antigas dinastias, mas também mostra a precisão de saber fazer escolhas sábias diante de múltiplas possibilidades. Como explicou Sinedino (2012), cada uma dessas sugestões de Confúcio a seu discípulo tem um motivo: em síntese, aproveitar o melhor de cada uma e estabelecer a ordem social.

Ressaltamos que Confúcio é tido como uma figura central na história chinesa justamente por ter conseguido sintetizar com maestria o pensamento e a tradição que o antecederam. Outra razão para isso é o fato de ter apresentado critérios que se mostraram válidos ao longo da história da humanidade sobre como o indivíduo deve sempre refletir cuidadosamente a respeito do que faz. Se fosse possível traduzir em em uma palavra os ensinamentos confucianos, acreditamos que o termo *humanista* os retrataria bem.

Num tempo em que conquistar o poder pelos meios mais terríveis e agradar as divindades com oferendas luxuosas era mais importante do que cuidar da população, Confúcio propôs algo diferente. Ele ensinou que nós, seres humanos, podemos cuidar dos problemas comuns, sendo este um dever moral. Esse é um aspecto de seu humanismo, o qual explicita a necessidade de sermos pessoas melhores e cuidarmos uns dos outros por nossos próprios esforços.

Paradoxalmente, por outro lado, ele utilizou da base cosmológica dos Zhou para fundamentar suas ideias, a noção de Céu e tudo que derivou disso. Segundo Poceski (2013, p. 52), "o objetivo principal de Confúcio era restabelecer o Caminho eterno (Tao), que foi revelado e seguido pelos antigos sábios, os quais reproduziam as normas e desígnios do Céu e traziam a harmonia perfeita entre o Céu e a humanidade".

Confúcio realmente acreditava no Céu e no poder deste de ordenar tudo pela virtude. Mais do que isso, Confúcio (2012, p. 237) se viu como um agente dessa agenda social e cosmológica, como alguém que recebeu o mandato celestial: "o Céu fez a virtude nascer em mim", conforme passagem 7.22 d'*Os Analectos*. Essa é outra releitura da Antiguidade, já que, em vez de pensar que isso se aplicava somente aos governantes, ele entendia haver um papel designado pelo Céu para cada pessoa dentro da harmonia do mundo e tinha grande fé nisso. Ele mesmo afirmou na passagem 2.4 d'*Os Analectos*: "Aos 30, estabeleci-me. Aos 40, já não tinha dúvidas. Aos 50, compreendi o Mandato do Céu" (Confúcio, 2012, p. 33).

Com seu humanismo e sua fé na transformação social por meio do mandato do Céu, diante do caos social a sua volta, Confúcio apresentou uma solução que pode ser chamada de *tradicionalismo revivalista*. Ele defendia que se deve respeitar as antigas tradições e cultivar sinceramente as virtudes delas para que exista ordem harmônica em *tudo sob o Céu*, mas não de qualquer forma ou a qualquer custo. Van Norden (2018, p. 43) explica que o "revivalismo é um movimento que visa efetuar uma mudança social positiva no presente redescobrindo o significado profundo dos textos, práticas e valores do passado".

> **CURIOSIDADE**
>
> A noção de *tradicionalismo revivalista*, de que Confúcio talvez seja um dos primeiros exemplos da humanidade, pode ser aplicada a vários casos, inclusive alguns bastante conhecidos durante o século XX, como Mahatma Gandhi e Martin Luther King Jr. Nos três casos, essas figuras históricas buscaram soluções inovadoras para sérios problemas sociais a eles contemporâneos mediante uso e inspiração de bases tradicionais, como a moral virtuosa dos Zhou (Confúcio), a visão de "não violência" dos jainistas (Gandhi), e os valores cristãos e democráticos de liberdade (Luther King).

Essa posição, no entanto, mesclada a seu idealismo interno e às disputas externas da época, resultou em sérios problemas para Confúcio. Após alguns anos servindo ao duque de Lǔ 鲁, com alguns feitos diplomáticos de sucesso, ele atraiu a inimizade de nobres de famílias que eram menos poderosas, mas que disputavam o poder. Sentindo-se ameaçado e sem esperanças de que seu estado seguisse o caminho da virtude, em 497 AEC ele resolveu sair em busca de quem o admitisse como conselheiro, num episódio chamado de *périplo aos países*.

Seguido por alguns de seus mais fiéis discípulos que frequentavam sua escola particular, ele foi para o estado de Wèi 衞 e, em seguida, passou por muitos outros estados, sem, no entanto, ter sucesso em nenhum deles, o que o fez voltar para Wei e lá ficar em 489 AEC. Após cerca de 14 anos de exílio e périplo, a pedido de alguns nobres, voltou em 484 AEC a sua terra, Lu, já com 68 anos.

Durante esse tempo, um importante discípulo, o preferido de Confúcio, morreu: *Yán Huí* 颜回. Pouco depois de retornar, sua esposa também faleceu, em 482 AEC. Seu filho também deixou a vida antes dele, ainda aos 50 anos. Este, no entanto, tinha lhe dado um neto, *Kǒng Jí* 孔伋 (ou *Zisī* 子思, 481-402 AEC), que seria muito importante para a transmissão do legado do avô.

Com muitas perdas e frustações ao longo desses anos, ainda que também com muitas alegrias e experiências, percebeu que não era mais possível ver suas ideias aplicadas por um governante, tendo, por isso, mudado de estratégia. Voltou-se integralmente ao projeto da educação, tornando-se um símbolo da busca pelo aprender e um modelo de educador, pois tinha o ensino como principal atividade. Apesar das turbulências em sua vida, Confúcio (2012, p. 33) afirmava sentir-se realizado em seus últimos anos: "Aos 60, meus ouvidos estavam afinados. Aos 70, [consegui] seguir o que desejava meu coração, sem infringir as regras", conforme passagem 2.4 d'*Os Analectos*. Ele faleceu com 73 anos, em 479 AEC (Huang, 2013).

Segundo a tradição, além de ensinar as seis artes citadas anteriormente, ele teria editado os textos antigos, tendo começado um processo de canonização do que seria chamado de *cinco clássicos* (os quais comentaremos no próximo capítulo). Esses clássicos constituíram bases de uma doutrina estatal que, cerca de três séculos depois, se tornou fundamento de um estado que durou por mais de 2.200 anos, com continuidades e descontinuidades. Ainda em vida, Confúcio utilizava tais clássicos na formação de seus alunos, visando criar uma nova geração virtuosa e preparada para mudar para melhor os rumos de *tudo sob o Céu*, inspirados nos exemplos da Antiguidade chinesa.

Ele também foi um comentarista desses clássicos, tradição que perdurou por toda a história chinesa. Se é exagerado lhe atribuir autoria de certos métodos, é plausível ver em seu trabalho os fundamentos, como o "método dos pares" (uso de termos opostos colocados numa frase para gerar comparações e raciocínios sobre seus significados) e métodos de comentários de "frase por frase". Defensor do humanismo, como assinalamos, ele foi um dos primeiros a dizer que não se nasce já sabendo (pelo menos a maioria); ao contrário, para Confúcio (2012, p. 235), o conhecimento e a sabedoria devem ser conquistados: "Não nasci sabendo. Gosto da Antiguidade e sou ávido por buscá-la", conforme passagem 7.19 d'*Os Analectos*.

Assim, Confúcio pode ser considerado, a um só tempo, pensador, filósofo, político, educador/professor, editor ou músico. Está claro que ele foi um "fenômeno cultural" sem precedentes e sagrou-se símbolo da cultura chinesa, tendo impactado todo o leste asiático.

Pode-se afirmar, ainda, que foi um sistematizador e marco histórico da tradição dos Eruditos (*Rú* 儒), que já existia na Antiguidade, mas que foi redirecionada séculos depois pelo legado de Confúcio. Milênios depois, essa tradição ficou conhecida entre os falantes das línguas neolatinas como *confucionismo*.

2.2 As fontes do pensamento de Confúcio

Na seção anterior, relatamos que existe um legado cultural deixado pela Antiguidade chinesa que foi recebido e transformado por Confúcio. Ele exerceu um papel muito importante, já que aprendeu grande parte desse legado e o ensinou de uma maneira revitalizada, dando nova luz à sabedoria antiga para buscar soluções para o seu tempo socialmente instável. Por essa e outras razões, ele foi um marco histórico da China antiga que impactou todas as épocas seguintes. Isso porque seu legado foi devidamente registrado, tendo sido usado e comentado ao longo da história.

Talvez você, leitor, esteja questionando: Onde estão registradas as ideias de Confúcio? Nesta seção, especificaremos as fontes textuais que ficaram conhecidas como a base da proposta de Confúcio. Antes de ir direto a tais fontes, vale refletir sobre a natureza delas.

Entre os vários estudos sobre Confúcio e o confucionismo existentes em português brasileiro até a produção deste livro (2020), a maioria deles destacam os aspectos filosóficos dessa tradição (Lau, 2007; Lai, 2009; Van Norden, 2018). Cheng (2008), como informamos, faz uma abordagem mais abrangente, como um marco histórico da cultura chinesa, porém também ressalta seu pensamento. Bueno (2013), de uma maneira mais original, salienta a qualidade de educador de Confúcio e sua proposta, mostrando que este apostava na educação como solução dos problemas sociais. Tocando nos aspectos religiosos e espirituais, Poceski (2013), numa direção parecida com a de Schuman (2016), mostra que há diversas faces do confucionismo.

Acreditamos que, ainda que esses autores tenham revelado realmente aspectos fundamentais de Confúcio e do confucionismo, o aspecto político é nuclear nas ideias dele. Por *político* entenda-se aqui, de maneira abrangente e confuciana, tudo o que envolve a ação humana que objetiva organizar e gerir a sociedade. Há um diálogo de Confúcio que ilustra isso bem.

Numa ocasião em que Confúcio foi questionado por não estar no governo, ele respondeu, citando o *Clássico da História*, que ser filial como seus pais e amigável com seus irmãos já é fazer política, conforme passagem 2.21 d'*Os Analectos* (Confúcio, 2012). Isso indica que, para ele, agir de maneira moralmente boa, praticando as virtudes em que se acredita, é o que organiza e harmoniza as relações sociais. Se tomarmos como prisma a filosofia em Confúcio, no sentido de pensamento sistemático que reflete sobre o mundo, certamente salta aos olhos uma filosofia moral e uma filosofia política, dois aspectos que, nesse sistema, são indissociáveis.

Se considerado o aspecto educacional, será enfatizado o fato de que ele acreditava que o aprender é um ótimo meio para que o indivíduo se torne o melhor que pode ser. Assim, a sociedade funcionaria de modo mais harmonioso.

Também o aspecto religioso, trabalhado num capítulo particular mais à frente, era entendido por Confúcio dentro da sua ideia de reestabelecer a ordem social harmônica para todos na sociedade, e com *tudo sob o Céu*.

É claro que todos esses termos – *filosofia, educação, política, moral* – são palavras de nossa língua cujos significados apenas se aproximam do sentido dos conceitos sobre os quais estava alicerçado o confucionismo. Dito de outro modo, tais palavras não descrevem esses elementos da cultura chinesa com precisão e são, muito mais, interpretações e associações interculturais. E, por mais que essas aproximações tenham seu valor e utilidade, surgem as perguntas: Quais eram os termos usados por Confúcio para expressar sua forma de ver o mundo? Como os confucianos se denominam? Afinal, o estudo de outra cultura exige conhecê-la em seus próprios termos. É esse exercício que desenvolveremos na sequência.

Sabemos que o termo em português *confucionismo* é derivado do nome de Confúcio no sentido de ser a doutrina criada por ele. No entanto, o termo original para designar quem segue essa proposta é *Rú* 儒, que pode ser traduzido como "eruditos", "letrados" ou "acadêmicos". Justamente por isso, é comum em pesquisas em língua inglesa sobre o tema a utilização do termo *ruism* ("ruísmo") no lugar de *confucionismo*, no caso de autores que buscam se aproximar da terminologia original.

Por derivação, cerca de cinco séculos depois de Confúcio, historiadores chineses usaram o termo *Rújiā* 儒家 ("escola ou tradição dos eruditos"), mais ligado à tradição oficial e ortodoxa. Posteriormente, surgiu a derivação *Rújiào* 儒教 ("ensinamentos ou doutrina dos eruditos"), termo que tem sentido mais cotidiano e religioso – ainda que *Rujia* e *Rujiao* sejam quase sinônimos. Conforme Sinedino (2012, p. 191-192), os Ru eram vistos como a:

classe de eruditos ou pessoas que possuíam conhecimentos sobre os Ritos, especialmente cerimônias de funeral, enterro e luto. Com as mudanças sociais na China, seu sentido foi ampliado para compreender toda e qualquer pessoa que cultivasse os textos canônicos e passou pouco a pouco a designar a escola de pensamento de Confúcio [...]. Confúcio é visto como o ru por excelência.

Essa citação faz menção aos "textos canônicos", que são os cinco clássicos referidos no capítulo anterior: o *Clássico dos Ritos*, o *Clássico da História*, os *Anais de Primavera e Outono*, o *Clássico das Mutações* e o *Clássico da Poesia* (cujas fontes originais estão disponíveis em Sturgeon [2006]). Uma curiosidade histórica é que, na Antiguidade chinesa, às vezes se falava de seis, e não de cinco clássicos. O motivo é que teria existido um *Clássico da Música* que não teria sobrevivido como um texto autônomo, tendo se mantido somente como um capítulo do *Clássico dos Ritos*. Confúcio tinha um enorme apreço por esses textos, e lhe é tradicionalmente atribuída a edição da maioria deles, o que reservou a essas obras uma posição de primeira importância nessa tradição. A seguir, pormenorizamos, nos limites do escopo deste livro, cada uma dessas fontes.

O *Clássico dos Ritos* (*Lǐjì* 礼记, literalmente "registro dos ritos") é um conjunto de textos que registraram as diversas normas sociais de comportamento da era Zhou[1]. Abrange os mais diversos aspectos da vida chinesa, desde rituais sacrificiais para divindades (por exemplo, os capítulos 23 a 25), passando por etiquetas para o casamento (como o capítulo 44), até ideias sobre como agir para o mundo inteiro se organizar harmoniosamente. Sobre este último caso, os capítulos 31 "Justo Meio" (*Zhōngyōng* 中庸) e 42 "Grande Aprendizado" (*Dàxué* 大学), recebem um forte apreço dos confucianos – capítulos creditados respectivamente ao discípulo *Zēngzǐ* 曾子 e ao neto de Confúcio, Zisi (ou Kong Ji).

---

1   O texto original e uma tradução ao inglês estão disponíveis em Sturgeon (2006), e alguns trechos em português em Bueno (2011b).

O *Clássico da História* (*Shūjīng* 书经, literalmente "clássico dos documentos") contém narrativas detalhadas das três dinastias antigas, mas já sob a perspectiva das ideias do Zhou[2]. Isso significa que há uma série de relatos de acontecimentos, normalmente ligados a questões de governança. Contudo, esses relatos não são meramente descritivos, sendo, sobretudo, modelos de conduta, exemplos do que fazer ou não, podendo até conter lições sobre o motivo de esta ou de aquela ação ser a correta.

No clássico *Anais de Primavera e Outono* (*Chūn Qiū* 春秋), cujo título faz referência ao período de mesmo nome, há também crônicas que teriam sido escritas por Confúcio[3]. Esse registro para a posteridade tinha uma intenção moralizante, assim como no caso dos outros clássicos, ainda que, nos *Anais*, a linguagem seja mais descritiva. Essa obra, porém, tem uma especificidade: o registro de governantes exemplares, sobretudo da região de Lu, numa época em que a autoridade dos Zhou ainda era respeitada, mas já se verificando sinais de sua queda. Nesse sentido, era um registro de modelos ideais de ação.

Certamente o mais misterioso de todos os clássicos, o *Clássico das Mutações* (*Yìjīng* 易经), ou *Mutações dos Zhou* (*Zhōu yì* 周易), é uma obra simultaneamente filosófica, matemática, histórica e divinatória[4]. É *filosófica* porque se expressa mediante um complexo sistema metafísico e ético que transmite noções como a constante mutabilidade do mundo e a necessidade humana de agir sabiamente diante das mudanças. É *matemática*, já que seu sistema é organizado por padrões matemáticos e inspirou toda uma cultura de estudo dos números na China. É *histórica*, pois narra acontecimentos

---

2   Assim como o caso anterior, o texto original e a respectiva tradução para o inglês estão disponíveis em Sturgeon (2006), e alguns trechos também podem ser lidos em Bueno (2011b).
3   Tal como para clássicos anteriores, o texto original e a respectiva tradução ao inglês estão disponíveis em Sturgeon (2006), e alguns trechos estão em Bueno (2011b).
4   O texto original pode ser lido em Sturgeon (2006), em tradução ao inglês, mas há também a clássica tradução indireta para nosso idioma de R. Wilhelm (1991) e a única tradução direta do chinês ao português brasileiro feita por Wu (2015).

dos Zhou, ainda que com o fito de mostrar que existem contextos e situações apropriadas, ou seja, que certas mudanças e reações são favoráveis ou não a exemplo daquelas ocorridas no passado. É uma obra na qual as antigas práticas divinatórias culminaram sob a perspectiva da cultura dos Zhou, ou seja, que transformou as práticas ritualmente mágicas em um livro-oráculo pautado pela cultura erudita, mas também intuitiva, que busca entender a lógica natural das mutações de *tudo sob o Céu*. Confúcio admirava tanto esse clássico que, no final da vida, chegou a dizer que se tivesse mais 50 anos certamente iria estudar as *Mutações*, acreditando que deixaria de cometer grandes erros, como foi registrado n'*Os Analectos* 7.16 (Confúcio, 2012, p. 230).

Uma coleção de 305 canções e poesias tradicionais do período dos Zhou, o *Clássico da Poesia* (*Shījīng* 诗经), que às vezes é traduzido como *Livro das Odes* ou simplesmente *Poemas*, narra acontecimentos e ritos, inclusive religiosos; além disso, apresenta modelos de conduta de uma forma mais lúdica, diferentemente dos outros clássicos[5]. Confucianos compreendiam que ler essa obra era instrutivo e dava às pessoas conteúdo, ou o que em português chamaríamos de *estofo*, no sentido de ter bagagem cultural. A esse respeito, Confúcio (2012, p. 518) declarou para o filho: "Se não estudar os *Poemas*, não terá meios de se expressar", conforme passagem 16.13 d'*Os Analectos*. Esta outra sentença d'*Os Analectos* (passagem 17.9) aprofunda a questão:

> O Mestre disse: "Pequeninos! Por que ninguém estuda os *Poemas*? Os *Poemas* podem [desenvolver] associações, podem [desenvolver] a percepção, podem [desenvolver] a sociabilidade, podem [desenvolver] a crítica. Com relação ao que está próximo, [vocês podem usar os *Poemas*] para servir ao pai. Com relação ao que está longe,

---

5 Como no caso dos quatro primeiros clássicos citados anteriormente, o texto original e a respectiva tradução ao inglês estão disponíveis em Sturgeon (2006), e alguns trechos em Bueno (2011b).

[vocês podem usar os *Poemas*] para servir ao governante. [Vocês podem usar os *Poemas*] para decorar os nomes dos pássaros, dos animais, das ervas e das árvores. (Confúcio, 2012, p. 532)

A formação confuciana atrelada aos clássicos visava nutrir o praticante desse Caminho com aprendizados inspirados na Antiguidade que o capacitassem para a vida. Isso serviria ao praticante tanto para melhorar a si mesmo quanto para torná-lo alguém que ativamente iria retomar a ordem harmônica na sociedade. Também Confúcio se sentia um seguidor do Caminho da Antiguidade e das tradições desta, tendo bastante convicção disso. E ele fez questão de deixar claro que esse legado antigo deveria ser transmitido às novas gerações para que o Caminho antigo voltasse a prosperar em *tudo sob o Céu*.

Curiosidade

Assim como Confúcio fez em seu tempo, catalogando um vasto número de versos populares do seu contexto, alguns estudiosos e amantes da cultura brasileira empreenderam o mesmo esforço no Brasil no século XX. Entre vários nomes memoráveis, destacamos Mario de Andrade e Luís da Câmara Cascudo.

Andrade, um dos fundadores do movimento modernista da arte brasileira, fez na década de 1930 uma "Missão de Pesquisas Folclóricas" por intermédio do Departamento de Cultura do Governo de São Paulo, quando dele participou. Como resultado, ele legou uma tradição de políticas públicas de valorização da cultura popular e oral no Brasil – existe até hoje com mais ou menos força a depender do contexto.

Câmara Cascudo, um professor com múltiplos talentos escreveu inúmeras obras, entre as quais destacamos *Literatura oral no Brasil* (2009) e *Dicionário do Folclore Brasileiro* (2005). Publicadas na década de 1950, essas são obras de fôlego que catalogaram com detalhes tradições populares brasileiras; a última foi publicada pelo governo federal brasileiro (Cascudo, 2005, 2009).

Você conhece mais alguém que registrou as tradições orais da sua região? Existem muitas outras pessoas que fizeram isso em todo o Brasil e em todo o mundo.

2.3 Ideias centrais no pensamento de Confúcio e seus primeiros seguidores

Nesta seção, apresentaremos os principais conceitos do pensador Confúcio e comentaremos sobre algumas contribuições de seus primeiros discípulos, ainda durante a vida do mestre. Inicialmente é preciso trazer à tona um termo muito importante para o pensamento chinês, o *Dào* 道, que, num contexto colonialista, foi romanizado em línguas neolatinas como *Tao*. Pode ser traduzido como "Caminho", com inicial maiúscula, e abrange o sentido de "método", de "expressão", de "ordem natural" ou o sentido de "vivência", um caminho a ser percorrido pelo "caminhante". É importante ressaltar, todo pensador da China antiga tinha um Caminho (Dao). Confúcio foi um dos primeiros a falar, e talvez o primeiro a registrar, sua perspectiva com o uso desse termo.

Existe, então, um Caminho confuciano, ou um Caminho dos eruditos (Ru), um modo específico de ver e viver a vida. Muitas vezes diz-se que os eruditos seguem o "Caminho dos Reis Ancestrais" (Confúcio, 2012, p. 18-19), na passagem 1.12 d'*Os Analectos*, como Yao, Shun e Yu, e os sábios das dinastias Xia, Shang e, principalmente, Zhou. Por isso, os clássicos são a fonte escrita onde buscam referência. Conhecê-los era tão importante quanto viver, conforme diz Confúcio (2012, p. 116), na passagem 4.8 d'*Os Analectos*: "Se de manhã eu ouvisse a respeito do Caminho, ao cair da noite eu poderia morrer [satisfeito]".

Além do conhecimento dos clássicos, o Caminho confuciano incentiva a prática das seis artes antigas – instrução que o próprio Confúcio teve: ritos; música; arco e flecha; condução de carruagens; caligrafia; e matemática. Assim sendo, para formar pessoas exemplares que iriam transformar para melhor a própria sociedade, não bastava que fossem letradas e decorassem tudo o que havia de escrito na época; era necessário um equilíbrio com outras formas de expressão, tendo, dessa maneira, múltiplas habilidades numa perspectiva orgânica de formação humana e de aprendizagem.

Por que isso tudo era enfatizado? É verdade que, na época de Confúcio, muitas das antigas nobrezas tinham perdido dinheiro e prestígio, como aconteceu com o pai dele. Todavia, o crescente momento de crise demandava a ação de pessoas capacitadas em conhecimentos tradicionais e, em acréscimo, em técnicas úteis para a sobrevivência daquele estado. Para suprir essa demanda externa e interna de pessoas capazes, existiam os *Shì* 士[6], ou "aspirantes" a cargos oficiais: conselheiros, ministros, professores e militares.

Na prática, os aspirantes (*Shì* 士) eram eruditos (*Rú* 儒) empregados, classe da qual Confúcio era símbolo. Como uma nova classe social, esses aspirantes tinham uma agenda própria que se fundamentava em certa base e interesses comuns. Eles visavam reestabelecer a ordem na sociedade, o que faz do Caminho confuciano um ideal ou causa política a se praticar e ensinar (Sinedino, 2012).

---

6   O termo *Shì* 士 adquiriu diversos significados na longa história da cultura chinesa. No que concerne à Antiguidade em que Confúcio vivia, o termo já carregava significados diferentes a depender do contexto: "rapaz solteiro", "nobreza", "funcionário do governo", "professores das seis artes antigas" e "militares". Contudo, desde Confúcio, o termo assumiu um sentido também moral, próximo da ideia de um "aspirante" a cargos do governo que, por isso mesmo, seria uma pessoa exemplar. Com o tempo, no vocabulário confucionista, e variando em cada situação, passou a significar tanto um simples funcionário do governo quanto uma pessoa que cultivava virtudes independentemente de estar empregada ou não.

2.3.1 O Aprender

O Aprender (*Xué* 学), com inicial maiúscula, é também um tema muito relevante para Confúcio, como a sinóloga Ho (1999) tão bem demonstrou em sua dissertação de mestrado. Conforme já apontamos, um dos intérpretes dele no Brasil, Bueno (2011a, 2013), entende que essa era uma questão nuclear nos ensinamentos do pensador. Cheng (2008) vê o Aprender como um dos três alicerces das ideias de Confúcio – ao lado da humanidade e do senso ritual, de que trataremos a seguir.

Existe uma discussão sobre a palavra em português (e outras línguas modernas) que melhor traduziria *Xué*, variando principalmente entre "estudar" e "aprender" e palavras derivadas (Lau, 2007, p. 50-53; Sinedino, 2012, p. 2-3; Van Norden, 2018, p. 51-52). Mais relevante neste momento é assinalar que Confúcio tinha uma visão específica sobre o Aprender.

Já informamos que ele buscou arduamente reformar a política de sua época, a fim de influenciar a ordem social, mas não foi ouvido e sofreu perseguições por esse motivo. Em seguida, apostou na educação como maneira de que o legado virtuoso da antiguidade pudesse ser restabelecido. Para Confúcio, estudar não era válido se fosse resultado dos atos de decorar alguns textos antigos, de simplesmente seguir todos os ritos sociais como se fossem um castigo a ser cumprido mecanicamente, ou mesmo de ser habilidoso em música para se expressar de maneira que se incentivassem ações moralmente questionáveis. Para ele, o Aprender implicava: uma transformação interna que leva o indivíduo a ser o melhor que pode; ter intenções e sentimentos moralmente corretos com o que e como se aprende; desenvolver capacidades a serem usadas contextualmente; e, por consequência, ser socialmente hábil para melhorar o mundo.

Isso mostra algumas características do Aprender confuciano. Em primeiro lugar, o Aprender é algo vivenciado de diversas maneiras ao longo da vida. Quando alguém aprende algo, deve colocar isso em prática, o que está explicitado na primeira passagem 1.1 d'*Os Analectos*: "Aprender algo e depois poder praticá-lo com regularidade, isso não é um contentamento?" (Confúcio, 2012, p. 2). Em segundo lugar, toda a experiência pode ser usada como fonte de aprendizado, conforme registrado na passagem 7.21 d'*Os Analectos*: "O Mestre disse: 'Andamos a três. [Os dois outros] certamente poderão [ser] meus mestres [em algo]. Escolho aquilo que têm de bom e faço o mesmo, [escolho] aquilo que não têm de bom e me corrijo'" (Confúcio, 2012, p. 236). Essa última frase aponta para a a terceira característica: o Aprender confuciano é experiência de vida junto aos outros, vivida com a comunidade humana, que é vista como uma rede de relações, caracterizando-se como inter-relacional, portanto.

IMPORTANTE!

Na perspectiva confuciana há cinco relações sociais básicas ou fundamentais, cuja fonte mais detalhada sobre o tema é o capítulo "Justa Medida" (*Zhōng Yōng* 中庸, 20) do *Clássico dos Ritos* (Liji, 2006):

1. governante e servidores;
2. pais e filhos;
3. irmão mais velho e irmão mais novo;
4. marido e esposa;
5. amigo(s);

Essa classificação pode ser considerada uma "filosofia social" ou "protossociologia", pois entende que todas as interações humanas, em vez de iguais, seguem, ao contrário, padrões culturais (ritos, *Lǐ* 礼) distintos e específicos. As duas primeiras são reflexo da noção de "filialidade" (*Xiào* 孝), ou princípio de amor aos pais e do cuidado dos pais com seus filhos, que desde a Antiguidade foi relacionada em termos mais exteriores à obediência dos súditos a seu governante e a este como um pai do povo. As relações três e quatro são familiares; no entanto, ao passo que a terceira é claramente hierárquica e preestabelecida entre os membros, a quarta pode ou não ter hierarquia, embora seja muito mais uma função social escolhida (ainda que não necessariamente pela vontade dos noivos). Por fim, a quinta relação é a única completamente horizontal e realizada pela afinidade espontânea entre as pessoas. Há convergências também, pois, em geral, além de vê-las como relações sociais, confucianos entendem que elas devam ser recíprocas, uma vez que as partes têm de devotar respeito uma pela outra. O laço ou cimento que as une é a confiança mútua cultivada na vivência dessas mesmas relações sociais fundamentais.

Para Confúcio, o Aprender envolve o aprendizado de como ser um ser humano sábio, tanto no sentido social quanto no sentido de que cada pessoa pode realizar seu potencial de ser o melhor de si mesmo. Cheng (2008) refere-se a isso como uma "aposta universal" no ser humano; ou seja, Confúcio tinha a fé de que a humanidade pode ser melhor do que é. Da mesma forma, isso quer dizer que ele acreditava que cada pessoa nascia com a capacidade de ser sábia, de transformar a si mesma em seu máximo potencial.

Isso se evidencia pelo fato de existirem várias terminologias para nomear os níveis de sabedoria que uma pessoa consegue alcançar. Van Norden (2018, p. 61, grifo do original) classificou o confucionismo como uma filosofia "ética da virtude", "que enfatiza o que uma pessoa deve **ser**", o que significa dizer que a proposta confuciana é uma "teoria a respeito do **bom caráter**". Quais seriam esses tipos de bom caráter? E qual é a gradação dos tipos de pessoas sábias? Especificaremos isso na seção a seguir.

2.3.2 O ideal do sábio e a virtude da Humanidade (Ren)

O grau superior na realização do potencial humano é o *Shèngrén* 圣人, que pode ser traduzido como "sábio". Entretanto, pode também ser traduzido como "santo", no sentido de alguém que tem comportamento moralmente perfeito, que está além da humanidade comum (sem relação, portanto, com a ideia de origem cristã de alguém que faz "milagre" ou que é próximo da divindade pela devoção). Essa última possibilidade se deve à existência da palavra *Xiánrén* 贤人, que pode ser igualmente traduzida como "sábio" ou "inteligente", porém num sentido mais ligado à inteligência e ao estudo.

Em seguida vem *Shànrén* 善人, a "pessoa boa", conceito que é menos usado e tem o significado de alguém que é moralmente bondoso. Essa pessoa já nasceria com essa inclinação boa e a pratica, como uma dádiva do Céu (Sinedino, 2012). No entanto, esse conceito foi criticado por Confúcio por não cultivar o Aprender do Caminho confuciano. Um termo próximo do peso de *Shànrén* é o *Chéngrén* 成人, "pessoa madura" ou "realizada", que é alguém já moralmente realizado.

O tipo de ser humano *Jūnzǐ* 君子, o "Nobre", o "Cavalheiro" ou o "Educado", é o mais citado na tradição confuciana, sendo o modelo de caráter mais recorrente nessa tradição. Originalmente significava alguém de descendência da elite, literalmente o "filho do príncipe". A visão de Confúcio moralizou o termo, que desde então assimilou um sentido de quem age com nobreza de caráter por ter se transformado pelo Aprender, porque cultivou a moralidade e adquiriu capacidades, e não somente por causa da família de descendência. O termo contrasta com a noção de *Xiǎo rén* 小人, que significa literalmente "pessoa pequena" e que, por ter também um sentido moral, pode ser entendido como alguém "mesquinho" ou "moralmente baixo". Existem outros tipos de caráter, mas esses são os mais recorrentes.

De que forma uma pessoa poderia alcançar essas realizações? Mediante o aprendizado e o cultivo de virtudes e qualidades. Conforme a maioria dos intérpretes de Confúcio aponta, o principal pilar de sua proposta é a virtude da Humanidade[7] (*Rén* 仁), também traduzida como "senso de humano", "bondade" ou "benevolência". Etimologicamente, sua raiz é o caractere homófono de *pessoa* (*rén* 人) somado ao caractere do número dois (*èr* 二), significando o ser humano em interação com seus pares. Isso já indica uma noção de "eu" próprio dessa tradição, já que essa noção tem como pressuposto a ideia de que cada pessoa existe somente em uma teia de relações sociais.

O sentido mais simples da virtude da Humanidade confuciana é de "amar as pessoas", conforme passagem 12.22 d'*Os Analectos* (Confúcio, 2012, p. 380). Esse "amar" (*Ài* 爱) tem um sentido básico de ser sensível aos outros e cuidar deles como irmãos em *tudo sob o Céu*. Confúcio declarava que todo o seu pensamento era atravessado por um princípio transversal; entendemos que este era o princípio da Humanidade.

A Humanidade abrange pelo menos três outras virtudes. A primeira é a **consideração** (*Shù* 恕) com as outras pessoas; refere-se ao indivíduo respeitar os demais tal como gostaria de ser respeitado. Conforme passagem 15.23 d'*Os Analectos*, Confúcio (2012, p. 484) disse: "A consideração! Aquilo que não se quer para si próprio não deve ser feito aos outros".

---

7   Neste livro, vale lembrar (como foi com o *Aprender*), grafamos as palavras das virtudes com inicial maiúscula, como em *Humanidade*, para diferenciá-las dos outros usos mais comuns que fazemos delas, como *humanidade* para o *coletivo de humano*.

A segunda é a **lealdade** (*Zhōng* 忠), que também pode ser entendida como "diligência", já que é uma postura de se empenhar ao máximo nas relações com alguém. Consideração e diligência são frequentemente vistas como pares no confucionismo.

A terceira virtude é a **filialidade** (*Xiào* 孝), ou "amor aos pais", que pode ser compreendida como o meio mais básico para desenvolver Humanidade, já que cada pessoa já treinaria suas capacidades desde a tenra infância, para depois expandir esse cuidado para todos. Este último princípio releva uma perspectiva chamada de *cuidado diferenciado* (Van Norden, 2018). Portanto, é uma constatação e uma recomendação de que a pessoa deve oferecer mais amor ou cuidado aos mais próximos, especialmente para os nossos pais, e, em tipos e graduações menores, para todas as pessoas.

2.3.3 A Retidão e a Ritualidade

Um dos conceitos confucianos mais difíceis de traduzir seria *Yí* 义, "Retidão". Seu sentido é de uma ação correta, a realização de um dever, e até da moralidade que é fundamentada num **senso de justiça**. A Retidão, ao contrário da Humanidade, tem mais a ver com ações realizadas de maneira moralmente certa, sendo uma aplicação de virtudes mais visível.

A nosso ver, a virtude da Ritualidade (*Lì* 礼) é a mais destacada da tradição confuciana, ainda que apareça menos vezes do que Humanidade (Ren)[8]. Como aludimos no capítulo anterior, Confúcio fez um "deslizamento semântico", ou seja, alterou profundamente o significado original dos ritos sacrificiais e das etiquetas da Antiguidade chinesa para a compreensão de que Li seria um estado de ser tal qual o de quando alguém faz um ritual com sinceridade. Essa disposição de sinceridade e atenção expandida para cada

---

[8] Em nossa busca no site Chinese Text Project, Ren aparece 110 vezes, em 60 parágrafos e Li aparece 75 vezes, em 43 parágrafos n'Os Analectos (The Analects, 2006).

ação de sua vida seria a Ritualidade, ou a qualidade de agir com a virtude da consciência ritual.

Há, pois, uma intrínseca relação entre Ritualidade e Retidão: são princípios morais básicos ou fundamentais, e não regras explícitas. Por isso, regras devem mudar com o contexto; regras são expressões de princípios morais e devem ser sempre reconsideradas sob essa perspectiva. Assim, o agir humano pode seguir os ritos ou as normas sociais, os quais fornecem um **senso de justiça** que, por sua vez, fazem emergir a **criticidade** suficiente para saber quando algo é correto ou não.

Da mesma forma, há uma forte conexão entre a Ritualidade e a virtude da Humanidade, já que, para Confúcio, são aspectos de uma mesma realidade. A Ritualidade era o método mais destacado em relação a outras propostas de seu tempo e posteriores. Constitui uma forma de gerar constantemente Humanidade, por criar atitudes de sinceridade e de harmonia, facilitando o cultivo da principal virtude confuciana.

2.3.4 Os discípulos e a formação d'*Os Analectos*

Após a morte de Confúcio, as ideias expressas por ele e por seus discípulos foram compiladas em um texto que já foi bastante citado aqui, *Os Analectos* (*Lún Yǔ* 论语). Trata-se da fonte primária mais segura sobre o pensamento e a vida de Confúcio, ainda que existam muitos outros relatos sobre esse personagem[9].

Por exemplo, nessa obra, além de conhecer as ideias de Confúcio, é possível tomar conhecimento de quem eram seus primeiros seguidores ou discípulos, e de quem eram seus adversários e críticos. Sobre os primeiros, a estimativa dos historiadores chineses da era imperial foi de que Confúcio tinha cerca de 3 mil estudantes, mas

---

9   Indicamos fortemente a leitura d'Os Analectos (Confúcio, 2007, 2012, 2013) para que você, leitor, acesse uma fonte direta do confucionismo, alcançando uma compreensão mais ampla e profunda.

aproximadamente 70, apenas, eram os que sabiam as seis técnicas. Lau (2007) contabiliza apenas 25 discípulos citados n'*Os Analectos*, e Sinedino (2012) fala de 10 principais discípulos. Destacamos aqui alguns deles:

- *Yán Huí* 颜回 (521-481 AEC), o preferido, era motivo de admiração de Confúcio graças à intensa busca por aprender e a facilidade que tinha de realizar a Humanidade, mesmo sendo financeiramente bastante humilde;
- *Zǐgòng* 子贡 (520-456 AEC) foi o discípulo mais citado (38 vezes), já que teve várias conversas com o mestre;
- *Zilù* 子路 (542-480 AEC) era um símbolo de coragem, uma das virtudes menores do confucionismo, e chegou a conquistar cargos militares, além de ter sido o guarda-costas de Confúcio;
- Zisi (481-402 AEC), o neto de Confúcio (que pouco viveu com o avô); e
- Zeng Shen (ou Zengzi, "Mestre Zeng", 505-435 AEC).

A estes dois últimos se atribui a edição, respectivamente, das obras *Grande Aprendizado* e o *Justo Meio*, que se tornaram capítulos do *Clássico dos Ritos* (Liji, 2006; Bueno, 2011b). Esses e outros tantos aderentes do Caminho confuciano continuaram o legado de Confúcio. Eles constituíram a formação inicial do que podemos chamar de *tradição dos eruditos* (Ru), que tem Confúcio como fundador.

Mesmo tendo formado ao menos algumas dezenas de discípulos, ou até milhares deles, as ideias de Confúcio pouco foram desenvolvidas por esses seguidores mais próximos, que, no entanto, prosperaram na prática de compilação e organização dos textos da tradição. Foi necessário quase um século para um pensador confuciano aparecer com novidades, contribuindo para a continuidade da tradição e para alcançar seu objetivo principal, que era convencer governantes sobre o valor das ideias confucianas. Aliás, convencer governantes se tornou mais difícil depois de Confúcio, já que a diversidade de soluções apresentadas por outras tradições cresceu bastante. No próximo capítulo, versaremos sobre os dois maiores pensadores ou filósofos confucianos depois de Confúcio, os quais responderam aos críticos de seu mestre ainda na Antiguidade, ou no período pré-imperial.

Síntese

Tópicos do Capítulo 2

Vida de Confúcio 551-479 AEC	▪ Ressignifica o legado da Antiguidade para propor soluções à crise sociopolítica que vivia. ▪ Passa por carreira política conturbada nos estados de Lu e Wei. ▪ Implementa o périplo a outras localidades com seus discípulos. ▪ Dedica-se integralmente a educar novas gerações com seus ensinamentos que são baseados em virtudes e fazem releituras da Antiguidade.
Reflexões sobre sua tradição	▪ A tradição dos eruditos, *Rujia* ou ruísmo, graças à forte influência de Confúcio, fez autores não chineses começarem a falar em *confucionismo* nos últimos séculos. ▪ Os aspirantes (shi) eram eruditos (Ru) empregados em cargos públicos, classe de que Confúcio era símbolo.
Ideias principais de Confúcio	▪ O Aprender (Xue) é uma transformação interna no sentido de ser o melhor que se pode ser, tornando-se sábio; envolve colocar em prática o que aprendeu e saber aplicar isso em cada contexto e situação. ▪ Cinco relações sociais básicas: (1) governante e servidor, (2) pais e filhos, (3) irmão mais velho e irmão mais novo, (4) marido e esposa, e (5) amigo(s) – preponderância da família nesse sistema. ▪ Tipos de pessoas virtuosas: sábio ou santo (Shengren); sábio ou inteligente (Xianren); pessoa boa (Shanren); pessoa madura (Chengren); educado ou cavalheiro (Junzi); pessoa pequena ou mesquinha (Xiaoren). ▪ Virtudes a serem desenvolvidas: Humanidade (Ren), ou amor às pessoas, que inclua consideração (Shu), a lealdade/diligência (Zhong), e a filialidade (Xiao); a Retidão (Yi); e a virtude da Ritualidade (Li).

Indicações culturais

CONFÚCIO: a batalha pelo Império [Kong Zi]. Direção: Hu Mei. China Dadi Century (China Film Group), 2010. 115 min.

Este filme biográfico mostra Confúcio já como um homem suficientemente maduro para modificar a política local e demonstrar sua inteligência social, inclusive para estratégias de guerra. É especialmente interessante assisti-lo para conhecer o contexto em que o pensador viveu, nos momentos conturbados de meados da dinastia Zhou, podendo conhecer algumas de suas principais experiências. O longa foi lançado em 2010, em um período em que a China voltava aos poucos a revalorizar as tradições antigas, inclusive esse personagem histórico, dando ênfase aos aspectos positivos de seu caráter.

Atividades de autoavaliação

1. Sobre a tipologia das cinco relações sociais básicas desenvolvida por Confúcio com base nos cinco clássicos, é correto dizer que:
   a] a visão confuciana da sociedade é a de que todos são iguais e, da mesma forma, de que as relações são todas do mesmo tipo.
   b] na perspectiva dos defensores do Caminho confuciano, as relações entre pessoas são de diferentes tipos, pois seguem padrões culturais específicos.
   c] conforme Confúcio e seus seguidores acreditam, as relações sociais são diferentes, mas não deveriam sê-lo, pois todos devem amor aos próprios pais tanto quanto a qualquer outra pessoa.
   d] É possível interpretar nas ideias de Confúcio a noção de que todos os seres humanos se relacionam de uma única maneira, mesmo sendo diferentes.
   e] Ainda que haja cinco tipos de relações sociais básicas, deve-se tratar todas as pessoas com o mesmo padrão cultural de interações.

2. Confúcio defendia a virtude da Humanidade (Ren) como a principal meta a ser desenvolvida por quem segue seus ensinamentos. Na visão confuciana, outras virtudes "menores" conduziriam o praticante para a realização da Humanidade. Nessa linha de raciocínio, qual seria a virtude que, desde criança, qualquer pessoa pode desenvolver em si mesma que a levaria "naturalmente" a saber amar as pessoas em geral?

   A] A filialidade (Xiao), pois, se o amor aos pais é cultivado ao longo da vida, as pessoas tornam-se mais cuidadosas nas outras relações, gerando a virtude da Humanidade.

   B] A consideração (Shu), já que todas as pessoas, mesmo ainda crianças, podem se colocar no lugar das outras, que é o significado completo da virtude da Humanidade.

   C] A lealdade ou diligência (Zhong), uma vez que se esforçar para ser o melhor de si mesmo na relação com os outros já constitui, sozinho, a virtude da Humanidade.

   D] A retidão (Yi), porque buscar agir sempre corretamente em todas as relações humanas encerra o sentido da virtude da Humanidade.

   E] A Ritualidade (Li), visto que a consciência e a ação pautadas pelo espírito dos rituais geram, por si só, desde crianças, a virtude da Humanidade.

3. Idealmente, o estudo de uma cultura diferente daquela em que se está inserido deve ter como fundamento entender a outra cultura em seus próprios termos. No entanto, é útil também realizar exercícios de reflexão sobre o que é estudado tomando-se o devido cuidado. Confúcio e suas ideias foram classificados de diversas maneiras, como filosofia, política, educação, religião ou cultura. Aqui cabe a ressalva de que a acepção atual difere daquela dos termos originais da cultura chinesa antiga. Ao

longo do capítulo, defendemos que há um aspecto mais central na obra de Confúcio que atravessa os demais. Assinale a alternativa que indica corretamente esse aspecto:

A] A dimensão filosófica é nuclear nas ideias confucianas, considerando-se que os confucionistas tinham amplos interesses em refletir sobre o mundo, mas pouco em nele intervir.

B] A centralidade corresponde ao aspecto político, entendendo-o como tudo o que envolve a ação humana que visa organizar e gerir a sociedade, uma vez que o objetivo focal das ideias confucianas era político.

C] As ideias de Confúcio são principalmente educacionais, pois, desde cedo, todos os seus esforços foram para desenvolver a educação como primeira forma de mudar o mundo.

D] Dada a sua fé no Céu e no mandato celestial, a característica central das ideias de Confúcio era indubitavelmente religiosa, cuja meta principal era manter as práticas religiosas dos Zhou.

E] Como Confúcio é um símbolo da tradição dos eruditos, por consequência, pode-se dizer que suas ideias são principalmente culturais, representando o pensamento de toda a cultura chinesa.

4. Sobre os primeiros vinte anos da vida de Confúcio, é correto afirmar que:

A] nascido nobre, não teve de trabalhar e nunca precisou se esforçar para estudar.

B] nascido podre e sem ascendência nobre, trabalhou muito para sobreviver e nunca conseguiu estudar.

c] nascido pobre e com ascendência nobre, trabalhou muito, mas conseguiu estudar.

d] porque seus pais eram das classes economicamente mais baixas, trabalhou muito para sobreviver e nunca conseguiu estudar.

e] uma vez que seus pais eram das classes mais altas, não teve de trabalhar, e nunca conseguiu estudar.

5. Quais são os principais motivos que fizeram Confúcio ser um marco histórico da civilização chinesa?

a] Ele ter nascido sem descendência nobre e assim ter crescido em uma classe social mais baixa; ele ter apresentado um pensamento que buscava alterar completamente a ordem estabelecida, rompendo com as tradições da Antiguidade.

b] Ele ter nascido com ascendência nobre e, ao mesmo tempo, ter crescido em classe mais baixa, conhecendo os dois lados da realidade da sua época; ele ter unido o amor à Antiguidade com a sensibilidade de buscar melhorias sociais.

c] Ele ter nascido com ascendência nobre e ter crescido em classe mais alta, tendo se envolvido facilmente com a política do seu tempo; ele ter legado um pensamento tradicionalista que era inflexível com seu contexto.

d] Ele ter nascido com ascendência nobre e, ao mesmo tempo, ter crescido em classe mais baixa; ele ter buscado estudar firmemente, mas aceitando que ninguém poderia mudar a própria condição pessoal e social, mesmo se esforçando.

e] Ele ter nascido com ascendência nobre e, ao mesmo tempo, ter crescido em classe mais baixa; ele ter buscado durante toda a sua vida ter poder e cargos políticos da nobreza, para negar seu passado como plebeu.

Atividades de aprendizagem

Questões para reflexão

1. Confúcio acreditava que todo ser humano tem o potencial de se tornar sábio. E você, o que pensa a esse respeito? Por que acreditar no potencial da humanidade de se aperfeiçoar?

2. Tendo em vista que você, leitor, pode se tornar um cientista das religiões licenciado ou professor de ensino religioso escolar com base na Ciência das Religiões, como você trabalharia em sala de aula com seus alunos a diferença entre religiões e outros fenômenos sociais (como filosofias, políticas e educação)?

Atividade aplicada: prática

1. Tal como Confúcio, você pode registrar a cultura de seu tempo para as gerações futuras. Faça o registro da tradição oral de sua família ou de pessoas de seu bairro como forma de conhecimento da riqueza cultural nacional e como exercício de aprendizado da escuta e do registro. Se você estiver se preparando para ser professor, essa habilidade é muito importante na profissão. E, para as pessoas em geral, registrar a memória de sua tradição é preservar o legado de pessoas amadas e de sua cultura. Para cumprir essa atividade, ao longo de ao menos uma semana e no máximo em um mês, colete, de forma escrita ou em áudio e vídeo (a ser transcrito), o vocabulário específico de sua família ou de moradores de sua região, dando ênfase a expressões orais que tenham versos, tanto musicais quanto lúdicos.

A FORMAÇÃO DA ESCOLA DOS ERUDITOS E AS ESCOLAS CONCORRENTES

Se a crise social da cultura antiga foi o que motivou Confúcio a responder às demandas de seu contexto, também a renovação das antigas tradições realizada por ele impulsionou o pensamento chinês como um todo. É claro, havia, já antes dele, outras formas de pensar diferentes daquela da tradição dos Zhou, mas seu diferencial era que suas propostas provocavam respostas escritas que sugeriam outro caminho para os problemas que aquela sociedade enfrentava. Diante de cada uma das várias escolas concorrentes que nasceram, a escola dos eruditos (ou dos confucionistas) contestou as propostas das rivais e mostrou que o Caminho confuciano era o mais viável. Em especial, dois confucianos tiveram relevo na formação inicial de uma escola confuciana: Mengzi e Xunzi. Neste capítulo, abordaremos as respostas desses dois confucianos ao contexto de pluralidade de ideias gerado pelo aprofundamento da crise social do Período dos Estados Combatentes.

3.1 O contexto social, político e intelectual chinês após Confúcio: algumas escolas de pensamento

Logo após o Período das Primaveras e Outonos (771-481 AEC), ocorreu o Período dos Estados Combatentes (403-221 AEC). Se antes a instabilidade evidenciava problemas sociais, agora aumentava a violência, havendo um clima de guerra e disputa pelo poder. Os vários estados vassalos eram comandados por duques que não mais respeitavam a autoridade do rei da dinastia Zhou e guerreavam entre si em busca do domínio da China. Sete desses estados se destacaram: *Chǔ* 楚; *Hán* 韩; *Qín* 秦; *Qí* 齐; *Yàn* 燕; *Wèi* 魏; e *Zhào* 赵 (ver Mapa 3.1).

Nas últimas décadas desse período chegou ao fim a dinastia Zhou (em 256 AEC), a última das dinastias antigas e descentralizadas. Consequentemente, a vida ficou cada vez mais difícil para todos, com clima bélico, muitas traições e disputas internas e externas. Como consequência, os interesses dos governantes direcionavam-se principalmente para a eficiência da guerra e os meios mais hábeis para a conquista do poder.

Estudiosos acreditam que foi justamente por essa demanda por soluções políticas, militares e sociais que, durante aquele momento, surgiram vários autores e obras dedicados ao tratamento de estratégias militares. O exemplo mais famoso é a obra *Arte da Guerra*, de Sunzi (*Sūnzǐ Bǐfǎ* 孙子笔法, literalmente "Lei da guerra do mestre Sun") (Sun-Tzu, 2010). Esse é somente o texto mais famoso de um conjunto de obras que tratam da guerra e da estratégia, o que fez, séculos depois, historiadores chineses falarem de "escola dos estrategistas" ou "escola dos militares" (Bueno, 2019).

MAPA 3.1 – Sete reinos do final do Período dos Estados Combatentes (403-221 AEC) na China antiga

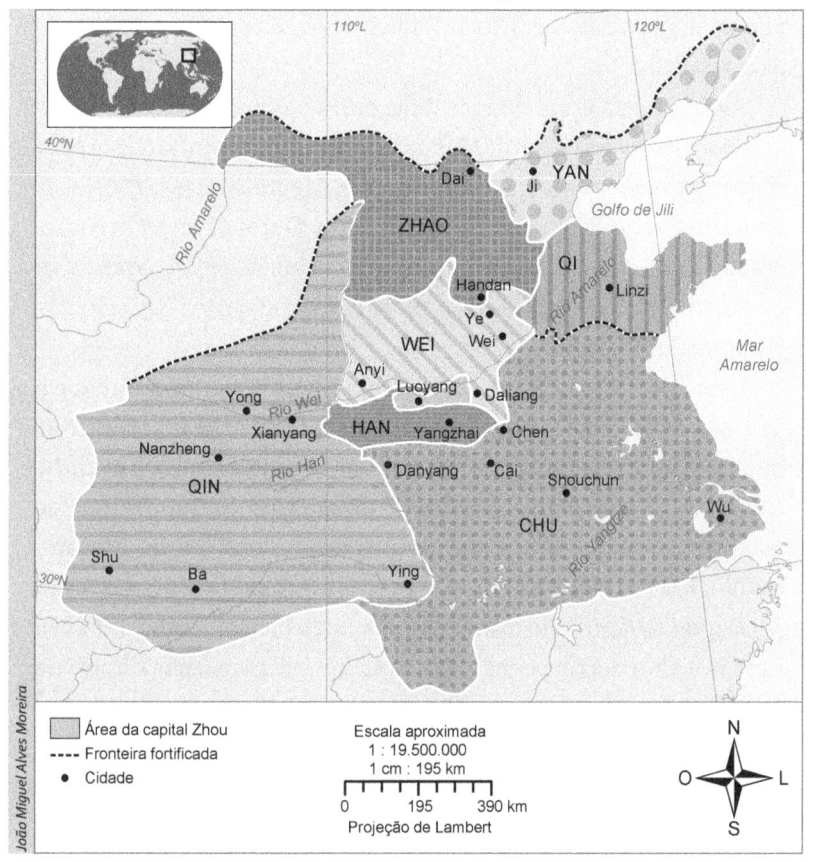

[Mapa mostrando os sete reinos: QIN, ZHAO, YAN, QI, WEI, HAN, CHU, com cidades como Dai, Ji, Handan, Ye, Wei, Linzi, Anyi, Luoyang, Daliang, Yong, Xianyang, Yangzhai, Chen, Nanzheng, Danyang, Cai, Shouchun, Wu, Shu, Ba, Ying. Rios: Amarelo, Wei, Han, Yangtzé. Mar Amarelo, Golfo de Jili. Escala aproximada 1:19.500.000, 1 cm : 195 km. Projeção de Lambert. João Miguel Alves Moreira.]

Você provavelmente observou que mencionados a "escola dos eruditos" e a "escola dos estrategistas". No contexto do Período dos Estados Combatentes, como a demanda por soluções sociais aumentou em relação ao Período das Primaveras e Outonos, surgiram mais escolas ou tradições de pensamento. Aqui o termo *escola* tem o sentido de "linhagem de ensinamentos", ou mesmo de um conjunto de obras que falam sobre um mesmo tema ou que têm abordagem comum, conforme a historiografia chinesa posterior as classificou.

Assim, essas eram apenas duas entre as chamadas *cem escolas de pensamento*; cada uma das quais buscava um caminho (Dao) para responder aos problemas de sua época. Algumas dessas escolas já apareceram no Período das Primaveras e Outonos, como a confuciana. Contudo, a maioria delas teve suas ideias registradas entre os dois períodos citados, com mais força durante o Período dos Estados Combatentes.

Este é, certamente, um dos assuntos mais vastos da história das ideias da China antiga. Por isso, nesta obra, selecionaremos as questões centrais para que você, leitor, entenda melhor o confucionismo. Como Cheng (2008, p. 30) afirma, os "textos chineses se aclaram desde que se saiba a que eles respondem" – uma dica metodológica que recomendamos ao estudo de qualquer pensamento.

Depois de Confúcio tornar-se um marco histórico que inscreveu uma nova forma de pensar na China antiga, com certa liberdade de pensamento ao mesmo tempo em que era amparada no conteúdo acumulado pelas tradições, vários pensadores começaram a negar ou apoiar suas ideias. Aqui, comentaremos brevemente os três casos que mais tiveram impacto na formação inicial da tradição confuciana. Trata-se das escolas dos moístas, dos daoistas e dos legalistas.

3.1.1 Os moístas

Moístas eram aqueles que seguiam os ensinamentos de *Mòzi* 墨子, ou mestre *Mò* 墨, o primeiro crítico de peso das ideias de Confúcio. Ao contrário da ideia de "cuidado diferenciado" que nascia da família no entendimento confuciano, os moístas acreditavam que era melhor cultivar um "cuidado indiferenciado", ou seja, sem privilegiar qualquer pessoa, tratando todos igualmente (Van Norden, 2018). No mesmo sentido, eles entendiam que padrões e normas sociais fixos eram mais eficazes para estabelecer a ordem social do que as virtudes contextuais confucianas.

Essa busca moísta por eficácia instaurou vários questionamentos sobre temas tradicionais, como a suposta necessidade de guardar três anos de luto com a morte dos pais, que consideraram exagerada, tendo proposto soluções mais práticas e em menor tempo. Como você certamente se recorda, isso seria um terrível desacordo com os ritos do ponto de vista confuciano. Moístas concordavam com os confucianos com relação à meritocracia, pois acreditavam que os governantes deveriam ter virtudes e habilidades, e não apenas serem de uma família nobre. No entanto, diferentemente dos confucianos, os moístas foram os primeiros da China a escrever de maneira linear e dissertativa, com sequência de argumentos, inovando a escrita chinesa.

3.1.2 Os daoistas

O termo *Dàojiā* 道家, que corresponde a "daoista", foi criado tardiamente por historiadores na dinastia Han. Isso sugere que nessa Antiguidade encontram-se as raízes desse movimento, mais do que uma tradição de fato. Portanto, referimo-nos aqui a um protodaoismo, um daoismo ainda em suas raízes ou sementes. São centrais nessa escola as noções de *Dào* 道 (Caminho ou o Absoluto), de *yīn* 阴 e *yáng* 阳 (princípios duais e complementares que existem em todo o universo: noite e dia; descansado e cansado; baixo e alto etc.) e de *wǔxíng* 五行 (cinco movimentos, às vezes erroneamente traduzida como "cinco elementos": os princípios ou arquétipos da madeira, fogo, terra, metal e água). Estes dois últimos conceitos foram anteriormente desenvolvidos por outra escola, a Escola do *Yīn* *Yáng* 阴阳家 ou naturalistas, e depois absorvidos pelos daoistas e confucianos.

Entre os personagens e elementos que formaram as raízes do daoismo estavam eremitas insatisfeitos com os rumos caóticos da China. Eles decidiam morar em ambientes mais naturais longe das cidades onde a política oficial acontecia com mais força, atitude que inspirou mais tarde alguns textos. Justamente por essa atitude aversa à política, esses eremitas eram muito críticos ao que viam como vaidade e ingenuidade dos confucianos em querer que o caminho deles "consertasse" a sociedade. Três textos foram especialmente importantes para essa escola: o *Lǎozi* 老子 (mais conhecido como *Clássico do Caminho e da Virtude*, *Dàodéjīng* 道德经) (Lao Tse, 2011; Laozi, 2016), o autor de obra homônima, *Zhuāngzi* 庄子 (ver Souza, 2016), e o *Lièzǐ* 列子 (conhecido em português pela obra *Vazio perfeito*) (Liezi, 2020).

A principal crítica aos seguidores de Confúcio por parte desses primeiros textos que são bases do daoismo é considerar o Caminho confuciano uma forma artificial de desenvolver a virtude, uma vez que, na perspectiva daoista, isso só levaria a mais sofrimento e até corromperia a virtude. Concordavam com os confucianos quanto ao fato de que o governante deveria ser virtuoso, embora tivessem uma visão diferente sobre como realizar essas virtudes individualmente (naturalmente e numa busca interna pessoal) e sobre o papel do governante (que, para o daoismo, deveria usar ao mínimo sua autoridade). Outra discordância se assentava na visão do Céu, já que daoistas o enxergavam de uma maneira ainda mais naturalista, considerando-o mais como padrões cósmicos impessoais do que como uma fonte cósmica da virtude que há no mundo e nos seres humanos.

3.1.3 Os legalistas

Os legistas ou legalistas (*Fǎ jiā* 法家), por sua vez, compreendiam que era por intermédio das leis, ou normas explícitas e escritas, que seria possível colocar ordem em *tudo sob o Céu*. Como os moístas, também viam a necessidade de um tratamento mais indiferenciado (ou imparcial) entre as pessoas, mas acrescentaram a ideia da **mediação social** por meio de leis que deviam ser cumpridas; quando estas fossem desrespeitadas, deveria haver sérias punições. Como os daoistas, viam, portanto, o Céu de uma maneira mais naturalista e apostavam muito mais na capacidade humana de aprender e resolver seus próprios problemas, afastando-se de explicações religiosas.

A principal discordância entre legistas e confucianos relacionava-se ao valor da tradição. Eles não viam como importante seguir os exemplos do passado que os confucianos tanto estimavam. Ao contrário, entendiam que cada novo contexto pedia novas respostas a novos problemas, razão pela qual repetir uma solução antiga lhes parecia inadequado. Esses autores defendiam que uma administração eficiente, leis bem-estabelecidas e seguidas e uma boa defesa militar eram fundamentais para que um Estado tivesse sucesso.

IMPORTANTE!

Chineses registraram amplamente sua história em textos, sobretudo nos dois últimos milênios. A história do pensamento chinês foi igualmente bem registrada (grande parte dela ainda carece de boas traduções para o português, o que facilitaria o acesso de um grande público em nosso país).

Citamos fontes diretas ou traduzidas do original de obras confucionistas e produzidas por outras escolas na seção Indicações culturais, ao final do capítulo.

3.1.4 O legado das escolas de pensamento

As propostas concorrentes do confucionismo aqui citadas, que eram apenas algumas das ditas "cem escolas de pensamento", disputavam entre si para provar o que seria melhor para todos.

Os moístas tiveram apoio de governantes, mas também criavam as próprias comunidades segundo os ensinamentos de seu líder.

No caso dos daoistas, no máximo houve influência de suas ideias entre a elite dos estados, até porque suas ideias podiam levar a uma atitude mais ascética. No entanto, conseguiram influenciar outras áreas, como a busca por saúde, a arte e as práticas religiosas de busca por imortalidade.

Os legalistas, por sua vez, tiveram razoável sucesso em conseguir patrocínios e cargos de conselheiros dos governantes. Estiveram na base da reunificação da China realizada pela curta dinastia *Qín* 秦 (221-206 AEC) – que foi breve justamente por exigir demais da população em razão de um governo autoritário que se pautava, de modo exagerado, no cumprimento de leis severas.

3.2 Mêncio: defensor e continuador das ideias confucianas

Mais de um século antes de a mencionada reunificação acontecer, nasceu *Mèngzǐ* 孟子 (Mestre Meng ou Mêncio, ca. 372-289 AEC), aluno de Zisi (neto de Confúcio), que, por sua vez, aprendeu o Caminho dos eruditos com Zengzi, discípulo do mestre. Por essa razão, ele fazia parte de uma "linhagem espiritual" ou da genealogia de um coletivo de pensamento específico. Somando isso ao fato de ter aprofundado e exemplificado ideias que Confúcio e seus discípulos apenas haviam aludido em seus registros, tornou-se o confuciano, um erudito (Ru), mais lembrado depois do próprio Confúcio.

Tal como sua fonte de inspiração, Mêncio nasceu numa família podre e era órfão de pai, o que obrigou sua mãe a concentrar toda a responsabilidade em sua formação. Ela levou isso muito a sério. Insatisfeita com os exemplos que tinha em sua volta, além do fato de que seu filho os absorvia com facilidade, ela mudou de casa três vezes – isso, no contexto da sociedade chinesa que valoriza a estabilidade e a residência num mesmo local por gerações, é algo que chama muita atenção. Finalmente ela encontrou moradia próximo de uma escola, o que permitiu a Mêncio imitar as atitudes de professores e estudantes e ser, mais tarde, nela admitido, tendo sido formalmente iniciado no Caminho dos eruditos.

Ao longo de décadas ele se mostrou um erudito (Ru) acima da média, pois, além de aprender com consistência as ideias presentes nos clássicos da Antiguidade sob a perspectiva de Confúcio, tornou-se o segundo maior defensor dessa tradição. Esse título lhe foi atribuído porque não apenas divulgou e ensinou essa doutrina, como Confúcio fez, uma vez que foi obrigado a responder a seus críticos, que cresciam em número e em qualidade. Ao mesmo tempo, teve de aprimorar os fundamentos e explicar com detalhes e exemplos as ideias confucianas, já que sua escola, reconhecida pelo tradicionalismo e moralismo, perdia cada vez mais prestígio numa sociedade pautada pela eficiência técnica e busca por poder.

De acordo com a especialista brasileira no pensamento de Mêncio, a sinóloga Ho Yeh Chia (Ho, 2006), os principais desenvolvimentos dele para a tradição confuciana são os seguintes (o terceiro é o mais ousado deles):

1. Ele distingue dois tipos de governabilidade: o governo pela Humanidade e o governo pela força. Segundo seu pensamento, o governo pela Humanidade é legítimo, pois é harmonizado com o Céu (ou seja, é um mandato celestial) e atende às vontades e necessidades do povo. Por sua vez, o governo pela força seria um governo da tirania, equivalente ao que chamamos de *ditadura*, pautado por regras rígidas, egoísmo de governantes, e, como reflexo disso, a população comete crimes e é também egoísta.
2. Conectado a essa distinção, Mêncio fala que um bom governo, pautado pela virtude da Humanidade, é um governo que ocorre

pelo exemplo da conduta do governante. Neste caso, ele salienta a proximidade das relações sociais entre pais e filhos e entre governantes e governados. Para esse pensador, o governante deve ser como um pai e uma mãe para a população, cuidando e provendo a todos e todas – se isso ocorrer, naturalmente seus súditos o amarão, sendo obedientes como filhos são aos pais ao praticar a virtude da filialidade (Xiao). A associação de filialidade e governança era também um contraponto direto às teses moístas de cuidado indiferenciado, uma vez que Mêncio buscava mostrar como o Caminho confuciano era o melhor a ser colocado em prática.

3. Num tempo em que a violência ocorria de maneira intensa e tendo diferentes fontes, Mêncio radicalizou a ideia já presente em Confúcio e nos clássicos da Antiguidade de que um governo tirano poderia e deveria ser derrubado. De maneira delicada e perspicaz, ele confirmou a necessidade de lealdade e de coerência dos governados para com o seu governante, de acordo com os ritos (Li), embora tenha feito uma importante ressalva: se um governante é o "filho do Céu", ele tem de agir virtuosamente de acordo com esse cargo, no qual não deveria estar se não o fizesse. Nessa situação, não seria desleal ou criminoso tirá-lo da liderança, inclusive à força, mas sim uma atitude de acordo com o mandato celestial – que iria providenciar, naturalmente, o legítimo sucessor.

4. Outra importante contribuição menciana são os diversos exemplos e as diversas explicações detalhadas que ele forneceu para tópicos práticos que foram apenas esboçados por Confúcio. Falou sobre formas de tributos, organização social das terras para agricultores, administração do estado e a importância da história – tudo pautado pela virtude da Humanidade. O trecho citado a seguir demonstra essa característica[1].

---

1 Trata-se de texto de Mêncio III. A. 3. [*Téng Wén Gōng* 滕文公, 1.3], traduzido por Ho Yeh Chia.

Conde Wen de Teng enviou alguém [Bi Zhan] para perguntar a Mêncio sobre o sistema de loteamento de terras–chamado Jing (井). Disse-lhe Mêncio: Já que seu rei quer fazer um bom governo, e vos escolheu para executar esta tarefa, deveis corresponder a sua confiança. O bom governo deverá começar pela demarcação correta das terras. Se ela não for correta, a divisão das quadras será desigual. Uma vez que a divisão seja desigual, propicia a exploração. Eis por que os reis cruéis e seus vis assessores não fazem a justa demarcação das terras, para que possam tirar vantagens dos camponeses. Um[a] vez acertado os limites [sic], a distribuição das terras e a repartição dos rendimentos, é coisa que se faz facilmente [sic]. Embora o território do estado de Teng seja pequeno, deverá contar com homens capazes, funcionários públicos, e lavradores. Caso não tenha homens virtuosos e funcionários, não haverá quem oriente os lavradores, não havendo lavradores, ninguém alimentará os sábios nem os funcionários.

Nos campos, em cada nove divisões quadrangulares iguais, uma delas, a do meio, fosse cultivada em comum para reforçar emolumentos dos magistrados e funcionários relativos aos tributos de assistência: e que na cidade, fosse adotada o dízimo como imposto. Para os funcionários públicos de alto cargo assim como para os de baixo, haveria um campo reservado cuja colheita fosse usada exclusivamente nas ofertas aos antepassados. Esse campo teria cinquenta ares de extensão, e se na família tivesse jovem maior de dezesseis anos, será acrescentado vinte e cinco ares. Assim, não tendo que se preocupar com as oferendas aos antepassados e nem com a sobrevivência, ninguém sairia da sua terra. O povo, cultivando no mesmo campo, saindo juntos para trabalhar, e juntos voltando para casa para descansar, criaria laços de amizade. Nas necessidades e nas doenças um ajudaria o outro, e, assim, as famílias viveriam em perfeita harmonia. (Ho, 2006, p. 73)

O excerto demonstra que Mêncio proporcionou à tradição confuciana um salto qualitativo em argumentos ao aprofundar bastante a forma e o conteúdo das ideias defendidas por seus pares. Das frases avulsas e das curtas histórias dos cinco clássicos e d'*Os Analectos*, o livro *Mêncio*, intitulado com o nome de seu protagonista (algo comum na China antiga), elaborou com mais densidade a ideia de governo pela virtude. Assim, forneceu bases mais sólidas para o futuro uso prático do confucionismo como doutrina de Estado.

Mêncio, entretanto, é mais conhecido hoje pelas ideias mais interiorizadas de cultivo das virtudes, tópicos morais que, historicamente, se tornaram sua marca. Na esteira da crença de Confúcio no potencial de cada ser humano evoluir para ser o melhor de si mesmo, Mêncio elaborou a teoria das quatro qualidades inatas de todo ser humano (ou "brotos de virtude"): (1) mente/coração compassivo; (2) senso de vergonha; (3) senso de respeito; e (4) senso de certo e errado. Para ele, usar essas disposições é crescer como pessoa, e não as usar é deixar de ser humano.

Cada uma dessas qualidades inatas pode originar uma virtude considerada "cardeal": "é o coração compassivo que nos dá origem à virtude *ren* [Humanidade]; a capacidade de sentir vergonha e de odiar o mal é o princípio da justiça [Yi]; o sentido de respeito é o começo dos ritos sociais [Li]; o discernimento do certo e do errado é o limiar da sabedoria [*Zhi* 智]" (Mêncio, II. A. 6. [*Gōng Sūn Chǒu* 公孫丑 1. 6], traduzido por Ho, 2006, p. 66-67)[2]. Com base nisso, Mêncio legou à posteridade uma tendência de cultivo espiritual ou moral pessoal na tradição confuciana, já que cada pessoa, em sua trajetória pessoal vivida nas redes de relações sociais, deveria cultivar essas qualidades inatas para se transformar em um educado (Junzi) ou até mesmo em um sábio (Shengren).

---

2   Trata-se de texto de Mêncio, II. A. 6. [*Gōn Sūn Chǒu* 公孫丑 *1.6*], traduzido por Ho Yeh Chia.

A ideia menciana mais famosa é a de que o "caráter natural" ou a "natureza humana" (*Xìng* 性) é bom/boa. Seu argumento passa pela premissa de que, se todas as pessoas já nascem com quatro disposições para desenvolver as quatro virtudes "cardeais", elas tendem, então, *naturalmente* para o desenvolvimento do bem. Nas palavras de Mêncio[3]:

> É o sentimento interno, sempre inclinado ao bem, que atesta ser a natureza humana boa. Se então alguém fizer o mal, não é por suas disposições naturais. Se seguirmos os pendores de nossa natureza, seremos bons. Eis porque digo que [a] natureza humana é boa. Quando cometemos atos cruéis, não é por culpa da nossa natureza. (Ho, 2006, p. 95)

Sendo uma tradição que visava à formação moral/ética das pessoas, o confucionismo estabelece a meta de *ser* um sábio, ou ao menos alguém com Humanidade. Por isso, a questão sobre a natureza humana é tão cara: Teriam os seres humanos condições de ser sábios? A natureza humana, sua constituição mais básica com que já se nasce, é compatível com essa meta? Mêncio buscou responder positivamente a essas questões, nutrindo com confiança todos os que quisessem buscar a sabedoria (Sheng), ou a santidade dos reis da Antiguidade.

Ao mesmo tempo, com isso, ele negava teses das outras escolas. Por exemplo, combatia a tese moísta de que a natureza humana seria neutra – nem boa, nem má. Também negava que a natureza humana seria mais inclinada a satisfazer seus próprios desejos e, por isso, seria naturalmente "má", numa perspectiva chinesa de maldade como sinônimo de egoísmo. Essa última ideia é encontrada em textos dos legistas e também em *Yáng Zhū* 杨朱, autor que tinha ideias próprias, mas era ligado indiretamente a daoistas como *Lièzǐ* 列子 (Liezi, 2020).

---

3 Texto de Mêncio, VI. A. 6 [*Gào zi* 告子 1. 6], traduzido por Ho Yeh Chia.

Como é de se inferir, Mêncio se fundamentou nos clássicos (em especial o *Clássico dos Ritos*) e em Confúcio para chegar a essa conclusão. Em especial, seguiu a noção antiga de que a virtude advém do Céu, como o próprio Confúcio (2012, p. 237) ressaltou na passagem 7.22 d'*Os Analectos*. Com efeito, atribuiu uma moralidade natural ao Céu, e o viu como a fonte da "natureza humana" (*Xìng* 性, que pode ser traduzido também por "caráter natural"). Por consequência, entendeu que a natureza humana tenderia ao bem; afinal, o homem já nasce com as qualidades dadas pelo Céu, ainda que tenha que desenvolvê-las, e não se deixa ser influenciado negativamente.

Com todas essas e muitas outras ideias, ele se provou o maior defensor do Caminho dos eruditos depois de Confúcio e até a época dele (levando em conta que alguns o consideram assim até hoje). De um lado, aprofundou ideias confucianas e contra-argumentou as críticas. Por outro lado, assim como Confúcio, não conquistou o apoio de um governante, tendo de investir mais no ensino e no registro de textos para a posteridade.

3.3 Xunzi: autor do primeiro texto confuciano sistemático

Ao contrário de Mêncio, Xunzi teve sucesso em ter um cargo e ser reconhecido em vida, mas não no sentido de que seus antecessores gostariam. No auge do Período dos Estados Combatentes, um dos governantes do estado de Qi criou a Academia Jixia (*Jìxià Xué* 稷下学) visando empregar os nobres eruditos (shi). Em um caso bastante especial na história antiga da China, esses eruditos não trabalhavam diretamente com funções políticas. Em vez disso, eram professores e estudiosos que, eventualmente, aconselhavam políticos. Foi nesse ambiente de debates, pluralidade de ideias e até de competição por patrocínio governamental que *Xún Kuàng* 荀況

ou, como ficou conhecido, *Xúnzǐ* 荀子 (literalmente "mestre Xun"), viveu grande parte da vida.

Xunzi era natural do reino de Zhao, no norte da China, e teria vivido entre 310 e 211 AEC (Knoblock, 1988). Trata-se do primeiro pensador confuciano a compor um texto sistemático, cujo desenvolvimento dissertativo é gradualmente lógico. Isso, inclusive, o fez ser incluído como teorista da linguagem e da lógica chinesa antiga na famosa obra *Science and civilisation in China* [Ciência e civilização na China] iniciada por Joseph Needham (Harbsmeier, 1998).

Foi o terceiro maior defensor do Caminho dos eruditos, apenas atrás de Confúcio e de Mêncio, embora certamente tenha sido o mais questionador entre eles. O mestre Xun recebeu de modo crítico o legado confuciano, porém o defendeu com tanta garra que até hoje chama a atenção como argumentador. Em acréscimo, ao enfrentar as outras correntes de pensamento de sua época, não apenas as atacou, mas também, num espírito sintético e sincrético, absorveu o que julgou aproveitável de cada uma delas. A seguir detalhamos o resultado disso.

Numa perspectiva inovadora em relação à toda a tradição confuciana até então, o mestre Xun defendeu a amoralidade do Céu. De alguma maneira, isso foi inspiração encontrada nos daoistas: no Capítulo 5 do *Dao de jing*, Laozi (Lao Tse, 2011) declara que o "Céu e a Terra não são bondosos, e tratam os dez mil seres como cães de palha", ou seja, como possíveis oferendas, simbolizando desapego. Ele argumentou que o Céu, na verdade, não tinha virtudes morais e era muito mais um princípio natural, um fluir constante do *yīn* 阴 e do *yáng* 阳, sem conotações explicitamente virtuosas.

Mas não conclua precipitadamente, leitor, que isso significou a desvalorização do Céu. O Céu seria, para o mestre Xun, uma relevante parte de um todo orgânico formado também pela Terra e pelos seres humanos. O que é natural, o que é feito sem a interferência humana, tem como fonte o Céu e a Terra, ao passo que o ser humano, ao seguir esses padrões naturais, estabelece o ordenamento (*Lǐ* 理) da sociedade. Ele na verdade radicalizou o humanismo dos Zhou. O Céu não seria a fonte das atitudes equivocadas das pessoas (como seria possível inferir com base em Mêncio); portanto, o ser humano é que deve ser responsabilizado pelas próprias escolhas sociais, buscando se harmonizar com os padrões naturais que existem apesar dos homens, e se esforçar para ser melhor.

Dessa visão naturalista e crítica, por consequência, nasceu sua ideia mais famosa: a "natureza humana é má". Aqui se faz primordial uma ressalva: na perspectiva chinesa, e mais ainda na confuciana, a ideia de "maldade" não é essencialista ("o mal", como substantivo), sendo representada, mais exatamente, pelo egoísmo, que seria a fonte dos problemas sociais. Para o mestre Xun, o mal a ser evitado é o querer sempre vantagens pessoais em detrimento do bem coletivo (na linguagem popular equivaleria ao pejorativo "jeitinho brasileiro", no sentido negativo, ou à Lei de Gérson).

> **IMPORTANTE!**
>
> A obra *Science and civilisation in China* [Ciência e civilização na China] iniciada e organizada desde os anos 1950 pelo sinólogo Joseph Needham (1954), e de cuja elaboração participaram dezenas de colaboradores, reúne as contribuições da China à ciência como um todo. Principalmente por Needham ter formação nas ciências naturais, uma vez que era bioquímico, a maioria dos elementos listados em sua história da ciência chinesa antiga era ligada a essa área ou à área das exatas. Após seu falecimento, Christoph Harbsmeier (1998) escreveu uma nova parte sobre "linguagem e lógica". Nela, como um dos exemplos de teorias lógicas na China antiga, algo equivalente ao que hoje se qualifica como filosofia e "ciências humanas", consta a teoria da nomeação correta ou retificação nos nomes (*Zhèngmíng* 正名) do mestre Xun (grafado como *Hsün*).

Podemos observar isso já no *Clássico dos Ritos* (capítulo "Leis do sacrifício", *Jifă* 祭法, 8, em Liji, 2006), quando diz que o primeiro Imperador da Antiguidade, Huang Di, "foi quem nomeou corretamente a tudo, mostrando assim às pessoas como aproveitar suas qualidades". Confúcio (2012, p. 389) também declarou na passagem 13.3 d'*Os Analectos* que a primeira coisa que faria se estivesse no governo seriam as nomeações corretas, pois, caso contrário, a comunicação não fluiria bem, e as ações, por consequência, seriam incompletas, havendo confusão social. Mestre Xun aprofundou essa ideia e criou uma teoria lógica marcadamente chinesa sobre a importância das distinções na linguagem e até na mente humana, mostrando como isso impactava a comunicação, o governar e também a realização do ideal confuciano de caráter sábio. O seguinte trecho ilustra seu raciocínio, que já tem mais de 2.200 anos:

> [Quando] os objetos da realidade não são entendidos, então os nomeamos, [se] a nomeação não for entendida, então estabelecemos um combinado, [se esse] combinado não for entendido, então explicamos, [se] a explicação não for entendida, então realizamos distinções. [...] As nomeações corretas são acordos [sociais], [e fazem] as qualidades explícitas serem entendidas, [fazem as] distinções e diferenciações serem sem excesso, avançando nesse sentido então não terá contradições. (Xunzi, 2006, passagem 22.11, tradução nossa)

Aprofundando a discussão, vale inscrever nela um questionamento: Se o Céu não dá aos homens virtude, por que Xunzi vê a natureza humana como má? Em primeiro lugar, é preciso saber que, para o mestre Xun, a "natureza humana", ou melhor, o "caráter natural" (*Xíng* 性), vem do Céu. E, sendo este amoral, o caráter natural também é moralmente neutro, uma vez que o que lhe é característico é justamente a naturalidade – em termos atuais, sua "biologia", seus "instintos". Se os seres humanos nascem sem virtudes, dotados apenas de elementos biológicos, como suas vontades e desejos básicos e egoístas, é preciso que cada um construa ou fabrique conscientemente sua humanidade particular.

> A natureza humana é má (*xing e* 性惡): o que nela há de bom é fabricado (*wei* 偽 [伪]). Naquilo que a natureza humana tem de inato, há o amor ao lucro; se o homem segue esta tendência, aparecem cobiça e rivalidade, desaparecem deferência e modéstia. No inato, há ódio e inveja; se for seguida essa tendência, aparecem crime e infâmia, desaparecem lealdade e confiança. No inato, há os desejos dos ouvidos e dos olhos, há o gosto pela música e pelo sexo. Se for seguida essa tendência, aparecem excesso e desordem, desaparecem ritos [Lǐ 礼] e senso moral [Yí 义], cultura (*wen* 文) e estrutura (*Ll* 理). Se, portanto, dermos livre curso à natureza do homem (*xing* 性), se seguirmos a tendência das suas características intrínsecas (*qing* 情), não poderemos senão começar com a luta pelos bens, prosseguir no sentido contrário à sua justa repartição e à sua boa organização, e terminar na violência. É necessário, portanto, fazer intervir a transformação operada pelos mestres e pelas normas, bem como o Tao [Dào 道] dos ritos e do senso moral, para poder em seguida começar na deferência e na modéstia, ir no sentido da cultura e da estrutura, e terminar num Estado ordenado. Considerando as coisas desta maneira, é claro que a natureza humana é má e que aquilo que ela tem de bom é fabricado. (Cheng, 2008, p. 245)[4]

Convém clarificarmos essa transformação pessoal que o mestre Xun aponta como solução à tendência humana inata de busca mesquinha por vantagens. Conforme sua proposta, é por meio

---

4 Trata-se de trecho de Xunzi, 23. 1, traduzido por Anne Cheng

do Aprender (Xue), da virtude da Ritualidade (Li) e da virtude da Retidão (Yi) que o caráter naturalmente egoísta é superado. Tal superação decorre de um esforço consciente ou, como foi traduzido anteriormente, é algo "fabricado" (*Wěi* 伪). Essa noção remete, portanto, à ideia de lapidar o caráter, ao longo de toda a vida, por meio do aprendizado, tal como se lapida uma joia ou uma madeira, com respeito à "estrutura interna" *Lǐ* 理 desta, com uma conduta que obedece às normas sociais (*Lǐ* 礼) e as cumpre com sinceridade e moralidade.

Assim como n'*Os Analectos*, a obra *Xunzi* começa abordando o Aprender, mais exatamente buscando "persuadir a aprender". Sua primeira frase é: "o Aprender não pode parar" (Xunzi, 2006, 1.1, tradução nossa). E há diversos incentivos para que o leitor continue sempre a estudar: "Se não subir no alto da montanha, não se pode ver o alto do céu; Se não aproximar do penhasco profundo, não saberá a profundidade da terra" (Xunzi, 2006, 1.2, tradução nossa).

Mais do que apenas força de vontade, o mestre Xun nesse primeiro capítulo detalha métodos para aprender de maneira eficaz. Deve haver equilíbrio entre o pensar e o estudar, bem como no cuidado consigo. Quem deseja aprender deveria procurar companhia de quem também está no Caminho dos eruditos, mas sempre deve ter cuidado ao se expressar com todas as pessoas, evitando perigos e humilhações. Essa trajetória é construída passo a passo, acumulando-se conhecimentos e virtudes, e por isso mesmo tem de ser constante para gerar resultados. Tendo uma aspiração profunda e um trabalho diligente, pode-se colher frutos, mas o Aprender só é completo com um professor o guiando. Tendo o equilíbrio, a boa companhia, o cuidado, a diligência, a aspiração e até o professor, Xunzi (2006, 1999a, 1999b, 2014) defende que se aprenda com todo o ser, corpo e mente, internalizando o aprendizado.

Como um bom confuciano, relata também certos conteúdos e temas necessários à formação que são ligados aos clássicos:

Como começar a Aprender? Como concluí-lo?

Digo: por ordem, começa com a recitação dos Clássicos, conclui-se com a leitura do [Clássico dos] Ritos. [...] Dessa forma, [o Clássico d]a História trata do registro de coisas políticas; [quanto ao Clássico d]a Poesia, ele encerra o meio harmônico; [o Clássico d]os Ritos aborda o método para as grandes distinções e da organização das normas. Então, o Aprender começa e termina com [o Clássico d]os Ritos. (Xunzi, 2006, 1.12, tradução nossa)

Era tamanha a importância que Xunzi dava aos ritos (Lǐ 礼), bem como ao *Clássico dos Ritos* e à virtude da Ritualidade a eles conectados, que o mestre acreditava que haviam sido criados pelos Reis Sábios da Antiguidade. Estes teriam feito isso para evitar que suas comunidades, ao buscarem a todo custo realizar seus desejos pessoais, lutassem entre si. Os ritos ou normas culturais estabeleceram a distribuição das coisas e das funções, educando a população ao mesmo tempo em que satisfazia seus desejos. Mais exatamente, teriam criado com essas normas culturais (*Lǐ* 礼) um sistema de equilíbrio entre desejos humanos e bens materiais, já que, por intermédio deles, as pessoas puderam encontrar meios de se ajudar e se apoiar.

No entanto, e se não desse certo? Por exemplo, e se alguém não quisesse ser educado e não se esforçasse com retidão para aprender mediante a Ritualidade? Inspirado em partes nos legalistas antigos, o mestre Xun propunha que, caso tudo isso não fosse suficiente para possibilitar o cultivo moral nas pessoas, seria legítimo usar da força das leis para punir comportamentos socialmente prejudiciais aos outros. Em síntese, de maneira realista, Xunzi defendia que o governo deveria se efetivar por meio da educação e do cultivo moral promovido pelos ritos (*Lǐ* 礼). Se, no entanto, não desse certo, as leis deveriam ser aplicadas para correção.

Esse pensamento rendeu-lhe a alcunha de *confuciano realista*, entre aqueles que eram aquiescentes a essas ideias, ou *heterodoxo*, entre os confucianos resistentes ao pensamento de Xunzi. O motivo principal para uma acusação tão forte é que, quando era professor na Academia Jixia, dois de seus estudantes, *Lǐsī* 李斯 e *Hánfēi* 韓非, tornaram-se fortes expoentes da tradição legalista e serviram ao governante de Qin. Depois que este estado conseguiu unificar toda a China em um império centralizado em 221 AEC, Lisi ocupou o cargo de ministro e foi responsável pela queima de livros entre os quais estavam clássicos confucianos (numa época que era difícil preservar escrituras). Ele também foi responsável pela morte de algumas centenas de seguidores de Confúcio, além de outras atitudes tiranas e violentas.

Apesar do ocorrido, as ideias do mestre Xun foram bastante observadas nos primeiros mil anos do período da China pós--unificação imperial. Isso aconteceu porque, mesmo apresentando aspectos biográficos polêmicos e teorias controversas, ele havia composto a primeira obra confuciana que seguia um padrão discursivo altamente elaborado, com linguagem objetiva (ou seus discípulos o fizeram, inspirados nele). A obra não continha histórias e frases de efeito, que, embora continuassem a ter valor, haviam perdido força no debate acirrado do Período dos Estados Combatentes, tendo deixado os confucianos em desvantagem, já que o objetivo era persuadir governantes sobre o valor da doutrina deles.

Convém destacar mais dois pontos da proposta de Xunzi. Já enfatizamos o aspecto naturalista de seu pensamento, ou seja, seria possível compreender o mundo com base nos processos naturais e observáveis. De maneira complementar, podemos apontar o aspecto culturalista, pois ele também dava forte valor à cultura (*Wén* 文) e aos ritos (*Lǐ* 礼). Pensava assim porque cria que era por meios destes que os seres humanos podem se moldar moralmente mediante seus próprios esforços e meios e, assim, desenvolver a virtude da Humanidade.

Conforme o mestre Xun: "se uma pessoa fizer um pequeno esforço para seguir o ritual e os padrões de retidão, ela obterá de volta o dobro. Se fizer um pequeno esforço para seguir sua natureza e disposições inatas, perderá o dobro" (Van Norden, 2018, p. 208)[5]. Com isso, ele estava defendendo a visão política cultural confuciana ao mesmo tempo em que criticava a ideia de natureza humana neutra dos moístas e, implicitamente, a busca por naturalidade daoísta.

A forte atenção que o mestre Xun dá ao aprender, à cultura e aos ritos sociais como meio de fazer reinar a harmonia e a ordem em *tudo sob o Céu* salienta um aspecto pouco lembrado de Confúcio até então. Como assinalamos, depois da virtude da Humanidade, o tópico mais recorrente d'*Os Analectos* são os ritos e a virtude da Ritualidade. Nenhum outro autor depois de Confúcio investiu mais nos ritos como principal solução para a crise social do que o mestre Xun, o que, mais tarde, recebeu reconhecimento (trataremos disso no próximo capítulo).

O último ponto a ressaltar sobre esse filósofo é que sua obra, por discutir com a maioria dos pensadores da época e defender o legado confuciano, configurou-se como um registro de quase todo o pensamento chinês antigo. Isso significa que a obra *Xunzi* catalisou, em certa medida, o quadro geral da riqueza de pensamento das "cem escolas" da China antiga. Em poucas palavras, a implicação disso é que ler o mestre Xun é como estar em um mirante de onde é possível observar de forma estratégica o panorama da história da filosofia chinesa antiga. Essa qualidade sintética torna sua obra especialmente recomendável a qualquer pessoa que pretende estudar a história das ideias da Antiguidade chinesa. O trecho a seguir ilustra isso[6]:

---

5 Trata-se da fala de Xunzi, 2006, 19.4.
6 Trata-se de trecho de Xunzi, 2006, 21. 5, traduzido por Anne Cheng.

> Mo-tse [Mozi], obnubilado pela utilidade, não compreendeu os requintes da cultura. Songzi, obnubilado pelos desejos, não sabia como satisfazê-los. Shen Dao [zi], obnubilado pela lei, não reconhecia o valor pessoal. Shen Buhai zi, obnubilado pela função do poder, não reconhecia o valor da inteligência. Huizi, obnubilado pelo discurso, não compreendia nada da realidade. Zhuangzi, obnubilado pelo Céu, não compreendia nada do Homem. [...] Cada uma dessas doutrinas não representa senão um pedacinho do Tao [Dao]. Ora, o Tao [Dao] concretiza os princípios constantes, levando em consideração todas as mudanças: como um só pedacinho pode bastar para apreendê-lo? (Cheng, 2008, p. 258)

Como demonstraremos no próximo capítulo, quando o confucionismo finalmente tornou-se a doutrina oficial do Estado Chinês, Confúcio e Mêncio foram constantemente promovidos pelo poder imperial, ao passo que o mestre Xun nem sempre era homenageado. No entanto, as ideias deste último tiveram forte impacto na história política e filosófica chinesa posterior, tendo chegado a ser uma das referências desde a primeira dinastia do período imperial após a Antiguidade, influência que durou fortemente por cerca de um milênio, tendo sido, no entanto, menos lembrado depois.

Desde então, na dinastia Song (960-1279 da Era Comum [EC]), com a ascensão do movimento do Estudo do Princípio (*Lǐxué* 理学), apelidado por sinólogos não chineses de *neoconfucionismo*, mestre Xun perdeu bastante de seu reconhecimento. Isso se deu em razão da valorização das ideias de Mêncio, que eram contrárias às deste pensador (como a de que a natureza humana seria naturalmente boa). Somada a isso, sua ligação com os legalistas foi cada vez mais vista com suspeita e até desprezo pelos confucianos posteriores.

Síntese

Tópicos do Capítulo 3

Data provável	Escola ou personagem	Contribuições para a formação do confucionismo
Período dos Estados Combatentes (403-221 AEC)	Moístas Daoistas Legalistas	▪ Tempo de maior instabilidade social, com guerras entre os estados, mas também crescimento de ideias e pensadores que buscavam soluções para tudo isso. ▪ Os moístas foram os primeiros rivais dos confucianos, embora estes tivessem absorvido a maneira mais argumentativa e dissertativa de escrever daqueles. ▪ Os daoistas mostraram que a busca pela virtude poderia justamente dificultar que alguém se tornasse sábio, e defendiam uma virtude harmonizada com a naturalidade. Os confucianos, especialmente o mestre Xun, foram influenciados pela compreensão mais naturalista e menos moralista do Céu dos daoistas. ▪ Os legalistas eram críticos do tradicionalismo confuciano, pois entendiam que cada contexto pede soluções próprias, ainda que compreendessem que um governo eficaz deveria usar amplamente as leis. Tiveram uma relação de troca e de ataques com os confucianos, especialmente na transição do Período dos Estados Combatentes para a primeira dinastia do período imperial (dinastia Qin).
372-289 AEC	Mengzi ou Mêncio	▪ Viveu durante o Período dos Estados Combatentes (403-221 AEC) e defendeu fortemente o confucionismo contra as "cem escolas". ▪ De família pobre e órfão de pai, sua mãe proporcionou sua educação e incentivou seu amor ao Aprender. ▪ Foi um erudito (Ru) acima da média, tendo se tornado o segundo maior defensor dessa tradição, aprofundando e explicando as ideias dos clássicos e de Confúcio. ▪ Estabeleceu dois tipos de governabilidade: o governo pela Humanidade e o governo pela força. ▪ Introduziu a ideia de bom governo, que, guiado pela Humanidade, é realizado pelo exemplo da conduta do governante. ▪ Radicalizou a ideia de que governantes tiranos podiam e deveriam ser derrubados, pois teriam perdido o mandato celestial. ▪ Especificou as quatro qualidades humanas inatas (brotos de virtude): (1) mente/coração compassivo; (2) senso de vergonha; (3) senso de respeito; e (4) senso de certo e errado. ▪ Definiu as quatro virtudes cardeais ligadas os brotos: a Humanidade vem do coração compassivo; a Retidão/justiça vem do senso de vergonha; a Ritualidade vem do senso de respeito; a Sabedoria vem do senso do certo e do errado. ▪ Defendeu a ideia de que "natureza humana é boa", pois o homem recebe os brotos de virtude do Céu, e deve se devenvolver virtuosamente e não se deixar corromper.

(continua)

(conclusão)

Data provável	Escola ou personagem	Contribuições para a formação do confucionismo
313-238 AEC	Xunzi ou mestre Xun	- Viveu durante o Período dos Estados Combatentes (403-221 AEC) e defendeu o confucionismo contra as "cem escolas". - Foi o terceiro maior defensor do Caminho dos eruditos, depois de Confúcio e de Mêncio. - Viveu na Academia Jixia e foi professor nesse ambiente de debates e pluralidade de ideias. - Foi o primeiro confuciano a compor texto sistemático e dissertativo com desenvolvimento sequencial e lógico de ideias. - Aprofundou ideias confucianas e dos clássicos, em especial, a ideia de nomeação correta (*Zhengming*). - Defendeu a amoralidade do Céu, entendendo-o como um componente de um todo orgânico formado pela Terra e os seres humanos, tendo sido considerado, então, naturalista. - Asseverou que a "natureza humana é má" (= egoísta), razão pela qual seria necessário fabricar conscientemente nossa Humanidade (Ren) por meio do Aprender (Xue), da virtude da Ritualidade (Li) e da virtude da Retidão (Yi). - Criou métodos para o Aprender eficaz. - Acreditava que os Reis Sábios da Antiguidade tinham estabelecido as normas culturais (Li) para organizar e prosperar a sociedade. - Defendia que o governo deve ser exercido pela educação e pelas normas culturais (Li); no entanto, aceitava que as leis deveriam ser usadas para correções. - Também pode ser visto como "culturalista", pois via a cultura (Wen) e as normas culturais (Li) como fundamentos das sociedades humanas. - Sua obra concentrou o quadro geral da história antiga chinesa e suas "cem escolas", razão pela qual sua obra é um panorama do contexto das ideias da época.

INDICAÇÕES CULTURAIS

STURGEON, D. **Chinese Text Project** (中國哲學書電子化計劃). 2006. Disponível em: <https://ctext.org>. Acesso em: 2 dez. 2020.

A principal fonte de fácil acessibilidade aos textos clássicos chineses originais é o *site* Chinese Text Project, que inclui, em alguns casos mais famosos – como *Os Analectos* e o livro de *Mêncio* (Mengzi) –, as clássicas traduções ao inglês do sinólogo James Legge do século XIX.

> PROJETO ORIENTALISMO. Disponível em: <http://orientalismo.blogspot.com>. Acesso em: 4 dez. 2020.
>
> Felizmente, há vários trechos de obras confucianas em português brasileiro. O melhor caso de disponibilidade gratuita de textos originais confucianos é a rede de *blogs* Projeto Orientalismo, gerida pelo sinólogo André Bueno, professor da Universidade Estadual do Rio de Janeiro (UERJ) – em especial, dentro dessa rede há o *blog* Textos Clássicos Chineses (http://chines-classico.blogspot.com/). Sem esse trabalho hercúleo e generoso de Bueno, seria bem mais difícil estudar a China e o confucionismo em português.

Atividades de autoavaliação

1. A respeito da relação direta entre o Período dos Estados Combatentes e a formação das cem escolas de pensamento, assinale a alternativa correta:

    a) Porque o Período dos Estados Combatentes foi marcado pela instabilidade social e política em um clima de guerras, diversos pensadores buscaram pensar soluções para esses problemas, tendo criado várias escolas de pensamento.

    b) O Período dos Estados Combatentes, por ser caracterizado por muita paz e nenhum combate, impulsionou debates instigantes sobre as características da paz e de um governo em tempos em que não há problemas sociais.

    c) As cem escolas de pensamento se formaram em um contexto, durante o Período dos Estados Combatentes, em que havia muitos problemas para serem resolvidos, mas nenhum dos quais seria resolvido com textos e com filosofia, já que somente as estratégias de guerra eram úteis.

D] As cem escolas de pensamento podem ser compreendidas como respostas a um tempo de grande estabilidade social, quando a antiga dinastia dos Zhou reinava sem encontrar problema, num tempo chamado de Período Estados Combatentes.

E] Pelo fato de o Período dos Estados Combatentes ser um tempo bastante instável, que precisava de soluções para seus problemas, surgiram diversas escolas de pensamento para dar respostas, todas as quais concordavam entre si e ofereciam soluções iguais.

2. Leia as seguintes sentenças sobre diferenças entre as visões confucianas e as de outras escolas.

   I. Moístas e confucianos concordavam sobre a necessidade de um governante ser alguém capaz, e não apenas filho de alguém de família nobre.

   II. Os daoistas valorizavam a busca pela naturalidade, o que os incentivava a se tornar eremitas; os confucianos, por sua vez, defendiam que é preciso servir à sociedade, seja dentro da família, seja ajudando um governante.

   III. Confucianos acreditavam que conhecer o passado e as tradições ajuda a compreender o presente e a solucionar questões atuais; os legalistas, por sua vez, não vendo sentido nisso, propunham buscar soluções novas para problemas novos.

   Agora, assinale a alternativa correta sobre essas proposições:

   A] Todas são falsas.
   B] Apenas II e III são falsas.
   C] Apenas I e II são verdadeiras.
   D] Apenas I e III são verdadeiras.
   E] Todas as sentenças são verdadeiras.

3. Mêncio foi o pensador confuciano que, ainda na Antiguidade, mais desenvolveu a noção de Humanidade (Ren) depois de Confúcio. Em suas reflexões, criou a teoria dos "brotos de virtude", ou características inatas aos seres humanos que podem se desenvolver em virtudes. Analise, a seguir, a relação entre características inatas e virtudes que podem se desenvolver a partir delas.

   I. Coração compassivo ⇒ Humanidade (Ren)
   II. Senso de vergonha ⇒ Ritualidade (Li)
   III. Senso de respeito ⇒ Retidão ou Justiça (Yi)
   IV. Senso de certo e errado ⇒ Sabedoria (Zhi)

   Agora, assinale a alternativa correta sobre as relações estabelecidas:

   A] Todas as relações são verdadeiras.
   B] Apenas I e IV são falsas.
   C] Apenas I e IV são verdadeiras.
   D] Apenas III é falsa.
   E] Todas são falsas.

4. Xunzi foi o terceiro maior defensor do confucionismo na Antiguidade chinesa. Ele é visto de forma variada: ou é grande referência ou é autor heterodoxo. Na história chinesa, ele gozou de um período de grande aceitação, mas nos últimos mil anos sofreu a rejeição dos eruditos. No século XX, no entanto, ele foi reconhecido por autores não chineses que buscaram estudar a ciência da China, identificando em sua figura um representante de peso da "lógica", o que, em termos filosoficamente aproximativos, significa utilizar abordagens para verificar se a construção de um pensamento é válida ou não, se ela se sustenta ou não. Qual era a teoria que ele desenvolveu que fez os leitores atuais o verem como um exemplo de texto de lógica?

A] A teoria sobre o Céu. Isso ocorreu porque ele inovou completamente a história do pensamento chinês como um todo afirmando a amoralidade do Céu, pois este seria responsável somente pelos acontecimentos naturais que não podem ser evitados.

B] A teoria de que a natureza humana é má, pois é egoísta. Essa visão, por contrastar com a de Mêncio, o fez ser bem visto por todos os confucianos posteriores, já que foi influenciado e influenciou também a escola legalista.

C] Trata-se da "nomeação correta (*Zhengming*)". Fundamentado nos textos antigos e em Confúcio, aprofundou essa ideia até ela se tornar uma teoria que buscava entender a importância de nomear algo corretamente ou não, tendo impacto no pensamento humano e na sociedade.

D] Refere-se aos métodos para um Aprender eficaz, uma vez que, aprendendo de maneira mais eficaz, o ser humano torna-se mais inteligente e mais humano e, consequentemente, mais sábio.

E] A perspectiva de que a cultura (Wen) e os ritos (Li) são os fundamentos das sociedades humanas pode ser entendida como uma filosofia social ou protossociologia (visão próxima à sociológica antes do nascimento formal da Sociologia no século XIX).

5. Mêncio e mestre Xun foram os dois maiores defensores do confucionismo na Antiguidade chinesa, contribuindo de maneira central para a formação dessa tradição. Eles concordavam em muitos pontos, como a importância da busca pela virtude da Humanidade e o fato de que os clássicos e sábios antigos eram exemplos a serem seguidos – sendo Confúcio o maior deles. No entanto, além das diferentes abordagens e dos diferentes

estilos de escrita, havia alguns assuntos sobre os quais eles discordavam, em especial, a visão sobre o Céu. Com base nisso, assinale a opção que melhor apresenta os argumentos de cada um deles.

A] Para Mêncio, o Céu é moralmente bom, já que Confúcio teria dito isso de maneira explícita e inequívoca. Para mestre Xun, o Céu deveria ser visto como moralmente mau.

B] Se para Mêncio o Céu era moralmente bom ou virtuoso, para mestre Xun podia ser visto como responsável pelo que é natural. Contudo, ambos entendiam que haveria uma intrínseca relação entre a moralidade humana e a naturalidade, uma dependendo da outra necessariamente.

C] O Céu era visto tanto por Mêncio quanto por mestre Xun como um elemento de muita importância em suas filosofias sociais, embora somente o segundo visse uma moralidade natural no Céu, que influenciaria diretamente o ser humano.

D] Mêncio entendia que o Céu fornece brotos de virtude a serem desenvolvidos pelo indivíduo, o que significa que esse elemento é moralmente virtuoso. Mestre Xun acreditava que o Céu, embora fosse muito importante, era responsável pelos processos naturais, e não pelos acontecimentos humanos.

E] O Céu era visto tanto por Mêncio quanto por mestre Xun como um elemento de muita importância em suas filosofias sociais, porém, somente Mêncio via o Céu como natural, sem influência direta no cultivo da moralidade dos humanos.

Atividades de aprendizagem

Questões para reflexão

1. A China antiga foi palco de uma significativa diversidade de pensamentos e tradições. Estas concorriam entre si sobre qual seria o melhor Caminho (Dao) e buscavam, muitas vezes, patrocínios de governantes, oferecendo-lhes soluções políticas

em tempos de crise. Qual relação você vê entre a crise social e a criatividade do pensamento humano? A realidade social em que você vive reflete também diversos pensamentos criativos que buscam soluções sociais e individuais? Se sim, cite exemplos.

2. Para fazer essa reflexão, suponha que você concorda com as ideias de Confúcio e gostaria de aplicá-las em seu país. Em seguida, imagine que você tem a oportunidade de ser um ministro do governo federal brasileiro, com muito poder político e, claro, muitas responsabilidades e deveres perante o governante e a população. Por fim, podendo escolher somente um dos pensadores confucianos aqui referidos, quais conselhos iria seguir, os de Mêncio ou os do mestre Xun? Por quê?

Atividade aplicada: prática

1. Reúna-se com colegas e promova um debate filosófico, com o objetivo de treinar a capacidade de expressão e organização de ideias. Tal como em um debate político, cada participante deve defender se a natureza humana é boa ou má, de acordo com os argumentos de Mêncio e mestre Xun. Você pode organizar os turnos, reservando de 2 a 5 minutos para cada exposição de argumentos, estando previstas réplica e tréplica das respostas. Ao final, cada pessoa deve utilizar até um minuto para sintetizar o que aprendeu, explicando por que mudou ou manteve sua posição.

A TRADIÇÃO CONFUCIANA NA HISTÓRIA DA CHINA IMPERIAL

Após os conturbados séculos do final da dinastia Zhou, a China foi reunificada e até expandida como um império centralizado pela dinastia *Qín* 秦 (221-206 AEC). Depois dela, a partir da dinastia *Hàn* 汉 (206 AEC-221 EC), o confucionismo adquiriu um papel central na gestão política e cultural da China, permanecendo nessa condição por mais de 2.100 anos. No entanto, os confucianos não estavam sozinhos, e, obviamente, não tinham apenas essa tradição como referência. Ao contrário, uma grande diversidade de tradições coexistia entre os membros dessa sociedade ao longo de dois milênios, nos mais variados aspectos: religioso, político, filosófico, familiar e cotidiano. Em especial, o daoismo e o budismo tiveram uma intensa relação de trocas culturais com o confucionismo, muitas vezes pacífica, outras vezes também conflituosas. Neste capítulo, traçaremos brevemente um panorama geral da tradição confuciana ao longo da história imperial da China (221 AEC-1911 EC)[1] com ênfase no desenvolvimento interno atinente aos desafios externos que encontrou. Como explicaremos, as transformações confucianas ocorreram tanto pelo fato de que finalmente a proposta de Confúcio logrou a posição de doutrina política principal e oficial de toda a China, quanto pelo resultado das trocas interculturais com outras tradições.

---

1   AEC equivale a antes da Era Comum, e EC corresponde a Era Comum.

4.1 A vitória de Confúcio: o confucionismo como política de Estado

Nesta seção, abordaremos aspectos históricos dos primeiros séculos do confucionismo durante o período imperial, após o Período dos Estados Combatentes. Sublinharemos a importância das questões cosmológicas para essa tradição, e descreveremos aspectos centrais nesse período da história relativos à interação com outros movimentos sociais e intelectuais.

A relação da tradição dos eruditos (*Rujia*) com o Céu, mesmo antes de Confúcio, é bastante profunda e evidente, como explicitamos nos capítulos anteriores. Comentaremos mais à frente que há uma dimensão facilmente identificada como espiritual/religiosa em diversos elementos do confucionismo. De modo semelhante, no confucionismo é possível observar elementos ditos *cosmológicos*, ou seja, que buscam entender os processos do mundo ou a realidade conhecida, em especial, os processos naturais

Além da noção de Céu, essa tradição desde cedo continha percepções e até teorias sobre como funciona o meio ambiente. Por exemplo, há textos antigos que versam sobre as estações, o tempo em calendários lunares e solares, as relações entre o microcosmo e o macrocosmo e, principalmente, as possíveis inter-relações entre e a sociedade humana e os processos naturais. Após a direção dada por Confúcio à escola dos eruditos e os aprofundamentos de Mêncio e do mestre Xun, um pouco antes e no início do período imperial, podem ser identificados textos e pensadores confucianos com interesses cosmológicos. Em grande medida, ao longo do tempo, os confucianos mesclaram sua tradição com outras fontes, como as noções de *yin-yang* e dos cinco movimentos (*wuxing*) da Escola Naturalista e dos comentaristas do *Clássico das Mutações*, bem como dos textos protodaoistas (*Laozi*, *Zhuangzi* e *Liezi*) e textos posteriores.

Antes enfatizar a cosmologia no confucionismo, é conveniente clarificar o contexto da época. Em capítulos anteriores, explicamos que, com a redução do poder dos Zhou, a crise política levou os estados vassalos a brigarem entre si para disputar a hegemonia do poder, e finalmente essa dinastia caiu. Décadas depois, um dos sete estados do Período dos Estados Combatentes conseguiu impor sua conquista, criando, unificando e até expandindo a China, agora como um império – formato que durou mais de dois milênios, com continuidades e descontinuidades.

Foi o estado de *Qín* 秦 que saiu vitorioso e criou uma dinastia com o mesmo nome, a qual se manteve de 221 a 206 AEC. As razões para essa dinastia ter sido tão breve foram basicamente dois (sendo o segundo mais prático):

1. Ao adotar a perspectiva da escola de pensamento legalista, tornaram-se mais eficientes pelo poder na guerra e em razão da dominação política centralizada. No entanto, suas leis e normas eram rígidas demais com a população, o que gerou revoltas contra exageros e injustiças[2].

CURIOSIDADE

A polêmica "queima dos livros" realizada durante a dinastia Qin perseguiu os clássicos confucianos. No entanto, uma das obras escapou à perseguição: o *Yijing* (*Clássico das Mutações*). Sobre isso, dois motivos valem ser citados:

i. A explicação que tem sido bastante discutida atualmente do ponto de vista científico é a de que, na verdade, esse texto pode não ter sido exatamente um livro editado antes da dinastia Han, tendo sido uma obra completada e editada somente durante

---

2 Vale lembrar a queima de livros, as perseguições e mortes impostas a pessoas ligadas ao confucionismo, conforme citamos no capítulo anterior. Acrescentamos aqui a facilidade com que era aplicada a pena de morte.

essa última dinastia. Uma evidência disso é que não há menção explicita a um *Clássico das Mutações* em clássicos confucianos pré-imperiais, havendo somente menções indiretas.

ii. A outra explicação parte da hipótese de que a importância dos oráculos ou divinações era tamanha que o *Clássico das Mutações* escapou por ser considerado um instrumento divinatório útil aos governantes dos Qin. Nessa perspectiva, fica evidente o forte impacto dessa obra na cultura chinesa (até os opositores das antigas tradições têm apreço por ela). Isso também revela que no início do período imperial havia preocupações cosmológicas, incluindo as práticas divinatórias. Esse clássico já foi traduzido ao português (Wilhelm, 1991; Wu, 2015).

2. Se o primeiro imperador assumiu de forma autoritária e assertiva uma sociedade que clamava por ordem havia séculos, seu sucessor não foi eficiente e ainda era facilmente manipulado, o que fez o segundo imperador perecer. Após essa curta e traumatizante experiência autoritária na história do povo chinês, o legalismo deixou uma impressão ambígua: é um sistema cruel, mas que também mostra eficácia na gestão.

Sucedendo os Qin, a dinastia *Hàn* 汉 (206 AEC-221 EC) é a primeira grande dinastia da época imperial chinesa. Suas instituições culturais tornaram-se tão estruturais que o povo que, em português, chamamos de "chineses", se autodenomina povo "*Hàn* 汉". Essa dinastia foi fundada por alguém das camadas populares que, insatisfeito com as injustiças dos Qin, liderou uma revolta e instituiu uma nova ordem, expandindo o território, mas mantendo a administração centralizada. A partir dessa conquista, o confucionismo adquiriu um papel central na gestão política e cultural da China, que durou mais de 2.100 anos.

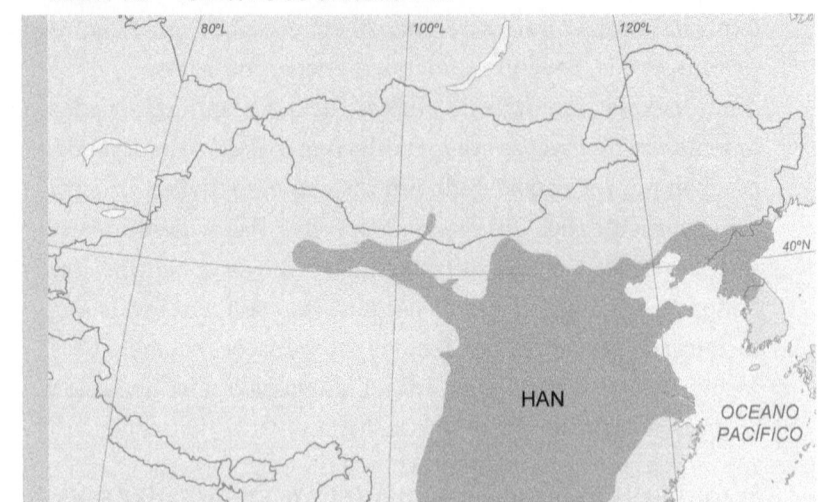

Mapa 4.1 – Território da dinastia Han

No início dos Han, no entanto, o confucionismo não teve tanta aderência. Com o interesse cosmológico em alta nesse período, tradições que posteriormente foram identificadas como daoistas atraíram inicialmente mais interesse dos estudiosos e governantes. Por exemplo, os *Fāngshì* 方士, "mestres das técnicas" (de imortalidade), que são os ancestrais dos sacerdotes daoistas, eram cada vez mais contratados pelas cortes da realeza para ensinar a obter imortalidade. O pensamento de Laozi era combinado com a representação do Imperador Amarelo (*Huangdi*) da Antiguidade como símbolo de imortalidade e longevidade, formando a Escola Huang-Lao (*Huáng Lăo Jiā* 黄老家)³, que era muito bem vista por diversos pensadores entre os Qin e os Han. Da mesma forma, os legalistas, que em alguns casos eram considerados parte também da escola Huang--Lao, continuaram como consultores e até ministros do reino, já que mostraram eficiência durante a dinastia anterior.

Desde o início dos Han, alguns confucianos conseguiram mostrar valor, influenciando os imperadores e toda a corte a realizar os ritos conforme a tradição de Confúcio; esta, vale dizer, perdurou de alguma maneira até o fim do período imperial. Mas foi *Dŏng Zhòngshū* 董仲舒 (179-104 AEC) quem conseguiu convencer um dos primeiros imperadores dessa dinastia, o imperador *Wŭ* 武 dos Han (157-87 AEC), de que o Caminho confuciano apresentava mais força e instrumentos para um governo funcionar bem. Isso não significa que o imperador e seus sucessores abandonaram completamente outras doutrinas e seus defensores, como os legalistas e os daoistas. O que ocorreu é que, durante o reinado do imperador Wu dos Han, os primeiros documentos oficiais do governo privilegiavam os confucianos. Após um longo processo que durou todo a dinastia Han, gradativamente o confucionismo passou a adquirir o *status* de principal doutrina política usada pelo Estado – finalmente Confúcio triunfara.

---

3   A Escola Huang-Lao é também chamada de *Escola Sincrética*, o que pode ser explicado e notado no próprio nome: juntaram-se os nomes do Imperador Amarelo (*Huáng Dì* 黄帝), símbolo de governança pela virtude e de "criação" de diversas técnicas, e do autor fundamental aos daoistas, o *Lăozi* 老子, que escreveu *Dào Dé Jīng* 道德经. Isso confirma a mescla de ideias nessa escola de pensamento: a ordem política dos confucianos, as leis punitivas dos legalistas, o Caminho (*Dào* 道) natural dos daoistas, os cinco movimentos (*Wŭxíng* 五行) e o *Yīn Yáng* dos naturalistas. Com raízes no Período dos Estados Combatentes e crescimento durante a dinastia Han, os seguidores da Escola Huang-Lao também elaboraram práticas profiláticas com base nos ensinamentos dos "mestres das técnicas" (*Fāng Shì* 方士). Exemplos de textos próprios dessa escola são o *Huái Nán Zi* 淮南子 e o *Clássico Interno do Imperador Amarelo*, *Huáng Dì Nèi Jīng* 黄帝内经 (cf. Cheng, 2008, p. 331-339).

Como você provavelmente percebeu na leitura dos capítulos anteriores, a visão de Confúcio, de Mêncio e do mestre Xun ofereciam características próprias se comparadas entre si, mesmo se alinhando à mesma escola de pensamento. O mesmo aconteceu com Dong Zhongshu (Loewe, 2011), o primeiro divulgador confuciano que conseguiu que os ensinamentos do "mestre" fossem adotados pelo governo da China. Sustentando-se nos ensinamentos de Confúcio, e sendo influenciado pelos interesses cosmológicos do seu contexto, Dong, ao lado de tantos outros contemporâneos, formulou uma **versão cosmológica** do confucionismo.

Nas ideias de Dong, é possível observar um forte interesse em relacionar a **moralidade política** com os **processos naturais**. Por exemplo, ele afirmou que "se o rei for correto, a força material original será harmoniosa, o vento e a chuva serão oportunos, surgirão estrelas da sorte e o dragão amarelo descerá. Se o rei não for correto, ocorrerão estranhas manifestações no Céu e bandidos surgirão" (Schuman, 2016, p. 92). Mais amplamente, ele assumia que o Céu, a Terra e os humanos eram "três poderes" que se integravam – uma ideia particularmente desenvolvida anteriormente pelo mestre Xun. Está claro, ele uniu o agir virtuoso confuciano às visões cosmológicas ou "naturais" do mundo e da política.

Dessa maneira, Dong mostrou que o Caminho dos eruditos, como ensinado por Confúcio, era o melhor não apenas para governar, mas também para harmonizar-se com o todo social e natural, que eram vistos como continuidade um do outro. Tudo isso, é importante lembrar, eram reflexões para mostrar como governar da melhor forma, num sentido confuciano de fazê-lo: **ordenar o mundo**. Curiosamente, mesmo vendo a relação entre sociedade, cultivo das virtudes e dos processos naturais de maneira contrária à perspectiva naturalista do mestre Xun, Dong aproximou-se mais desse clássico confuciano do que de Mêncio, já que defendia um confucionismo mais político, diferente da tendência introspectiva da visão menciana. Há uma preponderância do mestre Xun nos próximos séculos, mesmo que implícita.

O aspecto cosmológico marcou a filosofia política de Dong e a história das ideias chinesas nos dois milênios seguintes, mas ele deixou ainda outros legados. Ele enfatizava os estudos dos cinco clássicos, em especial dos *Anais de Primavera e Outono*, o que dava especial atenção a Confúcio e à cultura ritual do antigo estado de Lu. Da mesma forma, Dong convenceu o imperador Wu de que deveria restringir o apoio e o patrocínio a outras visões que não fossem as do Caminho dos eruditos. Se, por um lado, foi uma atitude que hoje seria lida como "censura" e entendida como autoritária, por outro, serviu para fortalecer o apoio do Estado à visão confuciana de política, fazendo-o durar mais de vinte séculos.

Como resultado dos esforços de Dong, para se tornar membro do governo, era necessário dominar os clássicos confucianos. Também foram criadas instituições imperiais em 124 AEC, equivalentes às atuais universidades, que seguiam padrões de formação da escola confuciana. Se no início da dinastia Han havia algumas dezenas de confucianos no palácio do governo, depois de três séculos, no final dessa era dinástica, quase todos os políticos seguiam principalmente essa visão. Isso mostra que a importância dada por Confúcio à educação fazia sentido no longo prazo em termos de formação social, o que foi especialmente eficaz para a continuidade de sua própria tradição.

Por consequência, ideias foram aprofundadas e diversas interpretações dos clássicos confucianos surgiram. Um exemplo importante é *Yáng Xióng* 扬雄 (53 AEC-18 EC), comentador d'*Os Analectos* e do *Clássico das Mutações* (*Yijing*) e autor da obra *Tàixuán Jīng* 太玄經 (*Clássico do Mistério Supremo*), obra autoral de caráter divinatório inspirada no *Yijing* (Yang, 2006) que tem uma tradução brasileira feita por Walters (1989). O *Fāng Yán* 方言 (*Palavras regionais*), inspirado n'*Os Analectos*, de Confúcio, critica doutrinas sincréticas que misturavam o pensamento confuciano com outras escolas.

Ao longo do período dos Han, surgiram diversas escolas de pensamento, grandes autores e textos importantes. Contudo, trata-se muito mais de um tempo caracterizado pelo acúmulo de conhecimentos e pela sistematização das ideias da Antiguidade, solidificadas com as preocupações cosmológicas e a centralidade do pensar e do modo de vida confuciano. Após cerca de quatro séculos, a dinastia Han se tornou símbolo da cultura chinesa, modelo que forjou sua identidade para os próprios chineses. No entanto, a dinastia começou a experimentar certa instabilidade até perder o domínio da situação, tendo caído em 220 EC, o que fez a China voltar a uma situação política delicada e ser dividida por uma situação de guerras internas e externas chamadas de *Seis Dinastias* (220-589 EC).

Por algumas décadas, houve o período dos Três Reinos (220-265), quando três estados competiam pela hegemonia do poder, ocorrendo muitas batalhas. Seguiu-se um período de relativa estabilidade com a dinastia *Jìn* 晉 (265-420), que, como consequência dos ataques de rivais, foi dividida em dois períodos: o do Oeste e o do Leste (que começou no ano de 317). Paralelamente, desenvolveram-se as dinastias do Sul e do Norte (386-589), que acabaram dividindo a China de norte a sul, também marcada por problemas políticos. O reino só foi reunificado na curta dinastia *Suí* 隋 (581-618), que expandiu seus domínios novamente até o território hoje corresponde ao Vietnã. Por fim, a dinastia *Táng* 唐 (618-907), além de manter a unificação, fez prosperar uma das épocas mais ricas da história chinesa.

Durante esse longo período de instabilidade social, a criatividade reemergiu na cultura intelectual chinesa. Não estamos afirmando que nos períodos precedentes não houve inovações – citamos as novidades do confucionismo de Dong, por exemplo –, mas no cenário conturbado novas sínteses foram feitas. E, mais ainda, os pensadores se sentiam mais livres para expor suas ideias, sem se preocupar com ortodoxias. A tradição confuciana dos Han era chamada por eles mesmos de *Míngjiào* 明教 (Doutrina dos Nomes), graças à sua ênfase na coerência pessoal e na reputação social. Diferentemente disso, após os Han surgiu o *Xuánxué* 玄学 (Estudo do Mistério), corrente de pensadores de formação confuciana que estudavam obras chamadas de "três mistérios": o *Yijing*, o *Laozi* e o *Zhuangzi*.

Consideramos *Wángbì* 王弼 (226-249 EC) o maior caso dessa postura no contexto posterior à queda dos Han. Esse jovem prodígio é muitas vezes classificado como neodaoísta, por ter sido comentador da obra de Laozi e leitor de Zhuangzi. No entanto, ele também foi comentador do *Clássico das Mutações* (*Yijing*), um dos cinco clássicos confucianos, bem como d'*Os Analectos*, de Confúcio. Claramente ele não estava preocupado em ser classificado em uma ou outra escola, orientado por essa ou aquela ortodoxia, demonstrando interesses próprios sobre o "mistério", *Xuán* 玄.

Wangbi identificava elementos comuns recorrentes nas mensagens desses clássicos: a busca por sabedoria ou santidade (Sheng). Mas, ao contrário da tendência cosmológica aliada ao engajamento político de um Dong do período dos Han, Wangbi desde cedo buscou a resposta dentro de si e nos textos que a intelectualidade chinesa em geral considerava de difícil compreensão. Aliás, seus comentários são vistos como resultado de alto refinamento, como o trecho a seguir mostra, em sua discussão sobre a apreensão do sentido das coisas[4]:

> A imagem é aquilo que manifesta o sentido. As palavras são aquilo que explica a imagem. Para ir até o fundo do sentido, nada melhor que a imagem, para ir até o fundo da imagem, nada melhor que

---

4 Texto de Wangbi, *Observações gerais sobre o Clássico das Mutações*, capítulo "Explicação dos hexagramas", traduzido por Anne Cheng.

as palavras [...]. [...] portanto, as palavras são feitas para explicar a imagem, mas, uma vez captada a imagem, podemos esquecer as palavras. A imagem é feita para fixar o sentido, mas, uma vez captado o sentido, podemos esquecer a imagem. É como uma armadilha, cuja razão de ser está na lebre: uma vez capturada a lebre, esquecemos a armadilha. [...] Por isso, aquele que se detém nas palavras nunca chegará à imagem; aquele que se detém na imagem nunca chegará ao sentido. [...] Por isso, é esquecendo a imagem que se chega ao sentido; e é esquecendo as palavras que se chega à imagem. A apreensão do sentido está no esquecimento da imagem, e apreensão da imagem está no esquecimento das palavras. (Cheng, 2008, p. 376-377)

Sua visão seria facilmente identificada como "mística" em nossa cultura; também poderia ser vista como filosofia da linguagem ou até metafísica. O ponto a ressaltar é que ele chama a atenção para a mensagem do *Yijing*: não se deve ficar preso aos meios para apreender os sentidos das coisas, deve-se apenas capturar o sentido com o silêncio que só a sabedoria tem. Assim, com fundamentos confucianos, ele abraçou as intuições daoístas para pensar questões de uma obra (o *Yijing*) que foi acolhida como legado da Antiguidade por essas duas tradições.

Um último exemplo do tipo de abordagem dos pensadores pós-dinastia Han que Wangbi representa é a forma como ele relaciona Caminho (*Dào* 道) e estrutura ou princípio (*Lǐ* 理). Para ele, o Dao apresentaria uma acepção de Absoluto, como encontrado no texto de Laozi, com as coisas em sua potência não manifesta, ao passo que o Princípio (Li) seria a manifestação da estrutura das coisas, a razão estrutural delas serem o que são. Então, a constância do Absoluto e a expressão estrutural do Princípio podem ser expressas, em outras palavras, como **unidade fundamental** e **diversidade estrutural** de *tudo sob o Céu*, entre não expresso e expresso.

Esse trecho da filosofia de Wangbi mostra como o pensamento confuciano foi, por vezes, entrelaçado a outras visões, em especial a daoista. A noção de estrutura ou princípio (*Lǐ* 理) é cara tanto para confucianos, como o mestre Xun, quanto para o daoista Zhuangzi. O exercício de síntese de Wangbi é demonstrativo de uma longa tradição chinesa que existe desde a Antiguidade e persevera até hoje, e sempre esteve entre os confucianos – conscientes disso ou não. Se, para alguns dos Han, seguir o Caminho de Confúcio significava se afastar de outras ideias, depois deles os pensadores de formação confuciana se abririam à diversidade de pensamentos novamente, sem, contudo, abandonar completamente suas bases.

4.2 A disputa pelo Império: confucianos em convivência e embate com outras tradições

Nesta seção, discorreremos sobre as trocas interculturais que os confucianos vivenciaram até o final do primeiro milênio da Era Comum, seja nas relações com rivais, seja nos grupos com caminhos afins; também explicaremos como isso teve impacto na história confuciana. Essa relação de rivalidade e trocas com outras tradições, em especial, com o daoismo, como ilustrado pelo caso de Wangbi, continuou ao longo da história chinesa. Contudo, antes de aprofundarmos a abordagem sobre a relação entre esses dois grupos, é importante tratarmos sobre a chegada do budismo à China e o seu impacto na história desse país. Daremos ênfase, claro, aos aspectos históricos que dialogaram mais diretamente com o confucionismo, em especial, as questões políticas.

O **budismo** é uma grande tradição que reúne cultura, filosofia e espiritualidade. É centrada na busca pelo fim das insatisfações ou dos sofrimentos de todos os seres, em páli, designado pelo termo *dukkha*[5]. A doutrina da libertação budista é centrada em ideias e práticas que encaminham seus seguidores a sofrer menos, que os ajudam a parar de produzir ações que gerem insatisfações. Assim, a meta é realizar uma profunda paz existencial, *nibbāna*, em páli, ou *nirvāṇa*, em sânscrito, encerrando os ciclos de sofrimento e de renascimento.

O termo *buda*, que significa "o desperto", é um título para alguém que realiza o nirvana. O Buda histórico, fundador dessa tradição, se chamava Siddhāttha Gotama (em páli) e teria alcançado este estado de ser (o nirvana) ainda em vida. Ele divulgou por cerca de quatro décadas seus ensinamentos, tendo deixado milhares de discípulos e um grande legado de práticas e ideias posteriormente registrado num cânone chamado de *Três Cestos* (*Tipitaka*, em páli, e *Tripitaka*, em sânscrito). Também lançou as bases, ainda em vida, do que foi aos poucos elaborado como a instituição de comunidades monásticas (de monges e monjas). Tais comunidades, formadas por membros iniciados (tomar refúgio publicamente no Buda, em seus ensinamentos e em sua comunidade) que abandonaram a vida civil, eram abertas a qualquer pessoa. Isso fez dessa tradição a primeira "religião ética universal", ou seja, que não era restrita a certos grupos específicos étnicos, de gênero, de território, de faixa erária etc.

IMPORTANTE!

Há muitos séculos autores se interessam em entender as religiões, até mesmo tentando organizá-las em tipos. No século XIX, quando surgiu a Ciência das Religiões, seus fundadores propuseram classificações ou tipologias científicas das religiões. Destacamos aqui dois desses autores.

---

5 Páli é uma língua derivada do sânscrito e foi originalmente usada pelas primeiras comunidades budistas, sendo empregada para o registro escrito dessa tradição.

Cornelis P. Tiele (1830-1902), no intento de classificar todas as religiões conhecidas no verbete "*Religion*" da 9ª edição da *Encyclopædia Britannica*, de 1884, as dividiu entre religiões naturais e religiões éticas. Entre estas últimas havia as éticas nacionais (em que incluiu o confucionismo e o daoismo) e as éticas universais (somente budismo, cristianismo e islamismo). Apesar de ter recebido críticas, tal abordagem pode ser útil na pesquisa comparativa sobre religiões, tendo servido de base para outras teorias usadas até hoje, como as tipologias sociológicas das religiões de Max Weber.

Pierre Daniel Chantepie de la Saussaye (1848-1920) já mostrara, ainda no século XIX, que o método para classificar religiões pode ser bastante pessoal (ou arbitrário): decidir se uma religião é universal ou natural depende dos fundamentos de quem as classifica, razão pela qual isso é questionável cientificamente. Ele demonstrou que o único método classificatório cientificamente seguro seria o genealógico (da linhagem/genealogia), pois trata-se de critério histórico e materialmente observável. Sobre essa discussão metodológica dos estudos sobre culturas e suas religiões, especialmente se você é graduando em Ciência das Religiões, sugerimos a leitura do artigo de Stern e Costa (2017).

A formação do budismo ocorreu entre o século VI e V AEC nas antigas culturas e reinos hindus, atual região fronteiriça entre Índia e Nepal. É por isso que várias de suas ideias têm como fonte antigos conceitos dessas culturas, ainda que ressignificados, por exemplo: a noção de carma, a continuidade cíclica da vida após a morte ("renascimento"); e a importância da meditação (ou prática de cultivo de qualidades mentais, como concentração e sabedoria). Já nos seus primeiros séculos, o budismo se difundiu por vários locais da Ásia e até nas regiões helênicas, como no reino de Gandara, onde sua arte foi particularmente desenvolvida.

Muito mais poderia ser comentado sobre sua história e suas ideias, mas aqui nos concentraremos em aspectos que tiveram impacto no confucionismo. A tradição budista chegou à China durante a segunda parte da dinastia Han, no século I EC, mas conquistou mais espaço e notoriedade somente depois do fim dessa dinastia. Justamente em razão de o confucionismo ter se tornado a doutrina oficial de um Estado que acabou em guerra, a tradição confuciana perdeu muito de seu prestígio. Consequentemente, isso gerou interesse público na nova tradição que aos poucos ia chegando, tendo aberto espaço para líderes budistas ganharem patrocínio imperial em missões de divulgação e estabelecimento dessa tradição. Com o tempo, budistas passaram a ter influência nas cortes dos estados e até receberam patrocínios para realizar atividades.

Todos esses acontecimentos foram recebidos de maneira ambígua pelos confucianos. Por um lado, animou os debates, criou novos desafios, levantou outra maneira de pensar nas coisas e no mundo. Por outro lado, vários elementos budistas desagradavam a visão dos confucianos. Por exemplo, o abandono da família por parte dos monges mostrava desrespeito ao princípio de filialidade (Xiao), e a busca por transcender o sofrimento causava afastamento desse mundo e mostrava falta de engajamento político-social. Neste último caso, os confucianos acusavam os monges budistas de serem parasitas, já que não trabalhavam nem contribuíam diretamente para a sociedade segundo os papéis sociais previstos pelo Caminho dos eruditos. Curiosamente, isso impactou fortemente a comunidade budista chinesa, que, a partir das linhagens do *Chán* 禅 (*Zen*, em japonês) do início da dinastia Tang, introduziu a prática de trabalho para autossustento material dos monastérios, ainda que mantivesse práticas de mendicância e continuasse a focar na meditação sentada em concentração (*Zuòchán* 坐禅).

Mais relevante do que essas questões, o fato de budistas começarem a ter espaços nos vários governos da China fragmentada após o fim da dinastia Han rivalizava com a tendência confuciana de usar a própria doutrina como política oficial do Estado. Um caso que ilustra isso é a promoção do budismo pelo imperador *Wǔ*[6] 武 (502-549EC) da dinastia *Liáng* 梁 no sul da China, que, ao mesmo tempo, restaurou e fortaleceu em seus domínios os concursos públicos confucianos baseados nos cinco clássicos. Se, por um lado, o encontro do budismo com a China gerou bons frutos tanto para budistas quanto para confucianos, por outro, causou um estranhamento que, algumas vezes, resultava em disputas pelo poder nas cortes imperiais. Elogios, rivalidades ou simples trocas de argumentos entre budistas e confucianos eram frequentes nesses séculos (séc. III-X EC). Todavia, em situações mais tensas, chegou a haver perseguições formais contra o budismo e até morte de seus seguidores em 446 EC e em 845 EC.

A perseguição contra budistas no ano de 446 foi, na verdade, uma articulação confuciana com daoistas na dinastia *Wèi* 魏 do norte (386-550 EC). Ironicamente, tendo sido uma dinastia etnicamente não chinesa formada por um povo de origem turcomana, havia adotado com mais abertura, de início, o budismo como religião oficial de seu estado. E neste ponto convém esclarecermos quem eram os daoistas.

Como já informamos, desde a Antiguidade chinesa, havia um grupo de autores que foram chamados, na dinastia Han, de *daoistas*. O daoismo guarda diversas raízes da cultura chinesa: os *Fangshi* (mestres da técnica) e suas práticas de autocultivo e busca por imortalidade; a cultura divinatória que gerou o *Yijing*, os antigos textos filosóficos; e até mesmo parte da etiqueta (Li) confuciana. Essas raízes, porém, ainda que muito ricas, não estavam unidas, faltava algo que lhe desse corpo comum.

---

6   Certamente o leitor percebeu que este é o terceiro governante de nome *Wǔ* 武 que citamos. Isso demonstra que as referências da Antiguidade, no caso, do rei Wu filho do rei Wen, são importantes para a cultura chinesa e confuciana.

A presença budista na China a partir do século I EC serviu de modelo de religião organizada, autônoma da sociedade em geral e de caráter universal, já que era aberta a todas as pessoas – características inéditas naquele contexto. Isso serviu de possível inspiração para o início de uma institucionalização da tradição daoista, que instaurou um processo de formação de comunidades somente no século II (Costa, 2015b). Destacamos dois movimentos: o Caminho da Grande Paz (*Tài Píng Dào* 太平道) e o Caminho da Ortodoxia Unitária (*Zhèng Yī Dào* 正一道).

O primeiro, inspirado na Escritura da Grande Paz (*Tài Píng Jīng* 太平经), que deu nome ao movimento, criticava a decadência da dinastia Han. Além de defender uma nova era de paz social, o movimento passou a promovê-la como uma sociedade autônoma do Estado mediante revoltas. Tais revoltas duraram décadas e ajudaram a enfraquecer os Han. O governo imperial, incluindo os ministros versados no confucionismo, mostrou que não aceitaria um estado rebelde dentro do seu domínio, razão pela qual derrubaria violentamente o movimento rebelde da Grande Paz.

Por sua vez, o daoismo da Ortodoxia Unitária, também chamado de *Caminho do Mestre Celestial* (*Tiān Shī Dào* 天师道), havia constituído uma comunidade com contornos de estado organizado sob uma doutrina cosmológica e politeísta. Contudo, confrontado pela dinastia Han, desistiu desses objetivos políticos. Desde então, essa, que é a mais antiga tradição daoista ainda viva, procurou focar em práticas espirituais, passando a ser uma linhagem especializada em ritos cerimoniais feitos por sacerdotes (*Dàoshi* 道士), como rituais destinados a divindades, aos ancestrais, ao exorcismo e à purificação espiritual. Essa opção pelo desenvolvimento de comunidades religiosas autônomas que existem dentro da sociedade chinesa mais geral e a ela está integrada, respeitando e não fugindo do poder político imperial e dos confucianos, marcou a história do daoismo.

Apesar da mudança de rumos, houve momentos em que líderes daoistas tiveram poder com aval do Imperador. O sacerdote da Ortodoxia Unitária *Kòu Qiānzhī* 寇谦之 (365-448 EC) conquistou uma forte influência na corte dos Wei do Norte, tendo obtido patrocínio imperial, e a família real se converteu a sua tradição, que abençoava oficialmente a dinastia Wei. Tendo se articulado com ministros confucianos que também estavam insatisfeitos com o crescimento do budismo, ele foi um dos responsáveis pela perseguição aos budistas em 446 EC – algo que fez o governante se arrepender depois, pedir desculpas e até construir monumentos budistas.

Também foram formadas, ao longo da história chinesa, muitas outras linhagens do daoismo, com diferentes ênfases e contribuições. Podemos destacar as seguintes grandes tradições, dentro das quais há diversas ordens e linhagens: o Caminho da Suprema Claridade (*Shàngqīng dào* 上清道), o Caminho do Tesouro Numinoso (*Língbǎo dào* 灵宝道) e, mais tarde, o Caminho da Completa Perfeição (*Quánzhēn dào* 全真道).

As duas primeiras tinham fortes influências doutrinais budistas, como a noção de salvação e a de renascimento, embora preservassem práticas mais ligadas à raiz chinesa, como busca por imortalidade (alquimia externa, que se transformou em alquimia interna) e magias de proteção espiritual e material. A tradição da Suprema Claridade foi a primeira a desenvolver práticas mais introspectivas e meditativas, como a meditação de "sentar no esquecimento" *Zuòwàng* 坐忘, também chamada de *purificação do coração, Xīnzhāi* 心齋. Por sua vez, a última tradição citada (O Caminho da Completa Perfeição) buscava uma fusão harmônica entre daoismo, confucionismo e budismo e dava ênfase a práticas de autocuidado espiritual, incluindo meditação silenciosa e práticas corporais. Essas tradições construíram um todo coerente, ainda que diversificado internamente, que, em termos doutrinários e rituais, foi registrado no cânon daoista (*Dàozàng* 道藏). Essa obra foi publicada diversas vezes com patrocínio imperial – o que mostra uma convivência e tolerância entre daoistas e confucianos, já que estes últimos participavam da burocracia do poder político.

Durante o reinado do imperador *Xuánzōng* 玄宗 (685-762 EC) da dinastia Tang, que era iniciado no Caminho da Suprema Claridade, o daoismo foi religião oficial por pouco tempo. Templos daoistas foram patrocinados pelo império e estabelecidos em toda a China. Algo foi especialmente confrontante com os confucianos: textos daoistas, como o *Dao de jing*, de Laozi, entraram na lista dos exames oficiais, que antes incluíam apenas os clássicos confucianos – algo que não perdurou. Um dos motivos de terem adotado, mesmo que por um tempo limitado, as obras daoistas para os concursos, é que a família fundadora da dinastia Tang acreditava ser parente de Laozi. Outro motivo para isso era a reação política contra o crescimento cultural do budismo, visto como tradição estrangeira.

Apesar dos diversos momentos de sucesso de budistas e daoistas em conseguir espaços de poder ou influência sobre os imperadores, é importante deixar claro que, desde a dinastia Han, confucianos sempre estiveram nas burocracias imperiais. Mesmo com muitas descontinuidades, ao longo dos séculos III e X EC ocorreu a formação de uma classe de eruditos (Ru) com competência para cuidar de questões político-sociais, amparados nos séculos de experiência que essa tradição tinha nesses assuntos. Também existiam concursos públicos baseados nos cinco clássicos para empregar esses eruditos.

Em especial, a dinastia Tang foi uma retomada do lugar central do Caminho dos Eruditos. O que deve estar claro é que houve uma intensa troca cultural nesse longo período, sobretudo com o budismo e o daoismo – somadas a tradições não citadas até agora, uma vez que tiveram pouco impacto histórico, como o cristianismo nestoriano, o maniqueísmo e o islamismo. Essas trocas culturais muitas vezes se deram mediante convivência pluralista e sintética, que abraça as diferenças – aliás, ser confuciano na moral, nos costumes e na política era conciliável com a prática de qualquer religião. Essa circunstância produziu a época de maior riqueza cultural da história chinesa, com múltiplas realizações artísticas, comerciais, intelectuais, religiosas e políticas. No entanto, como uma leitura atenta pode notar, também foram séculos de fortes disputas pelo poder, em que os confucianos amargaram diversas derrotas ou simplesmente tiveram de dividir o poder com outros grupos.

Cansados dessas reviravoltas, inconformados com a profunda mistura do Caminho de Confúcio com doutrinas estrangeiras ou tradições chinesas mais místicas nesses últimos séculos, no final da dinastia Tang emergiram autores e textos confucianos que buscavam retomar as raízes da tradição. Essa postura ortodoxa atrelada a um temperamento bastante crítico a outras doutrinas foi iniciada pelo confuciano *Hányù* 韩愈 (768-824 EC). Ele era defensor de um "retorno ao antigo" que incluía a defesa do confucionismo como política oficial, a retomada da sabedoria da Antiguidade e o distanciamento entre o Estado e as religiões (em especial, do budismo).

Essa postura, que hoje poderia ser chamada tanto de "laica" quanto de "xenófoba" (termos estranhos a essa época, mas que descrevem bem o caso), acabou influenciando décadas depois a perseguição antibudista de 845 EC. Curiosamente, mesmo não admitindo, o pensamento budista, por ser realmente muito diferente do pensamento chinês, propôs aos confucianos novas perguntas, novas respostas e novas terminologias. Como detalharemos na próxima seção, ainda que politicamente os confucianos se encaminhassem para uma posição ortodoxa e exclusivista, sua filosofia tinha sido alterada pelo pensamento budista de maneira profunda. Por isso, o confucionismo, a partir do final da era Tang, pode ser visto como uma reação à diversidade cultural do primeiro milênio da Era Comum e, principalmente, como uma resposta ao budismo – mesmo tendo sido influenciado por budistas, o que fez surgir, séculos depois, ideias e práticas como a meditação confuciana do "sentar na tranquilidade" (ver Capítulo 6).

Para facilitar a compreensão dos aspectos mais gerais do que foi abordado nesta seção, vejamos o Quadro 4.1.

QUADRO 4.1 – Comparativo entre as tradições confuciana, budista e daoista

	Confucionismo	Budismo	Daoismo
Aspecto central	Político-moral	Religioso-introspectivo	Religioso-mágico
Liderança	Eruditos (Ru): políticos e professores	Monges/monjas	Sacerdotes (*Daoshi*)
Texto central	Cinco Clássicos	*Tipitaka/Tripitaka*	*Daozang*
Contexto de formação	China Antiga	Antiga Índia/Nepal	China da dinastia Han
Práticas convergentes	*Jingzuo* (sentar em tranquilidade)	*Zuochan* (sentar em concentração)	*Zuowang* (sentar no esquecimento)
Práticas singulares	Devoção filial (Xiao)	Monasticismo	Alquimia
Meta do praticante	Ser sábio (Sheng)	Ser Buda	Ser Imortal

Observe que nesse quadro estão sistematizas informações básicas sobre o confucionismo, o budismo e o daoismo de maneira panorâmica e comparativa.

4.3 Os neoconfucionismos e a expansão neoconfuciana na Ásia

Nesta seção, apresentamos um panorama das reformas e ressignificações dos chamados *neoconfucianos* e sua expansão geográfica para além da China após a dinastia Tang.

Assim como previam os chineses da Antiguidade que citamos anteriormente, o ciclo dinástico aconteceu novamente: a dinastia Tang aos poucos entrou em decadência até entrar em colapso. Mais uma vez a China estava fragmentada em pequenos reinos ou estados que brigavam entre si buscando o domínio de *tudo sob o Céu*. Esse período após o fim da dinastia Tang, em que houve turbulências políticas e sociais, foi denominado de *Período das Cinco Dinastias* (907-960 EC).

Em seguida, restaurando a estabilidade da sociedade, formou-se a dinastia *Sòng* 宋 (960-1279 EC). Os primeiros 150 anos dessa dinastia foram pacíficos; no entanto, a partir do século XII vários povos estrangeiros começaram a tentar dominar o território chinês, chegando a consegui-lo por volta de 1127, ano que marca a divisão entre os Song do Norte (960-1127 EC) e os Song do Sul (1127-1279 EC). Graças à invasão do povo mongol (da atual Mongólia) – que, sob a liderança de Gengis Khan (1162-1227 EC), criou o maior império em extensão territorial que já existiu –, os Song também caíram, dando lugar a "achinesada" dinastia mongol *Yuán* 元 (1280-1368 EC). Vale, então, abordar brevemente o desenvolvimento do confucionismo durante esse período histórico.

4.3.1 As raízes do neoconfucionismo

Depois de quase um milênio de influência budista, a sociedade chinesa vivenciou intensas mudanças, e os confucianos sentiram isso. Como informamos anteriormente, as reações variaram bastante. No entanto, depois do confuciano *Hán Yù* 韩愈, que viveu no final da dinastia Tang, intensificou-se a busca dos confucianos por um retorno à Antiguidade chinesa. Isso aconteceu porque as práticas e as ideias budistas impactaram a cultura chinesa, incluindo uma releitura da perspectiva confuciana de pensar e praticar a própria tradição.

Os confucianos, após mais de um milênio de experiências profundas de trocas culturais, reformularam suas questões, respostas e práticas. Em resumo, conforme Van Norden (2018, p. 252), "o neoconfucionismo é um confucionismo visto através de lentes budistas". Como relatamos, também as ideias daoistas e as práticas governamentais legalistas, entre outras muitas influências, continuaram a atuar de maneira paralela ou misturada à vivência chinesa do confucionismo como doutrina central e oficial da sociedade. Assim, em nossa visão, o neoconfucionismo é resultado de mais de um milênio de trocas interculturais.

Independentemente de qualquer interpretação que possamos fazer sobre o confucionismo depois da era Tang, precisamos responder às seguintes questões:

- Como se autodeclaravam os que hoje são designados como neoconfucionistas?
- Quem foram os agentes dessa tradição (seus intelectuais)?
- Quais eram suas características?

Vale dizer que o vocábulo *neoconfucionismo* se originou, na verdade, de um termo estrangeiro criado por estudiosos da China (sinólogos) para designar todo confucionismo de viés reformista desde a dinastia Song. Os próprios *neoconfucianos*, é claro, usaram outros termos para se referir às diversas escolas ou linhagens de interpretação do confucionismo. Destacamos as correntes do Estudo do Caminho (*Dàoxué* 道学), do Estudo da Mente (*Xīnxué* 心学) e do Estudo do Princípio (*Lǐxué* 理学).

Apresentaremos adiante, de maneira bastante sintética, essas três correntes a fim de formar um panorama mais amplo de quais eram os grupos ou forças que disputaram entre si a interpretação correta do legado de seu mestre, Confúcio. Antes disso, é válido contextualizar o momento histórico. O confucionismo, desde os Song até o final do período imperial, em 1911 EC, voltou a exercer o papel de doutrina central e oficial do Estado, influenciando toda a vida chinesa.

Nessa época, os concursos públicos baseados nos clássicos confucianos ganharam uma forma altamente organizada e foram expandidos numérica e geograficamente. Isso forçou também a criação de escolas para sustentar essa demanda. Inicialmente, aumentou o número de escolas privadas, mas depois nasceram as primeiras escolas públicas estatais. O confucionismo desde então se articulou de maneira profunda à sociedade chinesa, sendo difícil delimitar uma fronteira clara entre a tradição confuciana e a cultura chinesa.

Parte desse empreendimento deve-se não só à postura voltada à ação e ao engajamento políticos, mas também ao espírito de retomada das tradições antigas, legados do confuciano Han Yu da dinastia Tang. E, apesar de este último ter privilegiado Mêncio e criticado o mestre Xun, os primeiros confucianos da era Song, como *Ōuyáng Xiū* 歐陽脩 (1007-1072 EC) e *Wáng Ānshí* 王安石 (1021-1086 EC), tendiam a preocupações políticas e rituais (Li), o que os aproximava da perspectiva realista do mestre Xun. Essa tendência, no entanto, iria se inverter.

A corrente do Estudo do Caminho

A primeira das três correntes principais do confucionismo dos Song, o Estudo do Caminho, era formada por grupos de confucianos que se relacionavam de maneira mais direta, como uma rede de amizade. Isso quer dizer que não necessariamente mantinham relações políticas em suas funções burocráticas do governo, como normalmente ocorria entre os confucianos até então. Eles buscavam estudar o Caminho (Dao) confuciano, queriam realizar a sabedoria dos reis da Antiguidade e recolocá-la no centro da vida chinesa. Faziam isso com base mais em uma perspectiva interna (do Xin, o coração/mente) e menos em uma tradição externa.

Dessa forma, seus interesses eram mais éticos e filosóficos e menos ritualísticos e burocráticos (ainda que também abordassem isso). A seguinte frase de *Chéng Yí* 程颐 (1033-1107 EC), um dos maiores nomes desse movimento, ilustra isso: "o Tao [Dao] do estudo não consiste em outra coisa senão em retificar sua mente [Xin] e alimentar sua natureza [Xing]. Ser autêntico, permanecendo exatamente no Meio, assim é o Santo" (Cheng, 2008, p. 537). Essa corrente defende, então, uma forma de pensar abertamente ligada às abordagens mais introspectivas dos livros *Justo Meio* e *Grande Aprendizado* (ver Capítulo 2) e de Mêncio (ver Capítulo 3).

Com Cheng Yi – em sintonia com outros contemporâneos –, o conceito de **princípio estruturante** (*Lǐ* 理) foi aprofundado até se tornar central no confucionismo. Retomando a antiga ideia de Confúcio de que todo o seu pensamento era um só, de que há um princípio transversal que tudo une, Cheng Yi advogava que o Caminho (Dao) era um só. Diferentemente de Confúcio, no entanto, Cheng Yi empreendeu especulações mais cosmológicas (ou metafísicas), entendendo o princípio como a estrutura que está presente em toda a realidade. Assim, todas as coisas têm em comum o fato de terem um princípio (Li), mas todas têm seu próprio princípio singular: a madeira tem sua estrutura, as pedras têm uma estrutura, as pessoas têm uma estrutura própria. Esse é um tema que pode ser comparado a ideias budistas de que "tudo é a mente", ou à visão daoista de que tudo que existe é a expressão plural do *um* Absoluto (Dao, Caminho).

Com a queda de parte do império Song por causa de invasões de povos ao norte da China, teve início o período dos Song do Sul (1127-1279 EC), conforme relatamos, quando o tradicionalismo se fortaleceu pelos séculos seguintes. Esse tradicionalismo foi expresso no cotidiano das pessoas: a carreira burocrática confuciana tornou-se a profissão mais valorizada socialmente e práticas machistas se intensificaram (como a valorização social e estatal de viúvas que se mantinham castas). No universo mais intelectual, os pensadores do Estudo do Caminho se aprofundaram em discussões filosóficas como nunca antes, tendo gerado, inclusive, rivalidades quanto a quem estaria interpretando a tradição de maneira mais correta. Nesse ponto, inseriram-se as escolas do Estudo da Mente e do Estudo do Princípio, ambas descendentes intelectuais da corrente neoconfuciana do Estudo do Caminho.

> **CURIOSIDADE**
>
> Assim como em outros contextos do mundo, a China Imperial foi um ambiente social de muito machismo – ou seja, em que havia uma dominação das mulheres. O confucionismo reforçou esse machismo, que, no entanto, lhe é anterior. A posição das mulheres nas sociedades confucianas era tão importante quanto à dos homens, já que nessa visão de mundo há diferentes papéis nas relações sociais, que são harmônicos e se complementam. No entanto, diversas vezes mulheres foram tratadas como subalternas e tiveram suas autonomias desrespeitadas, seja em sua vida pessoal (pressão social por manter celibato depois de viúva), seja em termos públicos (não lhes eram dadas a mesma educação ou o direito de participar de concursos públicos). Eram incentivadas a elas "as três obediências" durante a vida: ao pai, ao marido e ao filho mais velho, no caso de falecimento dos dois primeiros (Poceski, 2013; Schuman, 2016).
>
> Contudo, a tradição confuciana também levantou importantes figuras femininas como modelo de virtude, como as mães de Confúcio e de Mêncio, que se empenharam para educar os filhos. Por essa razão, do ponto de vista confuciano, o respeito e a devoção

a pai e mãe eram de máxima importância. No que concerne à revitalização confucionista da virada do século XX e XXI EC (ver Capítulo 5), Anna Sun (2013) tem argumentado que mulheres pró-confucionismo têm um papel importante no reavivamento social da tradição.

Ainda sobre gênero e sexualidade, citamos o curioso entendimento sobre os homossexuais na China Antiga e Imperial. Qualquer pessoa podia ter as relações afetivo-sexuais com quem desejasse, contanto que mantivesse sua família conforme os ritos (Li), ou seja, com a formatação de pai, mãe e filhos, de maneira que a ordem social também fosse mantida (Stern, 2010). Isso mostra que, para os confucianos, a família, incluindo as mulheres, era mais importante do que as vontades e os direitos individuais.

As correntes do Estudo da Mente e do Estudo do Princípio

Representada por *Lù Xiàngshān* 陸象山 (1139-1192 EC), a vertente do Estudo da Mente, que tem clara influência das preocupações budistas, em especial do budismo chan (Zen), alega ter como fonte de suas reflexões as ideias de Mêncio. Em especial, utilizam a ideia menciana de que, por receber sua natureza humana (Xing) do próprio Céu, a mente (Xin) humana guarda todo o potencial para desenvolver a sabedoria e a virtude da Humanidade (Ren) de maneira espontânea. A ideia de espontaneidade, mesmo sendo menciana, também estaria ligada à visão daoista. Apesar das outras referências, a corrente do Estudo da Mente pretendia ser um caminho para a realização da sabedoria ou santidade (Sheng), conforme o Caminho dos reis da Antiguidade e de Confúcio, por meio do estudo da própria mente.

Acreditando também nessa busca pela sabedoria dos antigos, a corrente do Estudo do Princípio enaltece o estudo gradual e acumulativo que visa à compreensão do princípio estruturante (Li) – conforme Cheng Yi propunha. O pensador central não somente para essa linha do confucionismo, mas para toda essa tradição, foi *Zhūxī* 朱熹 (1130-1200 EC). Ele teve uma carreira política de sucesso, ainda que enfrentasse desafios e rivais, além de ter preservado e expandido as redes do Estudo do Caminho por meio de escolas privadas que ensinavam sua visão.

Em suas instituições de ensino, Zhuxi alterou os moldes de formação na tradição confuciana. Ele defendia a existência de uma linhagem autêntica do Caminho (*Dàotǒng* 道统) confuciano que, em sua perspectiva, teria guardado e transmitido uma compreensão sábia desde a Antiguidade. Tal linhagem de transmissão do Caminho passava por Confúcio, Zengzi, Zisi, Mêncio, e culminava nos autores da era Song que promulgavam a corrente do Estudo do Caminho, como Cheng Yi. Seguindo esse raciocínio, ele propôs que, na formação de um erudito (Ru), fosse acrescentado aos Cinco Clássicos, o que chamou de "Quatro Livros": *Os Analectos*, de Confúcio, o livro de *Mêncio*, o *Justo Meio* e o *Grande Aprendizado*.

Após a queda dos Song do Sul em razão da ascensão do Império Mongol, que, na China, seria institucionalizado como dinastia Yuan (1280-1368 EC), ocorreu algo inusitado. Depois de cerca de um século de dominação política, os mongóis – que eram excelentes em guerras, mas pouco experientes com governos –, reconheceram a necessidade de usar as ferramentas burocráticas e ideias sociais confucianas para governar o império de proporção continental que haviam construído. Com isso, as ideias de Zhuxi formuladas durante a dinastia anterior foram elevadas ao nível oficial: em 1313 EC o imperador dos Yuan promoveu os Quatro

Livros e os Clássicos com comentários de Zhuxi como programação oficial dos exames públicos.

Assim, o neoconfucionismo, na versão de Zhuxi, se tornou a nova ortodoxia até o final do período imperial, no século XX, sendo uma referência até hoje para confucianos. No interior da tradição, reduziu-se a importância de Xunzi, e Mêncio voltou a ser considerado o segundo mais influente dos confucianos da Antiguidade, seguindo apenas Confúcio. Externamente, o confucionismo expandiu sua área de influência para todo o leste asiático.

4.3.2 Características específicas da expansão neoconfuciana pela Ásia

Na sequência, transcorreu a expansão geográfica da tradição confuciana, num longo e dinâmico processo histórico-social que envolveu diversos contatos com trocas culturais, ambiguidades geradas pela tentativa de adaptação, e posturas conservadoras de busca à ortodoxia da tradição (Costa, 2015b). Dois lugares sobressaíram nesse processo: (1) o Japão, em cujos governos o confucionismo teve certo impacto, em especial no Período Edo, 1603-1867 EC (Santos, 2011), tendo até hoje influência nos costumes culturais da população; e (2) a Coreia, onde, desde a dinastia Joseon (1392-1897 EC), o confucionismo sistematizado por Zhuxi se tornou a doutrina política oficial do Estado de modo ainda mais intenso do que ocorreu na China.

Até mesmo a bandeira da dinastia Joseon era marcada por imagens de um dos clássicos confucianos, o *Clássico das Mutações*; isso se mantém de certa maneira na atual bandeira coreana, mesmo após o país (Coreia do Sul) ter se transformado em uma moderna república democrática (Figura 4.1). Antes da adoção oficial do confucionismo, o povo coreano não realizava ritos cerimoniais em honra aos ancestrais, algo que começou a ser feito após políticas estatais que incentivavam os cidadãos a cultuarem seus antepassados. Da mesma forma, instituições educacionais, entre elas as escolas públicas estatais, foram fomentadas em todo o território coreano durante o período dos Joseon como uma política pública de viés confuciano (Palais, 1984).

FIGURA 4.1 – Bandeiras da antiga dinastia coreana Joseon e da atual Coreia (do Sul)

Conforme a teoria da transplantação da Ciência das Religiões (Costa, 2015b), a importação do confucionismo no caso coreano mostra que a tradição cultural transplantada serviu para a difusão de valores e práticas culturais da cultura de origem, já que esta é vista como modelo. Assim, ocorreu o que é qualificado por vários autores como um processo de "achinesamento" e de "confucianização" de boa parte da Ásia, que passou a ter a cultura chinesa como uma das principais referências – podendo ser considerada *a* referência principal. Selando um processo que se desenrolava há séculos, a China e o confucionismo serviram de bases para outras civilizações asiáticas se construírem, em aspectos linguísticos, políticos, artísticos, filosóficos e religiosos.

4.3.3 Personagens e aspectos da tradição neoconfuciana no período imperial tardio

Os mongóis descendentes de Gengis Khan não foram hábeis em manter seu enorme império na China, ainda que tenham deixado um rico legado de fluxo de culturas e etnias no ambiente chinês que eram até então novidades, como a forte presença do Islã, que marca até hoje parte da China. Chegou, então, o momento em que os chineses retomaram o domínio de seu território e instauraram a dinastia *Míng* 明 (1368-1644 EC), a última grande dinastia controlada pelo povo Han. Em seguida, houve a dinastia *Qīng* 清 (1644-1911 EC), fruto de uma nova invasão de um povo estrangeiro, no caso os Man (*Mǎnzú* 满族, normalmente chamados de "Manchu"), mas que buscou manter a estrutura chinesa e confuciana de Estado. Depois de alguns séculos de paz, novamente a dinastia invasora sucumbiu diante dos movimentos rebeldes, que colocaram fim na era imperial chinesa com monarquia confuciana e dinastias hereditárias. Nessa época, conhecida como *período imperial tardio* (1368-1911 EC), destacam-se alguns aspectos da tradição confuciana.

Durante a dinastia Ming, traumatizados com cerca de um século de invasão, os confucianos adotaram uma postura mais conservadora. Fortaleceram a ortodoxia neoconfuciana por meio da expansão dos concursos públicos, que entraram em uma simbiose com o Estado chinês. Com isso, a classe dos eruditos (Ru) concursados passou a ter cada vez mais poder, sendo capaz até mesmo de vetar ordens do imperador.

Wáng Yángmíng 王阳明 (1472-1529 EC) foi um dos principais neoconfucianos do Estudo da Mente, já que estimulou duas tendências que se desenvolveram depois. A primeira tendência era a **união entre conhecimento e ação**, que harmonizava o confucionismo oficial da burocracia estatal com a busca de autocultivo espiritual dos neoconfucianos. Para Wang, era essencial se dedicar igualmente a esses dois aspectos da vida, o que se tornou um de seus principais ensinamentos escritos: "em todo o tempo e em toda parte, jamais se pôde chamar 'estudo' algo que não tenha implicado a ação", assim, "pôr-se a estudar já é agir" (Cheng, 2008, p. 613). Já a segunda tendência refere-se à união entre as **ideias do Estudo da Mente e as do Estudo do Princípio**, as quais, mesmo havendo disputas entre as correntes, foram vistas como complementares. Ainda assim, ele é lembrado como uma alternativa à perspectiva do Estudo do Princípio, ainda oficial do Estado chinês, já que Wang incentivava o engajamento político em vez de elaborações meramente teóricas, como faziam seus seus rivais.

Por mais que a disputa interna entre o Estudo da Mente e o Estudo do Princípio tenha continuado, a histórica inclinação chinesa às sínteses e ao sincretismo foi aprofundada. Essa tendência pode ser especialmente ilustrada pela crescente força da noção de que os "Três ensinamentos são um só" (*Sānjiào Héyī* 三教合一), ideia existente desde a dinastia Han, e que já se encontrava arraigada na cultura popular e na intelectualidade chinesas. Exploraremos melhor essa ideia no Capítulo 6.

Por sua vez, durante a dinastia Qing, após séculos de predominância das especulações filosóficas metafísicas e de ênfase nas carreiras burocráticas, começou a se formar uma tradição crítica. Alguns chegaram a negar o confucionismo, tendo flertado novamente com ideias políticas legalistas ou noções artísticas daoistas. Um movimento mais forte, porém, retornou às fontes escritas e às preocupações "filológicas" (nesse contexto, estudo da história e do significado das palavras, principalmente em textos antigos), algo relegado desde a dinastia Han. Por causa disso, a tradição confuciana percebeu a necessidade de rever seus conceitos e de desenvolver uma autocrítica.

Um exemplo disso é *Huáng Zōngxī* 黃宗羲 (1610-1695 EC), que publicou o primeiro livro em que um confuciano escrevia uma reflexão sobre a história de sua tradição. Ele também fez duras críticas ao que se entendia por parasitismo do soberano sobre a população, já que, segundo o autor, a culpa das mazelas da população era do egoísmo, do despreparo e da falta de virtude do governante. Huang, ao lado de *Gù Yánwǔ* 顧炎武 (1613-1682 EC) e *Wáng Fūzhī* 王夫之 (1619-1692 EC), formou uma tradição confuciana socialmente crítica, e, sobretudo, autocrítica.

Gu valorizou fortemente o conhecimento histórico como base do Aprendizado (Xue) do ser humano; já Wang era tão crítico que acabou sendo perseguido pelo governo dos Man. Ambos os casos ressaltaram novamente no ambiente confuciano a necessidade de engajamento político para que fosse estabelecida a ordem e a paz em *tudo sob o Céu*. Diante da cosmologia metafísica nascida nos séculos anteriores e estabelecida no confucionismo oficial dos exames imperiais públicos, Wang mostrava que o conhecimento do passado histórico e a ação do ser humano na sociedade eram uma aposta mais segura em um mundo mais harmônico. Conforme Wang, "o que é precioso na história é que, expondo o passado, ela é uma mestra para o futuro" (Cheng, 2008, p. 663).

Com essa sabedoria de usar o passado para ajudar a tomar decisões que refletissem no futuro, os confucianos estiveram no poder desde a dinastia Han até a dos Qing, em 1911. No entanto, novamente o confucionismo sofreu ataques de vários lados, algo que se faz notável até hoje. Trataremos pormenorizadamente desse processo no próximo capítulo.

Síntese

Tópicos do Capítulo 4

Datação	Escola, país ou personagem	Acontecimento ou desenvolvimento da tradição confuciana
Dinastia Qin (221 AEC- 206 AEC)	Legalistas	▪ Legalistas que estão no governo promovem a queima de livros de outras doutrinas e perseguem e matam confucianos.
Dinastia Han (206 AEC -221 EC)	Escola Huang- -Lao Legistas Dong Zhongshu	▪ Inicialmente os textos da escola Huang-Lao e os burocratas legalistas ganharam mais atenção. ▪ Confucianos convencem líderes a realizar os ritos conforme a tradição confuciana. ▪ Confucianos organizam suas fontes escritas e sistematizam a própria tradição. ▪ Dong Zhongshu convence o imperador Wu a patrocinar o confucionismo. Ele formula um "confucionismo cosmológico" e promove o início da institucionalização da educação confuciana. ▪ Confucianos se tornam maioria na burocracia imperial. ▪ Chega o budismo à China. ▪ Formam-se as primeiras comunidades daoístas.
Seis Dinastias (220 EC- 589 EC).	Wangbi Estudo do Mistério Budismo e daoismo	▪ Estudo do Mistério: corrente de pensadores de formação confuciana que estudam e comentam obras dos "Três Mistérios": *Yijing*, *Laozi* e *Zhuangzi*. ▪ O melhor exemplo dessa escola é *Wángbì* 王弼 (226 EC-249 EC), que volta sua atenção à busca da sabedoria em vez das questões políticas oficiais. ▪ Forma-se um todo coerente de práticas, ideias e textos de diferentes linhagens daoístas. ▪ Expande-se e valoriza-se o budismo nos ambientes populares e intelectuais. ▪ Aumenta a abertura cultural dos pensadores confucianos, que se abrem à diversidade de pensamentos sem se esquecer de suas bases. ▪ Cai o prestígio dos confucianos.

(continua)

(continuação)

Datação	Escola, país ou personagem	Acontecimento ou desenvolvimento da tradição confuciana
Dinastias Sui (581 EC-618 EC) e Tang (618 EC-907 EC)	Budismo; daoismo; Han Yu	▪ Crescem a diversidade social e as trocas interculturais na China. ▪ Retoma-se o lugar central do Caminho dos Eruditos nos governos chineses. ▪ Por pouco tempo textos daoistas, especialmente o *Laozi*, passam a fazer parte dos exames públicos imperiais. ▪ Confucianos como Han Yu retomam o interesse na Antiguidade e rejeitam o budismo e o daoismo.
Dinastias Song (960 EC-1279 EC) e Yuan (1280 EC-1368 EC)	Ouyang Xiu; Wang Anshi Neoconfucionismos: Estudo do Caminho Estudo da Mente Estudo do Princípio Cheng Yi; Zhu Xi Lu Xiangshan	▪ O neoconfucionismo nasce como resultado de mais de um milênio de trocas interculturais. ▪ Aumentam os concursos imperiais e ocorre uma consequente expansão educacional pública e particular. ▪ O confucionismo se enraíza e se entrelaça com a cultura chinesa como um todo. ▪ Estudo do Caminho: busca pelo Caminho (Dao) de Confúcio, com preponderância do viés de Mêncio; formado por grupos de confucianos que se relacionavam em uma rede de amizades e escolas. ▪ Estudo da Mente: foco na ideia menciana de mente (Xin) como forma de se desenvolver a sabedoria de maneira espontânea. ▪ Estudo do Princípio: ênfase no estudo gradual e acumulativo das fontes confucianas, visando à compreensão do Princípio (Li). ▪ Os Quatro Livros e os Cinco Clássicos comentados por Zhuxi durante a dinastia Song se tornam o material padrão dos concursos públicos desde 1313 na dinastia Yuan; e esse pensador se torna central no confucionismo desde então.

(conclusão)

Datação	Escola, país ou personagem	Acontecimento ou desenvolvimento da tradição confuciana
Dinastias Ming (1368 EC-1644 EC) e Qing (1644 EC-1911 EC)	Neoconfucionismo Wang Yangming Japão Coreia Huang Zongxi Gu Yanwu Wang Fuzhi	<ul><li>"Transplantações" do confucionismo.</li><li>No Japão, teve certo impacto nos governos e nos costumes da população.</li><li>Coreia, quando, a partir da dinastia Joseon (1392-1897), se tornou a doutrina política oficial de uma maneira mais profunda e exclusiva do que na China.</li><li>Cultura da China e o confucionismo como bases e modelos para a formação de outras civilizações asiáticas.</li><li>Classe dos eruditos (Ru) concursados ganha cada vez mais poder, sendo capaz até mesmo de vetar ordens do imperador.</li><li>Forma-se uma tradição crítica entre os intelectuais chineses com destaque para Huang Zongxi, Gu Yanwu e Wang Fuzhi.</li><li>Retorna-se às fontes escritas e às preocupações filológicas.</li><li>Com o fim do período imperial e da última dinastia chinesa, o confucionismo perde espaço e protagonismo na política chinesa.</li></ul>

INDICAÇÕES CULTURAIS

ECOA PUCRIO. **Filosofia da Arte** – Confucionismo e Neoplatonismo. (16 min. 18 s) Disponível em: <https://www.youtube.com/watch?v=KkiWJq3r5G4>. Acesso em: 7 dez. 2020.

A palestra "Filosofia da Arte–Confucionismo e Neoplatonismo", de Caroline Pires Ting, mostra como conceitos da escola do Estudo do Princípio (*Lixue*) influenciaram a estética chinesa. No vídeo, a palestrante compara a estética da corrente do Estudo do Princípio (ou neoconfucionismo) com o neoplatonismo de Michelangelo. É um meio importante para entender, numa linguagem atual e atraente, como o confucionismo tem impacto em grande parte da civilização chinesa.

Atividades de autoavaliação

1. Durante a dinastia Han, houve o crescimento de uma tendência cosmológica do confucionismo, tendo Dong Zhongshu como o principal expoente. Assinale a alternativa em que se sintetiza corretamente as ideias dessa vertente confuciana:
   a] Apenas os processos naturais, criados pelo Céu, são dignos de nota, não importando a moralidade ensinada por Confúcio.
   b] Somente os ensinamentos práticos de Confúcio são necessários para alcançar uma conduta virtuosa, e as ações dos governantes não têm relação com processos naturais.
   c] Processos naturais são importantes, já que são expressões do Céu, mas são independentes de qualquer ação humana, incluindo a do governante.
   d] A conduta do governante altera completamente as relações humanas, mas não tem relação com questões cosmológicas de como ocorrem os processos naturais.
   e] Há uma ligação e uma continuidade entre os processos naturais e a moralidade humana, sobretudo no que se refere à conduta virtuosa ou não do governante.

2. Desde a dinastia Han, o confucionismo tornou-se a principal doutrina patrocinada pelo governo imperial. Os concursos públicos passam a exigir seus clássicos, e os ritos sociais (Li) eram realizados tendo como padrão as ideias e as obras da escola confuciana. Com base nisso, a identidade do povo chinês desde os Han começou a se misturar com a própria tradição confuciana. Por essa razão:
   i. o povo daquela cultura começou a se identificar como "Han".
   ii. a partir dessa dinastia, o confucionismo se tornou a principal doutrina da China.
   iii. essa dinastia se destacou pela tendência de sistematizar a tradição confuciana.

Com relação às afirmações anteriores, marque a opção correta:
A] Todas são verdadeiras.
B] Somente I é verdadeira.
C] Somente I e II são verdadeiras.
D] Somente II e III são verdadeiras.
E] Nenhuma é verdadeira.

3. No que concerne às trocas que o confucionismo teve com o budismo ao longo da história chinesa, é correto afirmar que:
   A] os budistas sempre ganharam mais com essa relação, e os confucianos sempre saíram prejudicados.
   B] os confucianos sempre rejeitaram completamente as ideias budistas e nunca foram influenciados por eles.
   C] como os budistas foram extremamente críticos aos confucianos, que observaram a entrada da religião estrangeira sem nenhum questionamento, eles pouco dialogaram entre si.
   D] assim como as críticas confucianas aos budistas os fizeram criar adaptações à cultura chinesa, os confucianos formularam novas ideias depois de conhecer a visão budista.
   E] na verdade, mesmo que as duas tradições tenham convivido ao longo de séculos, elas se mantiveram "puras".

4. A respeito das trocas entre o confucionismo e o daoismo, é correto afirmar que:
   A] como os daoistas não tinham texto algum, e os confucianos não valorizavam a educação, todos eles tiveram pouco contato entre si.
   B] os daoistas se preocupavam muito mais com questões práticas, ao passo que os confucianos somente se preocupavam com discussões filosóficas abstratas.
   C] ao longo de toda a história chinesa, ambas as tradições foram tanto rivais quanto fonte de referências uma para outra.

d] durante a história chinesa, apenas o confucionismo absorveu elementos do daoismo, ao passo que este último rejeitou a tradição de Confúcio.

e] durante a história chinesa, apenas o daoismo absorveu elementos do confucionismo, ao passo que este último rejeitou as linhagens religiosas daquela tradição.

5. O termo *neoconfucionismo* é um nome estrangeiro e recente para um conjunto de expressões mais complexas da Escola dos Eruditos. A seguir estão listados os nomes centrais usados pelos próprios eruditos desde a dinastia Song e a respectiva característica fundamental deles:

   I. Estudo do Caminho: busca pelo Caminho de Confúcio, com preponderância do viés de Mêncio; formado por grupos de confucianos que se relacionavam em uma rede de amizades e escolas.

   II. Estudo da Mente: foco na ideia budista de mente (Xin) como forma de desenvolver a sabedoria para se tornar um buda.

   III. Estudo do Princípio: ênfase no estudo gradual e acumulativo das fontes confucianas, visando à compreensão do princípio (Li).

   A respeito das nomenclaturas e suas respectivas definições, assinale a alternativa correta:

   a] Todas são verdadeiras.
   b] Somente I e II são verdadeiras.
   c] Somente I e III são verdadeiras.
   d] Somente II e III são verdadeiras.
   e] Nenhuma é verdadeira.

Atividades de aprendizagem

Questões para reflexão

1. O confucionismo sofreu perseguições, tendo ocorrido a queima de livros dessa tradição e a morte de muitos de seus membros na primeira dinastia do período imperial. No entanto, em outros momentos, os confucianos empreenderam perseguições a outras doutrinas, em especial, ao budismo na China. Essa transformação de oprimido para opressor já foi observada em outros casos históricos, como do cristianismo europeu. Com base nisso, responda:
   A] Qual seria a causa desse ciclo de violência? Como acabar com esse ciclo ou, ao menos, diminuir seu efeito?

2. As intensas trocas culturais entre o confucionismo, o budismo e o daoismo mostram que, mesmo havendo problemas, essas tradições convivem por séculos e aprendem muito umas com as outras. A China é, desde a Antiguidade, um ambiente plural no qual uma só doutrina não consegue ser dominante por muito tempo, havendo até mesmo esforços no sentido de implementar conciliações e sínteses. Em seu contexto, o que você faria para buscar uma melhor convivência entre pessoas que estão se desentendendo em razão de praticarem diferentes tradições religiosas?

Atividade aplicada: prática

1. Na realidade brasileira, coexistem momentos de intolerância religiosa e tentativas de estabelecer uma boa convivência. Considerando que você pode se tornar um cientista das religiões ou professor de "ensino religioso escolar", quando notar a necessidade de promover maior diálogo e entendimento, é importante saber como agir profissionalmente. Por isso, sugerimos a seguinte atividade em diferentes etapas:

1º Identifique uma situação de intolerância religiosa ou problema de convivência por motivos religiosos em seu ambiente (em casa, na faculdade, no trabalho, no lazer etc.).

2º Analise a situação e procure ouvir com atenção e com igualdade os dois (ou mais) lados envolvidos no desentendimento, sem fazer julgamentos.

3º Confeccione um quadro ou tabela, para estudo individual, e liste nele as características do conflito do ponto de vista de cada lado da questão.

4º Com base no levantamento, faça um diagnóstico sobre as causas do conflito.

5º Proponha soluções ao conflito: De que maneira ambas as partes se sentiram mais acolhidas e respeitadas e de que forma podem entender e respeitar a outra parte? Sugerimos que organize um encontro em que as duas partes façam uma atividade prática juntas, em cujo desenvolvimento ambas não precisem exatamente conversar, mas realizar algo em conjunto, percebendo a humanidade em cada uma (por exemplo, praticar um jogo, fazer um lanche, assistir e comentar algo ou até construir algo).

CONFUCIONISMO CONTEMPORÂNEO: CRISE POLÍTICA E IDENTIDADE CULTURAL

Neste capítulo, nosso propósito é abordar a situação do confucionismo na contemporaneidade (séculos XIX, XX e XXI EC), com o recorte das relações entre ele e a cultura chinesa. Após mais de dois milênios como o principal modelo político do estado chinês e, por consequência, a maior referência cultural para a população chinesa, o confucionismo começou a perder o poder que teve por tanto tempo. Foi também nesse momento, há cerca de 150 anos, que a China viveu o que seu povo chamou de *século da humilhação*. Por consequência, depois de intensas mudanças na sociedade chinesa, Confúcio e sua tradição foram novamente rejeitados em seu país de origem. Apenas na virada do século XX para o XXI é que confucionismo ressurgiu como modelo político, ainda nascente e restrito a certos contextos asiáticos. Contudo, a tradição confuciana se tornou uma marca da identidade para o seu povo, que, mesmo emigrando, levou consigo práticas e cosmovisões confucianas para outros lugares do mundo.

5.1 A queda de Confúcio como reflexo do século da humilhação

Explicaremos nesta seção como as transformações que a sociedade chinesa vivenciou na passagem do século XIX para o XX abalaram o confucionismo. Após o fim da dinastia Qing (1644 EC-1911 EC), a China viveu um dos tempos mais sombrios de sua história, tanto que os chineses o denominam *século da humilhação* (Pinheiro-Machado, 2013, p. 103). Esse período se estendeu até metade do século XX com a vitória comunista. Nesse momento, a China sofreu perdas e humilhações de vários outros países, sobretudo europeus, o que contribuiu fortemente para uma crise interna desencadeada por períodos de fome e do que confucianos chamariam de "quedas da virtude" dos governantes.

Essa fase crítica teve início com a derrota chinesa nas Guerras do Ópio (1840 EC-1860 EC). Esses conflitos foram instaurados em razão do desejo manifesto por ingleses e outros europeus de vender o ópio produzido na colônia da Índia para os chineses. Depois de severas rejeições do governo chinês perante esse tipo de comércio, os ingleses atacaram a China de uma maneira que surpreendeu os chineses. O império Qing se via como autossuficiente e desprezava as nações europeias, que, a seus olhos, eram pobres, sem cultura, e não tinham nada a oferecer. Contudo, tal posição política foi tão arrogante quanto ingênua, pois desconhecia o recente crescimento das nações europeias e do império japonês, com destaque para a marinha inglesa do século XIX EC.

O povo chinês pagou caro por isso: o consumo de ópio e o vício por essa substância se alastraram por boa parte da China, tendo domínio colonial de europeus, sobretudo de ingleses, em parte da costa sul chinesa. Isso prejudicou o comércio internacional marítimo chinês que fluía entre a Ásia e a África desde a dinastia Ming, o chamado "sistema de Cantão" (Pinheiro-Machado, 2013, p. 99).

Além disso, entre os chineses pairava um sentimento de humilhação diante de tantas imposições estrangeiras. Esse momento histórico marcou fortemente a cultura chinesa, que começou a questionar a própria visão de mundo. De um lado, começavam a tomar forma movimentos sociais que buscavam rejeitar o confucionismo em prol de valores considerados modernos. De outro lado, confucianos se articulavam para adaptar a própria tradição aos novos desafios.

Intensificou-se o interesse dos intelectuais por ideias de origem europeia. Um exemplo que afetou bastante os confucianos que trabalhavam na burocracia estatal do Império Qing era a noção de parlamentarismo. A integração entre ordem social e ordem cosmológica que existia desde a dinastia Han (conforme expusemos na Seção 4.1) vinha sendo continuamente abalada ao longo dos séculos, o que piorou com a decadência moral do governo no século XIX. Nesse contexto, fortalecia-se o pensamento de que o monarca não poderia governar apenas com a tomada individual de decisões, de forma autoritária. Também passou a ser interpretada como uma solução mais democrática a ideia de conceder maior poder para "representantes" (parlamentares eleitos ou eruditos confucianos concursados, nesse caso) do povo e para o próprio povo.

A relação entre leis e confucionismo voltou ao centro da discussão política e filosófica, mas agora com um legalismo de base estrangeira. A questão colocada era: Para fazer um bom governo, bastaria o cultivo das virtudes morais ou seriam necessárias leis de abrangência mais geral para regular a sociedade? A resposta confuciana sempre pendia para o cultivo das virtudes do governante e do povo, mas cada vez mais as leis se faziam necessárias (como o mestre Xun havia apregoado há cerca de 2 mil anos). Iniciou-se, então, um movimento para buscar nas fontes tradicionais confucianas meios para se adaptar aos desafios impostos pelo encontro cultural com nações europeias.

Um dos intelectuais confucianos concursados, *Kāng Yǒuwéi* 康有为 (1858 EC-1927 EC), é um dos principais exemplos da busca do confucionismo por adaptações exigidas na virada do século XIX para o XX. Para ele, era importante mostrar que era possível, sim, manter a tradição confuciana de governo e sociedade, tarefa para a qual propôs uma série de reformas. Após anos insistindo, Kang finalmente foi ouvido. Contudo, impôs-se a seus esforços um grande obstáculo relacionado às várias derrotas chinesas perante invasões japonesas e alemãs na década de 1890, quando ocorreu o que foi chamado de *cem dias*. Nesses cem dias, foram implementadas reformas de modernização da China pautadas por um tradicionalismo revivalista tipicamente confuciano. Isso, na prática, significou um curto período de "monarquia constitucional" na China em 1898 EC, que seguiu o modelo japonês da era Meiji (1868 EC-1912 EC).

Contudo, entre as muitas críticas intelectuais e revoltas populares que surgiram, uma delas atrapalhou bastante as reformas idealizadas por Kang. Trata-se da "rebelião dos boxers", empreendida por um grupo que se denominava *Sociedade da Retidão e da Harmonia* (*Yì Hé Tuán* 义和团). Esses rebeldes pregavam uma retomada da força do povo Man e dos chineses Han por meio de um treinamento marcial contra os estrangeiros, incluindo os missionários cristãos, que estariam colaborando com o colonialismo europeu. O que parecia ser uma reação local contundente diante das pressões internacionais fez, ao contrário, o colonialismo europeu e japonês ficar mais forte, já que eles se uniram para acabar com o que ficou conhecido como *a rebelião dos boxers*, entre 1900 e 1901 EC. Isso, mais uma vez, significou uma humilhação pública para o povo chinês e acabou com o processo de reformas, culminando com a morte de reformadores ou expulsão destes do Império, que temia perder o controle da China.

O legado de Kang continuou, apesar dos sérios problemas sociais, com uma pequena rede de alunos e aliados que aprofundaram suas ideias ao longo dos anos. Kang e seus colegas começaram a pensar em novas questões com base nos fundamentos confucianos, como a questão da universalidade das leis. Lembramos que essa era uma discussão já presente nos debates com legalistas desde a Antiguidade, mas que, dali em diante, tinha novas referências: das modernas políticas constitucionais e democráticas europeias e do cristianismo.

Partindo da clássica discussão sobre o Céu (Tian) e a natureza humana (Xing) que expusemos no Capítulo 3, ele propôs a universalidade dos direitos para todo ser humano. De acordo com Kang, todo ser humano "nasceu do Céu. Por isso não deve ser considerado [somente] cidadão de um país (*guomin*), mas cidadão do Céu (*tianmin*). Sendo todo homem nascido do Céu, não pode estar sujeito senão ao Céu. [Em consequência] todos são autônomos e iguais" (Cheng, 2008, p. 711). Esse texto, registrado originalmente em um comentário dos *Anais de Primavera e Outono*, sugere que, ao mesmo tempo em que revive a tradição (especialmente a linhagem de Dong Zhongshu), ele busca também pensar os novos valores democráticos com o vocabulário de seu novo contexto.

Paralelamente, o grupo de Kang começou também a reagir às missões cristãs atreladas ao colonialismo europeu na China. De um lado, eles rejeitaram explicitamente o cristianismo e o qualificaram como um perigo para a autonomia do Estado e do povo chinês. Por outro lado, assim como ocorreu com o budismo, as abordagens cristãs começaram a alterar a forma de pensar dos confucianos.

Vários termos, estruturas e noções cristãs começaram a servir de referência para os escritos dos confucianos reformistas do final do período Qing. Mais do que em outros momentos, Confúcio foi tratado pelos eruditos reformadores como um "santo" que, mesmo tendo sido essencialmente um reformador político-cultural, também era considerado modelo de realização espiritual. De alguma maneira, isso refletia a necessidade que os cristãos tinham de ver o confucionismo com lentes cristãs, procurando *um* fundador explícito das tradições chinesas que fosse justificado como um *salvador*. Inspirados numa ideia de um futuro de "Grande Paz" (ideia antiga, que foi utilizada tanto por confucianos quanto por daoistas), Confúcio era visto por esses reformadores como aquele que dera condições para existir ordem social. O mestre era visto como quem deixou um legado que iria proporcionar uma Grande Paz para a China e para todo o mundo.

Contudo, se as reformas de Kang e seus aliados foram aplicadas por algum tempo na China, suas outras ideias foram ofuscadas pelo crescente ambiente de críticas às tradições chinesas. O povo chinês, em grande medida, culpabilizou as próprias tradições pelas humilhações que estava sofrendo. Desde então o confucionismo passou a ser o principal alvo das críticas. Ao longo de décadas de crises sociais e políticas, e mesmo com as tentativas de reformas, o confucionismo perdeu cada vez mais espaço, a ponto de acabarem os concursos públicos de referência confuciana em 1905 EC.

No início do século XX da Era Comum, acentuaram-se a rejeição ao confucionismo e a busca por outras fontes mais modernas e estrangeiras para solucionar a crise da China. Com a transformação do país em uma República moderna em 1912 EC e, meio século depois, com a Revolução Socialista de 1949 EC, que criaria a atual República Popular da China, Confúcio não parecia ter mais espaço na política oficial, e sofria com forte desconfiança da população. Um exemplo é que Kang Youwei chegou a fundar a "Sociedade Religiosa Confuciana" em 1912 EC, tendo tentado duas vezes institucionalizar o confucionismo como religião oficial da nova República, mas perdeu ambas as vezes (Bell, 2013). A seguir, comentaremos alguns marcos desse período para a história do confucionismo.

5.1.1 Características preponderantes para o declínio do confucionismo

Com a crise interna da última dinastia (o império estrangeiro dos Qing) e os desafios impostos por estrangeiros, sobretudo europeus e japoneses, cresceu internamente o interesse por soluções políticas inovadoras e não chinesas. Como resposta a esse contexto, surgiu a primeira República chinesa em 1912 EC, tendo como principal líder *Sūn Yìxiān* 孫逸仙 (Sun Yat-sen, 1866 EC-1925 EC), que teve formação tanto chinesa quanto estadunidense. No que concerne ao tema aqui em foco, apesar de o confucionismo não ser mais, à época, a doutrina oficial, é possível observar elementos confucianos na ideologia e na posterior política oficial republicana.

A doutrina de *Sān Mín Zhǔyì* 三民主义 ("Tridemismo" ou Três Princípios para o Povo: nacionalismo, democracia e subsistência [ou bem-estar social]) foi criada pelo pai da república chinesa, Sun Yat-sen. Uma de suas bases é o confucionismo, ao lado de modernas teorias políticas europeias e norte-americanas. Isso evidencia que, mesmo tendo perdido o lugar central que ocupou nos últimos dois milênios, a tradição confucionista continuou sendo uma referência para a mentalidade chinesa, sendo negada ou servindo de inspiração parcial, como é o caso do republicano Sun.

Mesmo com a formação dessa república, não houve êxito em reorganizar a China. Ao contrário, houve uma série de conflitos e insatisfações, entre os quais destacamos dois casos. O Movimento Quatro de Maio em 1919 EC, parte do Movimento da Nova Cultura, era composto principalmente de jovens que vivenciavam a transição do final da China com educação confuciana para a China republicana, que abraçava valores modernos europeus. Seus membros criticavam as antigas tradições, em especial as confucionistas, e clamavam por modernizações. Em seguida, cada vez mais houve fragmentação geográfica com vários "senhores da guerra" que disputavam o poder, tendo retomado um tempo caótico que a população da China já vivera algumas vezes. Assim, o século da humilhação ainda perdurou até a metade do século XX para os chineses.

> **CURIOSIDADE**
>
> Desde 1945 até o final da década de 1950, o Brasil começou a receber a visita de um padre chinês, frei João Batista Se-Tsien Kao. Motivado a defender o que entendia ser o "lado certo" (os nacionalistas) na disputa entre nacionalistas e comunistas, durante a guerra civil chinesa, aproveitava para divulgar a cultura chinesa em palestras e livros, como a obra *Confucionismo e Tridemismo* (Kao, 1953). Esse livro, mesmo com um forte teor panfletário (Bueno, 2014) e trechos com viés cristão, é uma das primeiras obras sobre o confucionismo escritas por um chinês disponíveis ao público brasileiro, e até hoje é uma das únicas a abordar o Tridemismo – a doutrina política do pai da primeira república chinesa (Sun Yat-sen). Um trecho do prefácio expõe algumas ideias do frei João Batista Se-Tsien Kao (1953, p. i-ii):
>
>> O Confucionismo, considerado como o resumo dos ensinos legados pelos antigos sábios, constitui o verdadeiro espírito e a alma da China, pois formou a vida social e política da Nação desde o princípio até nossos dias. [...] Seria, portanto, impossível compreender a civilização chinesa sem conhecimento da doutrina confucianista e sua grande influência sôbre o país.
>>
>> O Tridemismo, produto dos tempos modernos, cristaliza importantes ideias e grandes aspirações que agitam e movem os povos do mundo nesses dois últimos séculos, ideias como sejam,

> Liberdade, Igualdade, Fraternidade, Emancipação, Patriotismo, Auto--Determinação, Democracia, Justiça Social, Progresso. Entretanto, o autor [Sun Yatsen] deu uma nova interpretação a essas ideias, sob a luz do espírito de moderação tradicional chinês, e adaptou-as às necessidades e condições da China.

As últimas décadas da primeira república chinesa foram marcadas por guerras: duas guerras civis, a primeira entre 1927 e 1937 EC, interrompida pela guerra contra os japoneses (1937 EC-1945 EC), que invadiram parte da China; e a segunda guerra civil (1945 EC-1949 EC). Sobre esses conflitos, na luta contra o imperialismo japonês que invadia a China de forma violenta, dois grupos rivais se uniram para expulsar as tropas japonesas: os republicanos, do Partido Nacionalista da China (*ZhōngGuó GuóMín Dăng* 中國國民黨, GMD), e os marxistas, do Partido Comunista da China (PCC; *ZhōngGuó GòngChăn Dăng* 中国共产党). Depois de vencerem os japoneses invasores, eles voltaram a disputar a hegemonia do país. Os marxistas levaram a melhor e instauraram a República Popular da China em 1949 EC. Por sua vez, os republicanos se refugiaram em outros locais, em especial em Taiwan – uma ilha cujos residentes consideram um país autônomo, mas que a China continental até hoje mantém como uma província de seu país.

Na China continental, depois de ter se estabelecido no poder ao ganhar a guerra, o PCC iniciou um processo de revolução das estruturas sociais antigas que julgavam ser um entrave ao desenvolvimento do socialismo. Obviamente, o confucionismo era uma dessas estruturas. O auge da rejeição à tradição confuciana coincidiu com a Revolução Cultural (1966 EC-1976 EC) liderada por *Máo Zédōng* 毛泽东 (Mao Tsé-Tung). Nesse período, adotou-se oficialmente a campanha de perseguir os "quatro velhos": velhas ideias, velha cultura escrita, velhos hábitos e velhos costumes. Como você provavelmente concluiu, é claro que ideias, escritos, hábitos e costumes relativos ao confucionismo foram institucionalmente perseguidos e rejeitados pelo Estado chinês – algo que não acontecia desde a dinastia Qin, no século III AEC. O governo, o Exército Vermelho e os jovens incentivados pelo líder Mao Zedong passaram a vandalizar e a destruir tudo o que representava a memória da tradição confuciana e da figura de Confúcio. O confucionismo, nesse momento, representava um "atraso" na concepção da sociedade chinesa referenciada pelo marxismo maoísta.

Assim, além dos abalos sofridos ao longo do século da humilhação em si, as consequências desse período tiveram um reflexo negativo no projeto confuciano de sociedade, tendo gerado a "queda de Confúcio". A única ressalva é que isso representou uma propaganda negativa do confucionismo; deve ficar claro que, mesmo negativa, continuava sendo propaganda, o que ajudava a divulgar a tradição para a população chinesa (Vasconcelos, 2017).

Enquanto isso, vários intelectuais haviam se refugiado nas áreas referidas como *Ásia achinesada*, que se encontrava fora do domínio do PCC: Taiwan, Hong Kong (que continuaria sob domínio inglês até 1997 EC), Macau (que ficaria sob domínio português até 1999 EC); o mesmo aconteceu em outros países asiáticos como Japão, Singapura e Malásia, e em países não asiáticos, como os Estados Unidos. Nesses locais, a tradição confuciana permaneceu não apenas com alguns eruditos que continuaram o legado filosófico dos confucionistas, mas também com a manutenção de costumes populares ligados direta ou indiretamente ao confucionismo. Detalharemos esses dois casos na sequência.

5.2 Confucionismo político nos séculos XX e XXI

Nesta seção, comentaremos suscintamente as propostas mais recentes de aplicações políticas do confucionismo ao longo do século XX e XXI da Era Comum. Para isso, primeiro contextualizaremos brevemente a situação da tradição confuciana contemporânea. Em seguida, sublinharemos os aspectos mais relevantes do confucionismo político nas últimas décadas.

Os confucionistas foram em larga medida culpados pelo final desastroso da dinastia Qing diante das humilhações estrangeiras, tendo sido tratados como defensores de uma causa perdida para os tempos modernos. Depois chegaram a ser perseguidos pelo governo comunista de Mao Zedong como símbolo do "atraso", do "feudalismo" (numa perspectiva marxista) e do conservadorismo. Assim, os eruditos confucianos se refugiaram em diversas regiões do leste asiático ou da Ásia achinesada (ver Mapa 5.1).

Principalmente Taiwan, Hong Kong e Estados Unidos (sobretudo no Havaí) receberam um contingente significativo desses intelectuais – que não eram muitos, mas que chamavam atenção. Também em diversos países dessa grande região se fizeram notar as influências confucianas: China, Coreia do Sul, Japão, Singapura, Malásia, Taiwan, Vietnã, e um pouco também no sudeste asiático (especialmente na monarquia budista da Tailândia). Como exposto no Capítulo 4, esses países têm a China e o confucionismo como uma de suas principais referências há cerca de mil anos.

MAPA 5.1 – Divisão política atual do leste asiático ou da Ásia achinesada, macrorregião de referência fortemente confuciana

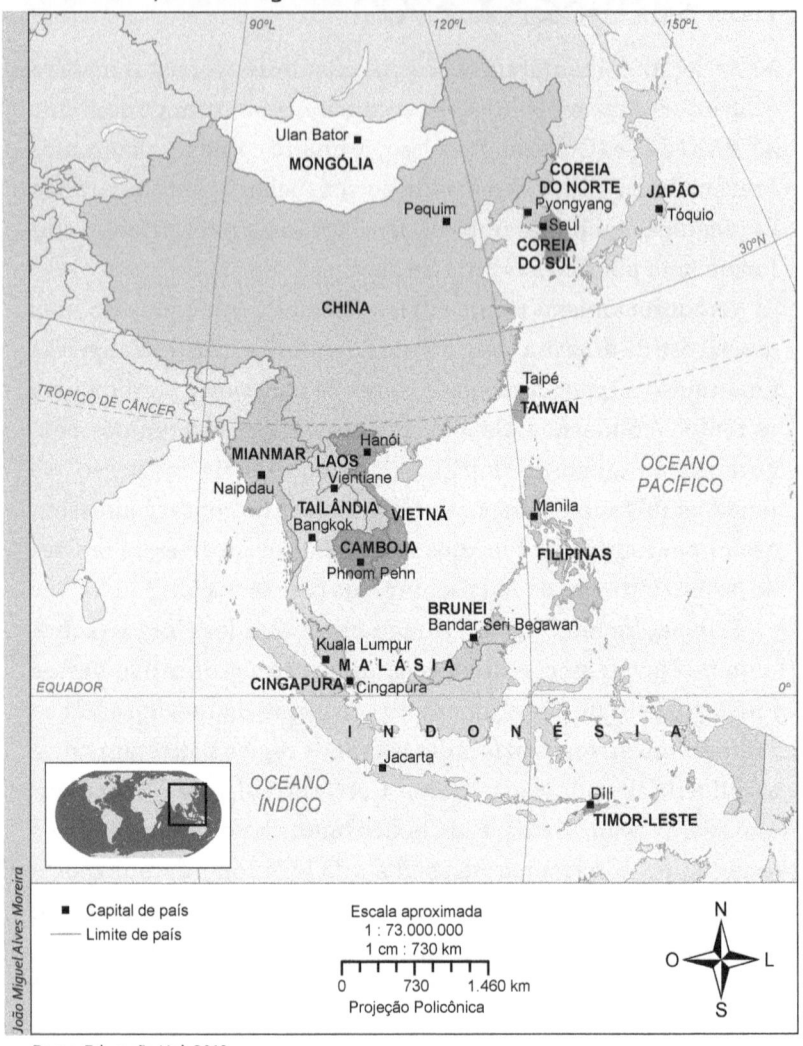

Fonte: Educação Uol, 2013.

Há um conjunto de pensadores que se alinhavam ao pensamento confuciano mesmo em tempos de crise e desdém diante de sua tradição. Eles eram, em geral, formados principalmente por quatro referências: (1) eram continuadores do legado neoconfuciano que imperou oficialmente nos últimos séculos do período imperial; (2) foram amplamente influenciados pelas autocríticas confucianas dos reformistas liderados pelo erudito Kang do final da era Qing; (3) utilizavam-se de conceitos daoistas e budistas chineses ou mesmo de críticas contra essas tradições; e (4) receberam com alguma profundidade as novidades advindas da Europa, da América do Norte e do Japão, como a moderna ciência, a política democrática e até a filosofia europeia – alguns, inclusive, estudaram nesses locais (Cheng, 2008; Vasconcelos, 2017; Van Norden, 2018).

Uma primeira onda de renovadores do confucionismo no mundo moderno foi impulsionada por dois pensadores que viveram a transição da era imperial para a China moderna.

Xióng Shílì 熊十力 (1885 EC-1968 EC), inicialmente, ajudou os revolucionários republicanos a derrotar a dinastia Qing e, ao longo da vida, foi um estudioso acadêmico da filosofia da mente budista e do *Clássico das Mutações*. Ele acreditava que o Caminho confuciano era o melhor meio de salvar a China das imposições culturais estrangeiras que estava sofrendo, algo que influenciaria toda uma geração depois dele. Ele morreu durante a Revolução Cultural do final do século XX.

Féng Yǒulán 冯友兰 (1895 EC-1990 EC) é conhecido por sua obra *História da Filosofia Chinesa* (*A History of Chinese Philosophy*) de 1934, que contou com várias traduções e reedições. Essa obra impulsionou de uma maneira mais indireta o confucionismo, uma vez que tomou a tradição como um objeto de estudo válido e instigante (assim como outras correntes da história filosófica chinesa), inscrevendo uma nova forma de valorização do pensamento chinês. Ao mesmo tempo, ainda que tenha sido influenciado por pensadores estrangeiros como John Dewey e tido formação nos Estados Unidos, ele também escreveu obras do ponto de vista confuciano, mais especificamente de tendência neoconfuciana, como seu livro *Novo Estudo do Princípio* (*Xīn Lǐxué* 新理学, traduzido em inglês como *New Rational Philosophy*) de 1939 EC.

Discípulos de Xiong Shili – *Zhāng Jiāsēn* 张嘉森 (1886 EC-1969 EC), *Xú Fùguān* 徐复观 (1902 EC-1982 EC), *Táng Jūn'yì* 唐君毅 (1909 EC-1978 EC) e *Móu Zōngsān* 牟宗三 (1909 EC-1995 EC) – se tornaram uma nova geração de defensores do confucionismo durante o ponto mais crítico da queda de Confúcio. Em 1958 EC, eles publicaram a *Declaração sobre a cultura chinesa respeitosamente anunciada ao povo do mundo* (*Wéi Zhōngguówénhuà Jìnggào Shìjièrénshì Xuānyán* 为中国文化敬告世界人士宣言), também chamada de *Manifesto para uma reavaliação da sinologia e reconstrução da cultura chinesa*. Nessa obra, esses confucianos modernos[1] (Taylor; Choy, 2005b), que propunham um novo confucionismo (*Xīn Rújiā* 新儒家), criticaram tanto o Movimento da Nova Cultura quanto o marxismo chinês.

Para eles, os movimentos pró-modernização da China "jogaram fora o bebê junto com a água do banho", como diz a expressão popular, uma vez que rejeitaram a tradição confuciana que foi central na história chinesa e que lhes deu condições de chegar até os dias atuais como uma civilização. Como defensores do neoconfucionismo do Estudo do Caminho, especialmente pela leitura internalizada de seu professor Xiong Shili, eles propuseram um autocultivo espiritual confuciano, a que chamavam de *doutrina da mente e do caráter natural* (*Xin-Xing* 心性).

---

1 Muitas vezes os confucianos do século XX da Era Comum que buscaram harmonizar o confucionismo com a modernidade são chamados de *novos confucianos* ou *participantes do novo confucionismo*. No entanto, é preciso cuidado para não confundir esse fenômeno com o que ficou conhecido como *neoconfucionismo do Estudo do Caminho*, que existiu durante a era imperial tardia.

Ao mesmo tempo, os novos confucianos do século XX argumentavam que "a democracia, a ciência e a tecnologia não só são compatíveis com o confucionismo, como também permitirão uma expressão mais completa de suas doutrinas" (Van Norden, 2018, p. 263). Seguindo outro pensamento de Xiong, eles entendiam que a cultura chinesa deveria se afirmar diante da avalanche de influências culturais estranhas a sua sociedade – entendendo o confucionismo como símbolo da identidade chinesa (Makeham, 2003). Como você pode notar, tratava-se da busca pelo lugar do confucionismo na nova ordem mundial.

Em síntese, mostrar a compatibilidade de sua tradição com os elementos do mundo moderno significava dar novo fôlego ao confucionismo e até mesmo possibilitar a sobrevivência e a utilidade pública dele. Esse é um aspecto mais filosófico e social de debate com a modernidade – algo que diversas tradições do mundo fizeram em resposta ao colonialismo europeu, como o islamismo ou as tradições da Índia. Trata-se do esforço de vários povos periféricos no sistema econômico mundial para demonstrar que outras culturas não europeias também pensam, e pensam bem, como é o caso desses chineses partidários do reavivamento de suas antigas tradições.

Como uma leitura atenta permite notar, esses pensadores do confucionismo moderno faleceram ainda no século XX. No entanto, eles lograram êxito ao manter acesa a chama da tradição intelectual do confucionismo. Legaram também alguns discípulos ou alunos, dentre os quais citamos Tu Weiming (*Dù Wéimíng* 杜维明), nascido em 1940 EC na China continental e criado em Taiwan, onde estudou com os confucianos modernos, como Mou, Tang e Xu. Depois de estudar nos Estados Unidos, ele voltou à China e atualmente é professor na Universidade de Pequim, onde ensina filosofia confuciana.

Outro personagem histórico que tem colaborado para manter vivo o confucionismo é *Fāng Kèlì* 方克立 (1938 EC-), historiador e filósofo na China continental. Membro do PCC, estimulou o retorno, após a Revolução Cultural, do estudo da filosofia e da história das ideias nativas chinesas, incluindo o pensamento confuciano. Sua estratégia teve sucesso em chamar atenção ao confucionismo, inspirar orgulho cultural na China e não mostrar perigo ao Estado nem ao PCC – evitando muitos possíveis problemas com o governo chinês. Sua posição, contudo, é menos de defesa do confucionismo como doutrina oficial e mais de estímulo ao estudo das tradições chinesas, incluindo o confucionismo – tal como fez Feng Youlan.

Foi *Jiăng Qìng* 蒋庆 (1953 EC-) quem fez a defesa mais explícita de Confúcio e de sua tradição na virada do século XX para o XXI. Nascido na China continental e criado durante a Revolução Cultural, Jiang abraçou a causa marxista-maoísta da China comunista, tendo sido também um estudioso da obra de Karl Marx. No entanto, ele foi se desencantando com o marxismo, especialmente pelo que julgou serem contradições do sistema – tendo em mente, sobretudo, o massacre da Praça da Paz Celestial em 1989 EC. Chegou a se interessar por autores europeus que construíram a atual visão de democracia e liberalismo, como John Locke e Jean-Jacques Rousseau, tendo, até mesmo, tentado ser cristão. Todavia, concluiu que o que via como um colapso moral da China continental era causado justamente pela forte adoção de tradições estrangeiras e pela rejeição das tradições nativas (Bell, 2013).

Por influência da avó, ainda no final do século XX, Jiang se dedicou ao estudo dos clássicos confucianos e analisou textos do novo confuciano Tang Jun'yi, que lhe abriu os olhos para a existência dos novos confucianos. Jiang era defensor do movimento do novo confucionismo em sua busca por adaptar a tradição à modernidade, tendo sido, no entanto, crítico de seus adeptos.

Para Jiang, os novos confucianos do século XX falharam em convencer a opinião pública sobre a serventia do confucionismo pelo fato de eles terem utilizado demais as referências estrangeiras. Assim, as bases propriamente chinesas e confucianas foram deixadas de lado, não tendo havido diferencial algum que destacasse o novo confucionismo.

Já no século XXI, Jiang fundou uma academia confuciana, a *Yángmíng Jīngshě* 阳明精舍 (Morada Pura de Yangming). O nome homenageava o confuciano Wang Yangming (1472 EC-1529 EC) da dinastia Ming, que, com engajamento político, conseguiu abrir diversas academias confucianas. Como sucedeu desde a Antiguidade, ele seguiu a tendência começada por Confúcio de, não sendo possível aplicar o Caminho em governos, buscar ensiná-lo, com igual importância e valor, de maneira formal. Essa foi uma entre as várias iniciativas de abrir instituições educacionais confucianas nas últimas décadas, conforme relata Schuman (2016).

Em aspectos ideológicos, Jiang se situa na leitura politizada de Confúcio pelos autores Xun, Dong Zhongshu, Wang Yangming e Kang Youwei, tendo sido influenciado pelo encontro com o confuciano-budista *Liáng Shùmíng* 梁漱溟 (1893 EC-1988 EC), que resistiu com as ideias neoconfucianas durante toda a vida na China comunista. Jiang, então, propôs um confucionismo político como alternativa para a crise moral da China que se arrastava desde o século da humilhação. Portanto, ele enfatizava o aspecto governamental dessa tradição, em oposição à tendência dos novos confucianos anteriores ao século XX de enfatizar o autocultivo espiritual e moral confuciano (ainda que Jiang não excluísse esse aspecto internalizado).

Para mostrar a utilidade pública de sua tradição seria preciso formular um confucionismo constitucional. Obviamente, essa vertente absorvia a necessidade moderna de uma governabilidade pautada por uma Constituição justa e democrática. No entanto, estava longe de ser apenas uma versão chinesa de democracia eleitoral multipartidária. Jiang vê a meritocracia confuciana (no sentido de valorização dos capazes e virtuosos, e rejeição de oportunistas e de corruptos) como centro de uma sociedade harmônica que é eficiente em dar bem-estar à população.

Uma proposta inovadora para que isso se efetivasse foi o modelo legislativo das três câmaras. Como você deve ter notado, trata-se de uma inspiração direta dos "três poderes" derivados do *Clássico das Mutações* (Céu, Terra e Humanidade), integrados com a visão política desde o mestre Xun. "O modelo tricameral corresponderia a três 'casas': a Casa dos [Ru] Confucianos Aprofundados, a Casa da [Nação ou da] Continuidade Nacional e, a Casa [...] do Povo" (Vasconcelos, 2017, p. 164). Conforme o sinólogo e especialista em novo confucionismo Daniel Bell (2013) explica, Jiang detalhou sua proposta de instituição tricameral:

> Os membros da Casa do Povo [conforme Jiang] "são escolhidos de acordo com as normas e os processos dos parlamentos democráticos ocidentais", incluindo o sufrágio universal e a eleição de constituintes funcionais. O líder da Casa dos Ru é um grande estudioso proposto pelos eruditos confucionistas. Os candidatos a membros são nomeados pelos eruditos e, em seguida, são examinados com base nos conhecimentos dos clássicos confucionistas e avaliados após um período experimental de administração em níveis mais baixos do governo, semelhante aos sistemas de exame e recomendação usados na China em seu passado. O líder da Casa da Nação deveria ser um descendente direto de Confúcio, que selecionaria "dentre os descendentes de grandes sábios do passado, descendentes de governantes, descendentes de pessoas famosas, patriotas, professores universitários da história da China, altos funcionários aposentados, juízes e diplomatas, pessoas dignas da sociedade e representantes do daoismo, do

budismo, do islamismo, do budismo tibetano e do cristianismo. (Bell, 2013, p. 7, tradução nossa)

Fica evidente que a proposta de Jiang é tão original, do ponto de vista confuciano, quanto polêmica, do ponto de vista democrático moderno. Sua visão aceita a ideia de eleição por votos, mas tem como centro os meios tradicionais confucianos de escolha de pessoas virtuosas e capazes mediante concursos ou indicações para atuação nos contextos em que elas serão mais bem aproveitadas. Se, por um lado, isso pode soar antidemocrático, por outro, mostra uma perspectiva mais pluralística de escolha de representantes do que a exclusividade de eleições por votos que a maioria das democracias atuais faz – é o que pensam os defensores dessa proposta, como Daniel Bell (consulte a subseção Indicações culturais). É interessante ler as palavras críticas do próprio Jiang sobre a democracia eleitoral:

> As decisões políticas se resumem aos anseios e interesses do eleitorado. Isso leva a dois problemas. Em primeiro lugar, a vontade da maioria pode não ser ética: pode favorecer o racismo, o imperialismo ou o fascismo. Em segundo lugar, quando há um conflito entre interesses de curto prazo do povo e os interesses de longo prazo da espécie humana, como se dá no caso do aquecimento global, os interesses de curto prazo do povo se tornam a prioridade política. (Schuman, 2016, p. 318)[2]

Ainda que compartilhe a visão crítica sobre a democracia moderna de origem europeia, a perspectiva de Jiang difere do ponto de vista de outros novos confucionistas por ser mais política e menos focada em questões filosóficas, espirituais e morais de inspiração neoconfuciana. Também difere do entendimento dos autores que defenderam o estudo do confucionismo e dos legados chineses para levantar a moral de sua cultura, mas que não

---

2 Trechos parecidos podem ser lidos em: Bell (2013, p. 6) e Jiang (2013, p. 34).

defendiam explicitamente o Caminho de Confúcio como política de Estado (como primeiro fez Feng Youlan e, mais tarde, Fang Keli). Assim, conforme Vasconcelos (2017, p. 165), isso revela "variações consideráveis entre os que se portam como defensores de Confúcio na China, e atenta para a diversidade e não consenso entre as proposições".

Nesse sentido, é preciso atentar para a pluralidade do confucionismo mesmo em nossa época, ainda que ele continue funcionando como um sistema cultural com bases comuns. Justamente com o intuito de juntar forças, o novo confuciano *Kāng Xiǎoguāng* 康晓光 (1963 EC-) fundou a Sociedade Sagrada de Confúcio (*Kǒng Shèng Huì* 孔圣会) em 2015. Mesmo tendo tendência mais menciana, ele se uniu a Jiang Qing, que se tornou o presidente dessa associação, a qual ainda conta com confucianos de todo o mundo, entre eles muitos professores universitários.

Também Kang Xiaoguang é docente em Pequim na Universidade do Povo. Kang foi instruído em diversos cursos de tendência mais técnica – matemática aplicada, agronomia e ecologia – além de ter desenvolvido seu estudo confuciano autodidata. Sua formação aponta algo sobre o confucionismo que ainda não sublinhamos: mais do que filósofos, os confucianos também buscavam aprendizados (Xue) que os ajudassem a ser bons servidores públicos, o que implicava, muitas vezes, conhecimentos técnicos como engenharia e agronomia. Basta lembrar que, conforme relatamos no Capítulo 1, uma das fontes de inspiração da Escola dos Eruditos é o imperador Yu, que liderou a obra hidráulica que salvou seu povo das inundações e destruição das colheitas, ainda na Antiguidade (Vasconcelos, 2017; Ownby, 2009).

Voltando às propostas de Kang Xiaoguang, sua ideia de associação ajudou a reunir confucianos em toda a China, na Ásia achinesada e em todo o mundo, tanto para o estudo do confucionismo quanto para a prática confuciana, em seu aspecto político ou moral/espiritual. Ele também voltou a propor que o confucionismo assumisse a posição de uma "religião civil" ou religião oficial do Estado chinês, tal como Kang Youwei intentou no início do século XX. Na percepção de Kang Xiaoguang, assim como do antecessor Kang Youwei, o confucionismo é o principal fundamento que dá unidade ao povo chinês, por meio de sua visão de mundo e de seus ritos sociais (Li).

Essa ideia de religião oficial é especialmente interessante para entender a relação entre o confucionismo e as religiões. Por um lado, essa tradição às vezes se manifesta de modo religioso e chega a competir com outras expressões religiosas – o que dá a entender que o confucionismo por vezes se vê como uma religião. Por outro lado, em grande parte do tempo em que o confucionismo esteve no poder como doutrina política oficial de Estado, diversas religiões coexistiram de maneira relativamente livre e plural na China e em outros países confucianos (como Coreia, Japão e a atual Singapura). Isso evidencia que afirmar ou negar que o confucionismo é uma "religião" não é uma tarefa simples. Discorreremos sobre esse assunto no próximo capítulo deste livro.

Voltando a Kang Xiaoguang: assim como outros novos confucianos, ele é reticente diante das influências culturais estrangeiras na China, embora reconheça o benefício de alguns elementos, como a ciência e a tecnologia. Ele vê, então, a necessidade de maior equilíbrio entre a utilização de recursos externos à cultura chinesa e o uso do legado tradicional, em especial o mediado pelo confucionismo, seja como doutrina política, seja como religião de Estado. Assim, ele chamou a atenção de líderes da China atual pela visão pragmática que o confucionismo pode ter (Ownby, 2009). Conforme Vasconcelos (2017, p. 166):

> Em suas falas, ele opõe ao processo de "ocidentalização" da China uma "confucianização", ao mesmo tempo em que rejeita a

democracia liberal ocidental, argumentando com base nos textos clássicos confucianos e utilizando um discurso que lentamente foi ganhando legitimidade frente o PCC. O conceito de Hexie Shehui [*Héxié shèhuì* 和谐社会], "Sociedade Harmoniosa", por exemplo, teve grande utilização nos pronunciamentos oficiais do presidente Hu Jintao [que governou entre 2003 e 2012]. A proposição de Kang se encaixa com a fala de Hu "Promover a cultura chinesa e construir a base espiritual comum da nação chinesa".

Esse impacto do novo confucionismo na política oficial da China comunista conduz a outra questão: a influência confuciana na política da Ásia achinesada. Começando por um marco da própria China nos anos 1990 EC, após as reformas de Deng Xiaoping que, na década anterior, suavizaram as tensões da era da liderança de Mao Zedong (1949 EC-1976 EC). Em 1993 EC, durante a Conferência Mundial das Nações Unidas (ONU), o chefe da delegação chinesa, "Liu Huaqio, declarou que diferentes países possuem diferentes noções sobre direitos humanos e que nenhuma nação pode impor sua própria visão para as outras" (Pinheiro-Machado, 2013, p. 145).

Essa reação era uma resposta às acusações dos Estados Unidos quanto ao que entendiam ser crimes contra os direitos humanos na China. Em sua defesa, Liu Huaqio afirmou que a República Popular da China tem "a sua concepção própria sobre direitos humanos, qual seja, 'socialista com características chinesas', que atende às singularidades do contexto atual da nação e se baseia em antigas concepções confucionistas de harmonia e humanidade" (Pinheiro-Machado, 2013, p. 145). Dessa forma, mesmo a China continental tendo seguido oficialmente o marxismo maoista, aos poucos podemos já observar a presença confuciana, ainda que de modo difuso e diluído – o que, aliás, mostra como o confucionismo se enraizou profundamente na cultura chinesa, a ponto de continuar existindo ainda que a doutrina política fosse outra. Isso, claro, também recebe críticas e é visto com desconfiança dentro de seu país.

No capítulo anterior, mencionamos o fato de o reino da Coreia ter sido por quase um milênio o local em que o confucionismo mais amplamente foi aplicado sem grandes concorrências. Também o Japão absorveu historicamente diversos elementos confucianos em sua cultura. Até hoje essas sociedades que tiveram um grande fluxo de trocas interculturais com a China mostram fortes marcas confucianas. Essas marcas aparecem na estrutura familiar, no culto aos ancestrais, numa forte hierarquia social que delimita os superiores e os inferiores mediante ritos/etiquetas sociais (Li) bem-estabelecidos e, principalmente, a nosso ver, na intensa valorização da educação.

Poderíamos ainda citar vários outros casos da influência confuciana na política atual do leste e do sudeste asiáticos, como em Taiwan, Vietnã, Malasia ou Tailândia. No entanto, elegemos o caso de Singapura como um exemplo mais recente e explícito. Schuman (2016) relata que pai e filho singapurianos da família Lee, Lee Kuan Yew (*Lǐ Guāngyào* 李光耀, 1923 EC-2015 EC) e Lee Hsien Loong (*Lǐ Xiǎnlóng* 李显龙, 1952-), usaram de diversas maneiras o confucionismo em seus governos nos séculos XX e XXI respectivamente.

Eles afirmavam fazer um "governo dos homens honrados (*junzi*)" (Schuman, 2016, p. 270), entendiam a família como microcosmo e unidade básica do Estado e investiam fortemente em educação (financeira e politicamente), entre outros aspectos. Contudo, eles adotavam uma das políticas mais punitivas do mundo, incluindo pena de morte, algo que é claramente contra as ideias confucianas de um governo que age pelo exemplo moral e evita o uso demasiado de leis, o que aproxima o pai e o filho Lee dos legalistas. Conforme Confúcio (2012, p. 595) afirma na passagem 20.2 d'*Os Analectos*: "Não [tentar] doutrinar o povo e matar [de modo leviano], é o que se chama brutalidade". Da mesma forma, na passagem 2.3 d'*Os Analectos*:

> "O Mestre disse: 'Caso o povo seja guiado pelo governo e o [seu comportamento] seja uniformizado pelas punições, [ainda é possível que o povo] escape [das punições] e não tenha decoro. Caso o povo seja conduzido pela virtude e disciplinado pelos Ritos, não apenas terá decoro, mas também se tornará Correto'". (Confúcio, 2012, p. 31)[3]

Dessa maneira, o governo de Singapura, mesmo tendo claramente referências confucianas em sua gestão, é frequentemente acusado de usar um discurso pró-confucionista para justificar seu autoritarismo diante de outros partidos. Estes não conseguem espaço desde a independência de Singapura, no século XX, num contexto em que apenas o partido ligado aos Lee tem estado no poder, o Partido da Ação Popular. Para seus críticos, a adoção da visão de Confúcio é no máximo parcial, e muito menor do que se afirma. De fato, o Lee filho é formado em Administração Pública em Harvard e apresenta um modo de governar muito mais pautado pela administração política moderna. Isso mostra, por outra perspectiva, a compatibilidade entre o confucionismo e as modernas políticas de Estado.

Esse renascimento do interesse político pelo confucionismo faz parte de uma onda cultural do leste asiático que, aos poucos, revaloriza essa tradição – disputando com uma tendência ainda forte de crítica a Confúcio e seu legado. Essa onda cultural de valorização pode ser vista também por expressões popularizadas que chamam a atenção novamente ao antigo sábio. Dois casos ilustram

---

3   Outra tradução, feita pelo sinólogo D. C. Lau, pode complementar o entendimento da passagem: "O Mestre disse: 'Guie-o por meio de editos, mantenha-o na linha com punições e o povo se manterá longe de problemas, mas não será capaz de sentir vergonha. Guie-o pela virtude, mantenha-o na linha com os ritos, e o povo, além de ser capaz de sentir vergonha, reformará a si mesmo".

isso. Primeiro, o já citado filme *Confúcio: A Batalha pelo Império*, dirigido por Hu Mei (2010), que marca a busca chinesa por suas raízes civilizacionais num momento de prosperidade econômica da China (Bueno, 2016). O segundo exemplo remete à importância das mulheres nesse revivalismo cultural confuciano. A escritora e comunicadora chinesa *Yú Dān* 于丹, mestra em Literatura Chinesa e doutora em Cinema, publicou a obra pró-Confúcio mais popular no mundo atual, o livro *Confúcio com amor*, como foi traduzido ao português em 2009 (Yu, 2009). Fruto de leituras e interpretações livres sobre *Os Analectos* num programa de televisão público e estatal chinês em 2006, o livro foi patrocinado com verba do governo e alcançou milhões de vendas (Sun, 2013).

Como é notável, o movimento de revivamento confuciano no leste e no sudeste asiáticos das últimas décadas "inclui grande diversidade de formas de ativismo, expressões religiosas, práticas pedagógicas alternativas e mesmo a ação [política] do Estado" (Vasconcelos, 2017, p. 153). A diversidade de expressões confucianas é algo que merece atenção. Por mais que a proposta de organização política preponere nessa grande tradição, o confucionismo é um sistema cultural complexo de origem chinesa e não deve ser visto em apenas um de seus aspectos.

Na próxima seção, demonstraremos que também a população chinesa distante da política dos governos pratica o confucionismo de diversas maneiras.

5.3 Confucionismo como marca identitária da "chinesidade" na diáspora chinesa

Um dos melhores artigos sobre confucionismo praticado pela população chinesa de que temos conhecimento é "A ética confucionista e o espírito do capitalismo: narrativas sobre moral, harmonia e poupança na condenação do consumo conspícuo entre chineses ultramar". Fruto de uma pesquisa de mais de uma década que conquistou prêmios e reconhecimento internacional, a antropóloga e socióloga Rosana Pinheiro-Machado (2007) explicita como essa tradição se faz presente na vida cotidiana. Tendo como foco os imigrantes chineses que realizavam atividades comerciais na fronteira entre Brasil e Paraguai, ela formulou um debate que remete a um clássico da sociologia de Max Weber: *A ética protestante e o espírito do capitalismo*.

Há mais de cem anos, ao elaborar sua teoria sobre a razão pela qual o capitalismo nasceu na Europa de predominância cristã protestante, e não em outros contextos, Weber defendeu que os valores culturais tradicionais eram determinantes para o comportamento social das pessoas. Assim, o capitalismo poderia existir ou não, a depender principalmente da visão de mundo e das práticas atreladas a essa visão. Para ele, o confucionismo não seria compatível com o capitalismo – um tipo de ideia que tanto interna quanto externamente à China foi enfaticamente reproduzida durante o século XX da Era Comum. Tendo em vista essa discussão, Pinheiro-Machado (2007, p. 160-161) fez o seguinte relato etnográfico relacionando-o com o debate sociológico weberiano:

> no rastro dos apontamentos de Weber (2004), a devoção ao trabalho, por seu turno, enquanto prática norteadora de vida e sinônimo de virtude espiritual, em muitos aspectos se assemelha à ética confucionista, pois pressupõe uma conduta de vida submetida ao autocontrole, à privação de prazeres mundanos e à imposição de uma jornada de trabalho árdua.
> Durante minha etnografia em Ciudad del Este, na qual estava disposta a "entrar na vida cotidiana dos imigrantes", por inúmeras vezes fui tomada por uma enorme frustração por não conseguir imergir na vida social para além das lojas. Por quase um ano fiz

inúmeras perguntas sobre os temas mais diversos e sempre obtinha o mesmo tipo de resposta. Em suma:
- Por que veio para cá?
- Pra trabalhar.
- O que faz nas horas vagas?
- Durmo, pois estou cansado do trabalho.
- Quando não dorme, o que faz?
- Nada, trabalho.
- Fale sobre tua rotina.
- Acordo cedo, trabalho até tarde chego em casa cansado e vou dormir.

A certa altura, a seguinte interrogação me perseguia: "será que não acontece nada na vida dessas pessoas?" A angústia da falta de um "algo mais" fazia-me concluir que se tratava de um problema metodológico, pois a etnografia estava sendo incapaz de dar um passo além. Conversando com Quing (46 anos) – um dos comerciantes mais bem-sucedidos da cidade, sócio de famoso shopping –, já um tanto sem expectativa, antecipei-me: "Então a vida é só trabalho, né? Trabalho, trabalho, trabalho e juntar dinheiro para educação dos filhos, né?" Sua resposta foi um singelo "sim", mas acompanhado de um indescritível brilho nos olhos: "Sim, é isso aí; você disse tudo agora, isso é como a gente pensa, isso é importante para nós".

Conforme os estudos de Pinheiro-Machado (2007), esse senso de dever e lealdade relacionado à obrigação social de trabalhar, somado à busca por acúmulo de dinheiro (poupança) que tem como principal salvaguarda a própria família, é um valor tradicional chinês que vem do confucionismo. Isso sugere que, mais do que discussões filosóficas e políticas oficiais, ao longo de séculos e milênios, a tradição confuciana se entrelaçou com a cultura chinesa a ponto de ser difícil diferenciá-las. Obviamente, nem todo chinês é confuciano *por escolha*, a questão é que valores e práticas de origem confucionistas ou relacionadas ao confucionismo compõem o substrato ou o arcabouço da "identidade chinesa" ou da "chinesidade".

As aspas que empregamos nesses termos não são usadas em vão. Não queremos dizer que existe *uma* identidade fixa e imutável entre os chineses. Na verdade, é um consenso nas ciências humanas e sociais atuais que não existe nada fixo ou "essencial" às culturas, muito menos qualquer coisa que poderia ser chamada de "pureza cultural". Ao contrário, assume-se hodiernamente que as culturas humanas estão sempre em movimento, são dinâmicas e, principalmente, são plurais, não havendo qualquer padrão "certo" ou "errado". Isso, que pode soar como um relativismo extremo para alguns, é, na verdade, uma conquista de mais de século de estudos que visa combater ingenuidades nos estudos culturais, sendo, então, uma posição bem firme. Mas, se já é sabido que as culturas são mutáveis e plurais, para que as estudar? Para saber **o que** muda, **quando** muda, **de que maneira** muda e quais são os **resultados** das mudanças.

Dessa maneira, para nos referirmos a uma "chinesidade" ou em "identidade cultural chinesa", temos de delimitar um contexto específico, que não se pretende único, universal, nem imutável. Ao longo deste livro, por exemplo, aludimos o fato de o território chinês ter se alterado bastante durante os 4 mil anos de história registrada. Atualmente há várias identidades chinesas, no sentido de que existem diversos elementos culturais com que os bilhões de chineses e seus descendentes se identificam: mais de 50 línguas, muitos estilos de vestimenta, dezenas de religiões, centenas de formas de combate, inúmeras formas de arte etc.

Em meio a essa enorme diversidade cultural, ao longo de cerca de dois milênios, como registramos nas páginas anteriores, o confucionismo esteve sempre presente, fosse no centro da política, fosse difuso na cultura chinesa. Em síntese, desde os autodenominados

"Han" até os diversos povos que hoje fazem parte da China (cantoneses, hakka, hui, naxi, mongóis etc.), a grande maioria convive há séculos com instituições e referenciais confucianos.

Essa fonte cultural que é o confucionismo ultrapassou as fronteiras políticas da China, como expusemos, e se estendeu para partes significativas da Ásia. Já mencionamos eruditos ou reinos fora da China que adotaram essa tradição, mas existiu também outra forma de difusão dos valores e práticas confucianas: a migração. Quando começaram a migrar em grande número para outras regiões, os chineses levaram consigo valores e práticas confucianas: lealdade, filialidade, etiquetas sociais (Li), busca por sabedoria (Sheng), estrutura familiar pautada pelas cinco relações, poupança para tempos caóticos, valorização do equilíbrio e da estabilidade (ou paz), homenagens rituais aos antepassados, devoção a divindades protetoras iniciada na Antiguidade, valorização da comunidade em detrimento dos desejos individuais, e tantos outros. E para onde os chineses levaram todos esses elementos culturais ou parte deles?

> A diáspora chinesa, uma das mais antigas e maiores da humanidade, teve seu início em direção aos países do Sudoeste asiático e depois se espalhou para Europa e "países novos". Ao longo dos séculos tem se caracterizado por diversas ondas migratórias, impulsionada por trocas comerciais, ocupação de tropas chinesas nos países vizinhos, invasões de estrangeiros, convulsões políticas e guerras, crise econômica. As províncias do Sul e Sudeste, por seu turno, concentram os maiores números de emigração, devido a sua localização junto à costa marítima e a uma já instaurada "cultura migratória e comercial". (Pinheiro-Machado, 2007, p. 155)

Conforme já apontamos em outras ocasiões (Costa, 2017), sintetizamos, com base em diversas publicações especializadas, a tipologia originalmente formulada pelo cientista social *Wáng Gēngwǔ* 王赓武 sobre as formas modernas da diáspora chinesa.

Há o tipo mercantil (*huáshāng* 华商), que era formado por mão de obra especializada em trabalhos técnicos (incluindo artesãos e mercadores) e serviços mais pesados (como mineração), sendo mais comuns do sul da China com destino ao sudeste asiático (como as Filipinas) durante as dinastias Ming e Qing.

O segundo tipo é o trabalhador (*huágōng* 华工 ou coolie [*kǔlì* 苦力]) e se refere a emigrantes masculinos a partir do século XIX da Era Comum. Estes últimos chegaram às Américas do Sul e do Norte (sobretudo Estados Unidos, Peru, Brasil e Cuba).

Em ambos os casos citados, eram majoritariamente cantoneses (e outros povos do sul chinês, como os hakka ou os min). Isso pode ter ocorrido em razão do fluxo comercial marítimo do Sistema de Cantão (província de Cantão, *Guǎngdōng* 广东, sul da China), centro de portos chineses para comércios internacionais durante séculos, desde pelo menos a dinastia Ming. Já o terceiro tipo, a que chamamos de *temporário* (*huáqiáo* 华侨, em inglês *Overseas Chinese*), era formado por pessoas que saíram da China motivadas pelas turbulências sociais causadas pelas guerras e pelas instabilidades políticas do final da dinastia Qing e início da República, entre os séculos XIX e XX. Desde então, há uma variedade maior de chineses que emigram de sua terra, e não apenas sulistas.

Por fim, existe o quarto tipo, os descendentes ou remigrantes (*huáyì* 华裔): chineses (e agora incluindo também chinesas, pois, nesse tipo viajam também em família) e seus filhos que, desde a década de 1950, saíram da China, se afastando, sobretudo, do governo comunista. Eram filhos de imigrantes ou tinham filhos fora do país, sendo em geral mais capacitados profissionalmente, incluindo intelectuais confucianos ou diversas famílias que carregavam consigo valores confucionistas em livros e costumes tradicionais que conseguiram manter fora da China.

Nos dois primeiros tipos os migrantes levaram consigo poucos valores culturais – que acabaram não sendo marcantes em razão das diversas limitações (viajaram sem a família, voltaram à China, morreram, não tinham recursos materiais etc.). Já nos últimos tipos, os migrantes difundiram a cultura confuciana para todo o mundo. Num momento, durante o século XIX e XX, em que associações eram um meio eficaz de fortalecer qualquer comunidade e empreendimento, inclusive entre os confucianos (Cheng, 2008), os imigrantes chineses que chegavam a outros países começaram a se organizar. Criaram associações culturais comunitárias, num claro comportamento social de espírito confuciano. Algumas vezes, mantinham também valores confucianos explícitos.

Quem migra dificilmente o faz simplesmente porque deseja mudar de residência – ainda mais numa cultura que busca a estabilidade, inclusive de moradia. Esses migrantes que, na maioria das vezes, viajavam por força das circunstâncias ruins do próprio contexto, ou mesmo para buscar melhorias em sua vida, cultivavam atitudes de vínculo com a cultura de origem. Conforme Pinheiro-Machado (2007, p. 157) comenta com base na literatura especializada, "a imigração chinesa tem se caracterizado por manter um forte vínculo sentimental com a China e uma sensação psicológica de não ter deixado a terra natal, o que propicia uma romantização sobre a mesma".

Ainda para Pinheiro-Machado (2007), o confucionismo funciona como um sistema cultural que fornece valores comunitários e fortalece os vínculos familiares, dando certo "cimento social", a nosso ver, às comunidades chinesas fora da China. O referencial cultural confuciano é frequentemente visto por essas pessoas como símbolo de autenticidade e tradição no que concerne à própria cultura (Chen, 2017), ainda que possa dividir isso com o budismo e o daoismo – entre outras tradições religiosas ou étnicas. Contudo, esse referencial é adaptado e reinterpretado de acordo com cada contexto e com os interesses de tais comunidades.

No capítulo anterior abordamos brevemente a teoria da transplantação, própria da Ciência das Religiões (Costa, 2015b). Conforme essa teoria, há diversas maneiras de uma tradição migrar para outras regiões, uma das quais é a migração de pessoas praticantes dessa tradição, sem que elas necessariamente queiram divulgá-la para o novo contexto. Esse é o caso do confucionismo em sua versão mais popular transplantada por migrantes desde, pelo menos, o século XIX: uma migração involuntária e, em certa medida, inconsciente. Tanto isso é verdadeiro que essa tradição se manteve como uma herança étnica de povos do leste asiático, algo que era visto como própria de suas culturas e não tinha relação com as culturas que os recebiam (como as culturas brasileira, estadunidense ou peruana).

Sobre a perspectiva da teoria da transplantação, relembramos que o contexto de origem da tradição transplantada é cada vez mais valorizado por seus praticantes que estão distantes desse "centro ou fonte cultural". No caso confucionista, acontece um reforço causado por uma circularidade cultural: os chineses migrantes veem o confucionismo como referência de "chinesidade"; então o praticam como forma de cultivo da identificação cultural, o que reforça a ligação entre a tradição confuciana e a idealização dela como símbolo da cultura chinesa. Dessa forma, é fechado e fortalecido o círculo.

O caso sino-cubano, por exemplo, é especialmente instigante para ilustrar o uso popular do confucionismo como forma de reforçar o que a comunidade entende como "identidade chinesa". Frank Scherer (2001) afirma que desde os últimos anos do século XX tem havido uma tentativa tanto do governo quanto dos chineses cubanos de criar uma identidade étnica sino-cubana. Um dos principais motivos para a construção de uma "chinesidade" é o atrativo turístico que isso pode trazer, pois, entre outras coisas, em Havana há um bairro chinês (Barrio Chino, Chinatown). Nesse local são comemorados festivais como o Ano Novo lunar, há atividades de associações comunitárias, além de outras práticas tradicionais.

Essa identidade étnica é construída com bases tidas como tradicionais, como a identificação com valores confucianos – por exemplo, a filialidade e o respeito aos ancestrais. No entanto, para Scherer (2001), trata-se de um confucionismo descontextualizado (uma "tradição inventada", diria o historiador Eric Hobsbawm), que é usado como uma auto orientalização. Logo, eles se distinguem de uma cultura "ocidental", aderindo a valores supostamente "orientais", que são ambos estereótipos culturais que não representam de fato os tais blocos culturais, mas dizem respeito à imagem produzida sobre esses atores sociais.

Nesses valores eleitos para justificar a etnicidade, muitos elementos religiosos podem eventualmente ser incluídos. Os sino-cubanos começaram a cultuar um novo "santo", o Sanfacón, uma representação local de *Guāngōng* 關公 (ou *Guānyǔ* 关羽), um herói guerreiro e estudioso confuciano do final da dinastia Han posterior. Ele foi divinizado da China por ter sido leal com sua família e amigos até mesmo diante de sua injusta morte. Até hoje é protetor dos guerreiros e praticantes de artes marciais, tendo versões como divindade daoista (*Guāndì* 關帝 ou *Guān Shèng Dìjūn* 關聖帝君) e bodisatva budista (*Qiélán Púsà* 伽藍菩薩).

Para Scherer (2001), o Sanfacón seria um "santo" propriamente sino-cubano, uma vez que foi reinterpretado de forma única no país caribenho, como o atributo cristão católico de "santo" indica. Na cultura religiosa popular em Cuba, Sanfacón chegou a ser associado à Santa Bárbara (uma santa católica) e a Shango (orixá da Santeria, religião afro-cubana), demonstrando sua especificidade sino-cubana. Há em Cuba processos culturais em movimento, onde culturas chinesas e cubanas têm se hibridizado de formas inéditas, como o caso do Sanfacón demonstra.

Em pesquisa de Costa (2015a), verificam-se expressões diretas ou indiretas de tradições confucianas em toda a América Latina, em países aonde chegaram grupos de migrantes chineses nos últimos dois séculos. Nesses locais, há desde festivais tradicionais em homenagem aos antepassados, praças e monumentos para Confúcio até locais para consultas divinatórias baseadas no *Clássico das Mutações* (prática que tem elementos confucionistas em conjunto com outras fontes da cultura chinesa, como a daoista). No Brasil, na cidade de São Paulo, bairro Liberdade, o Ano Novo chinês é uma forte atração turística e contém elementos confucianos, ainda que superficiais. Enfim, seja de maneira "inventada" ou "descontextualizada", seja por uma prática tradicional passada através de gerações de maneira culturalmente mais fluída, o confucionismo se tornou a marca identitária da cultura chinesa e dos migrantes.

IMPORTANTE!

O governo da China continental, mesmo sendo oficialmente comunista (marxista-maoista), ao pensar em uma instituição para representar e difundir a cultura chinesa, criou o Instituto Confúcio, que serve principalmente ao ensino da língua chinesa. Criada na primeira década do século XXI, a rede de institutos tem sede central na China, que exerce o controle, e outras sedes em dezenas de países pelo mundo, chegando hoje a cerca de 500 unidades, inclusive no Brasil. Como normalmente é uma instituição educacional que recebe o Instituto Confúcio, em nosso país ele aparece, por exemplo, em diversas universidades públicas, como a Universidade Estadual de São Paulo (Unesp), a Universidade Federal do Rio Grande do Sul (UFRGS) ou a Universidade Federal do Ceará (UFC), e até em universidades privadas como a Pontifícia Universidade Católica do Rio de Janeiro (PUC-Rio) e a paulista Fundação Armando Alvares Penteado (Faap). Como pode ser notado, o governo chinês resolveu posicionar Confúcio como marca de sua identidade cultural internacionalmente, o que é simbólico pelo fato de os Institutos Confúcio serem instituições educacionais. O sábio chinês ficaria orgulhoso, provavelmente.

Síntese

Tópicos do Capítulo 5

Datação (EC)	Escola, país ou personagem	Acontecimento que envolve a tradição confuciana
Dinastia Qing (1644-1911)	Colonialismo de europeus (com destaque para Inglaterra) e do Japão Kang Youwei Sociedade Religiosa Confuciana	▪ Período final da dinastia estrangeira Qing, com crise interna e início das críticas chinesas contra o confucionismo. ▪ Início do "século das humilhações" com a derrota chinesa nas Guerras do Ópio (1840-1860) contra os ingleses, o que ajudou a desvalorizar a tradição confuciana em seu país. ▪ Impactos do colonialismo europeu: tentativas de reformas constitucionalistas confucianas, queda do sistema de exames pelos clássicos (1905), guerras e conflitos internos. ▪ Início da diáspora chinesa, com a migração de povos chineses com valores confucianos para todo o mundo.
República da China (1912–1949)	Sun Yat-sen Feng Youlan Xiong Shili Zhang Jiasen Xu Fuguan Tang Jun'yi Mou Zongsan	▪ Apesar de o confucionismo não ser mais a doutrina oficial, a doutrina moderna do "Tridemismo" do pai da república chinesa, Sūn Yìxiān 孫逸仙 (Sun Yat-sen), tem como uma das bases o confucionismo, que continua a ser praticada de certa medida em Taiwan. ▪ "A queda de Confúcio": o confucionismo é culpado pelos males da China e é visto como incompatível com tudo o que é moderno (capitalismo, democracia, ciência etc.). ▪ A tentativa de tornar o confucionismo "religião de estado" falha duas vezes.

(continua)

(conclusão)

Datação (EC)	Escola, país ou personagem	Acontecimento que envolve a tradição confuciana
República Popular da China (1949-) até o século XXI	Mao Zedong Ásia achinesada Taiwan Hong Kong Estados Unidos Tu Weiming Fang Keli Jiang Qing Daniel Bell Kang Xiaoguang Sociedade Sagrada de Confúcio Singapura, Lee Kuan Yew e Lee Hsien Loong Sanfacón cubano (Guanggong) Institutos Confúcio	▪ O novo governo comunista/maoísta (1949-1976) desvaloriza e persegue o confucionismo. ▪ O confucionismo continua a ter força em outros locais de predominância chinesa, como Hong Kong, Taiwan, Singapura e Malásia. ▪ Desde as reformas do governo de Deng Xiaoping na década de 1980, o confucionismo volta aos poucos a ter algum reconhecimento social na China, oficialmente e pela população. ▪ A migração de povos chineses com valores confucianos para todo o mundo se intensifica, sendo o confucionismo um elemento identitário central para as populações chinesas migrantes. ▪ Associações chinesas são criadas em todo o mundo, sob a inspiração de valores comunitários confucianos. ▪ O filme dirigido por Hu Mei é lançado em 2010, tendo se tornado um sucesso que ajudou na repopularização de Confúcio. ▪ Institutos Confúcio são criados pelo governo da China para difusão da cultura chinesa, principalmente por meio da língua chinesa. ▪ Surgem instituições educacionais privadas para o ensino da tradição confuciana na China do século XXI.

INDICAÇÕES CULTURAIS

ESTADÃO. **A razão psicossocial do maoismo está no 'século das humilhações'**. (7 min. 30 s) Disponível em: <https://www.youtube.com/watch?v=s80o3M9TzTA>. Acesso em: 8 dez. 2020.

Nesse vídeo, a jornalista Renata Tranches entrevista o professor e diplomata Fausto Godoy, coordenador do Núcleo de Estudos e Negócios Asiáticos da Escola Superior de Propaganda e Marketing (ESPM) e ex-conselheiro na Embaixada do Brasil em Pequim. Nessa ocasião, ele sintetiza o que foi o "século das humilhações" e explica os desdobramentos desse período nas últimas mudanças políticas da China.

FECOMÉRCIO SP. **Meritocracia e experimentalismo chineses, por Daniel Bell.** (20 min. 39 s). Disponível em: <https://www.youtube.com/watch?v=EqeG_nAnSBQ>. Acesso em: 8 dez. 2020.

Nesse vídeo, o jornalista Renato Galeno entrevista o filósofo canadense Daniel Bell, docente das universidades de Tsinghua e Shandong. Bell é, certamente, o mais engajado defensor de ideias políticas confucianas de origem não asiática até o momento. Eles conversam sobre a questão do "modelo chinês" presente na China atual. Bell evidencia a influência confuciana na visão política chinesa.

Atividades de autoavaliação

1. O "século da humilhação" durou entre a primeira Guerra do Ópio (1840) até a vitória dos marxistas em 1949, tendo sido um período sombrio da história chinesa, já que:
   a] a China teve sucesso em vencer todas as batalhas de maneira vigorosa, sem dificuldades, tendo sido um tempo de glória e comemorações durante décadas para seu povo.
   b] vários países do mundo, sobretudo europeus, contribuíram para o aprofundamento dos conflitos da dinastia Qing e da futura República, embora o confucionismo tenha continuado forte.
   c] a China fez todos os países que a enfrentaram sofrer humilhações. Ela mesma não sofreu dano algum, razão pela qual o confucionismo continuou forte socialmente.
   d] a China sofreu humilhações de vários outros países, sobretudo europeus, causando o colapso da dinastia Qing, o que aumentou a valorização do confucionismo.
   e] a China sofreu humilhações de vários outros países, sobretudo da Inglaterra e do Japão, o que causou não apenas o colapso da dinastia Qing, mas também a desvalorização do confucionismo.

2. No final da dinastia Qing, houve um movimento confuciano reformista, que propunha que o império fizesse adaptações ao mundo moderno, em especial uma reforma política que tornasse a China uma monarquia constitucional. Mesmo conseguindo por cem dias esse feito, as reformas, no final, não foram realizadas. Entre os motivos para a falha das reformas, podem ser listados:

   I. a rebelião dos boxers, que causou turbulências sociais na época, já que buscavam expulsar o colonialismo estrangeiro de maneira violenta;
   II. os colonialismos europeu e japonês, que repeliram com força a rebelião e controlaram ainda mais a China;
   III. o irrealismo das reformas, pois acreditava-se que o confucionismo poderia ser compatível com uma constituição, o que seria impossível.

   Sobre os motivos listados, é correto afirmar que:

   A) todos são verdadeiros.
   B) apenas I é verdadeiro.
   C) apenas I e III são verdadeiros.
   D) apenas III é falso.
   E) todos são falsos.

3. Com o fim do período imperial marcado pela derrota da dinastia Qing perante os republicanos entre 1911 e 1912, ocorreu o que se convencionou chamar *queda de Confúcio*. O que essa expressão significa?

   A) A queda de Confúcio é caracterizada pela diminuição da procura por temas confucianos de forma voluntária pela sociedade chinesa, sem grandes motivos.
   B) Trata-se da rejeição do projeto confuciano de sociedade, que era visto como muito bom para a China, mas não para outros países.

c] Significa que o confucionismo passou a ser considerado o principal culpado pelos problemas da China, além de ser visto como incompatível com a modernidade.

d] O significado da expressão é que Confúcio é visto como alguém imoral, que teria perdido a virtude.

e] Uma vez que Confúcio era visto como muito incompatível com a modernidade, os chineses entenderam que era melhor não seguir a modernidade e continuar com o confucionismo.

4. Entre as reações confucianas contra as duras críticas que o confucionismo recebia ao longo do século XX, eruditos do Caminho de Confúcio propuseram o novo confucionismo. É correto afirmar que:

a] acreditavam que o confucionismo deveria se modernizar completamente, sem necessidade de manter qualquer tradicionalismo.

b] eram críticos da adoção de elementos culturais estrangeiros, ainda que fossem a favor da adaptação do legado confuciano à modernidade.

c] entendiam que a modernidade estava errada e deveria ser completamente rejeitada, e a China teria de seguir o mesmo confucionismo da era imperial.

d] viam a modernidade europeia como mais valiosa que o confucionismo, razão pela qual utilizaram o termo *novo* em *novo confucionismo*.

e] eram críticos da modernidade e da democracia, mas também do confucionismo, razão pela qual apenas fizeram reclamações sem deixar propostas concretas.

5. Como as pessoas de uma sociedade levam sua cultura para onde vão, os migrantes chineses ajudaram a difundir o confucionismo em todo o mundo. A esse respeito, é correto afirmar que:
   A] o confucionismo é uma tradição tão enraizada na cultura chinesa que, ao migrarem, os chineses levam consigo valores e práticas confucianos.
   B] o confucionismo não tem conexão alguma com a cultura chinesa, pois quem é chinês não é confucionista e confucionistas não são chineses.
   C] mesmo os migrantes tendo algumas relações com a cultura chinesa, esta, por ser muito plural, acaba não guardando nenhuma relação forte o suficiente com o confucionismo.
   D] como o confucionismo esteve presente na maior parte da história chinesa, essa civilização é apenas confuciana e não apresenta nenhuma outra referência.
   E] como todos os chineses são exclusivamente confucionistas, sem exceção, por isso, ao migrarem, eles levam consigo a própria tradição.

Atividades de aprendizagem

Questões para reflexão

1. O confucionismo foi (e ainda é) acusado de ser incompatível com a modernidade e a democracia. No entanto, há exemplos dessa articulação na China e em Singapura, além de teóricos que buscam mesclar as duas coisas. Quanto à tradição predominante em seu contexto, ela é compatível com a democracia? Por quê? Cite exemplos que enriqueçam sua resposta.

2. O novo confuciano Jiang Qing argumenta que as democracias podem ser falhas, pois a "vontade do povo" pode não ser moralmente boa, sendo violenta e ajudando a eleger líderes autoritários. Argumenta também que o desejo popular pode ser muito imediatista, sendo usado pelos políticos mesmo quando sabem que pode representar um desejo ruim para todos num longo prazo. Você concorda com as críticas de Jiang Qing? Se sim, qual seria a alternativa à democracia que você daria sem que houvesse o risco de cair numa ditadura autoritária?

Atividade aplicada: prática

1. Pesquisa: religião e estado laico.

Explicamos que alguns confucianos sugeriram que o confucionismo fosse a "religião oficial" do Estado chinês. Contudo, há quase 2 mil anos, o confucionismo foi a doutrina oficial da China, incluindo seus ritos religiosos para o Céu e para os antepassados, ainda que tenha havido diversas descontinuidades. Durante esse tempo, várias religiões conviveram com os confucianos, na maioria das vezes pacificamente, e os confucianos apenas as perseguiam quando algumas delas (como budistas e daoistas) pareciam estar tomando o espaço de conselheiros dos imperadores, papel tradicionalmente confuciano.

Sabendo disso, nota-se que um Estado pode ter uma doutrina oficial e, mesmo assim, respeitar a diversidade religiosa – pelo menos foi o caso histórico chinês. Também na China, o Estado laico comunista perseguiu várias tradições, inclusive religiosas.

Tendo isso em vista, confeccione um quadro no qual relacione laicidade, religião oficial e respeito à diversidade religiosa. Para isso, siga os passos:

1º Liste no quadro ao menos cinco países de regiões bem diferentes, entre os quais alguns devem ser laicos e outros apresentar religião oficial.

2º Na coluna à frente, registre informações sobre o respeito à diversidade religiosa em cada um desses países.

3º Compare e busque responder à pergunta: Ter uma religião oficial influencia positiva ou negativamente no respeito à diversidade religiosa em um país?

A DIMENSÃO RELIGIOSA DA TRADIÇÃO CONFUCIANA

Na Apresentação deste livro, declaramos que estudar o confucionismo se justificava dentro da área de Ciência das Religiões por instigar a pensar os conceitos mais básicos, como o de religião. Depois de cinco capítulos de viés mais histórico, numa abordagem **empírica**, chegou o momento de trabalhar com o ramo **sistemático da Ciência das Religiões**. Assim, neste capítulo, analisaremos o confucionismo de maneira mais conceitual, ainda que façamos uso de fontes empíricas. Já repetimos ao longo desta obra que o confucionismo é mais bem descrito como um sistema cultural que tem vários elementos religiosos, embora sua tradição, como um todo, não seja exatamente religiosa. Nesse sentido, o objetivo aqui é expor justamente a dimensão religiosa da tradição confuciana. Em outras palavras, comentaremos quais são e como funcionam os elementos religiosos desse sistema cultural mais complexo.

6.1 Conceito de religião, terminologia chinesa e confucionismo

O confucionismo, em suas expressões históricas observáveis, não é facilmente classificado como uma religião, embora também não seja possível negar que haja elementos religiosos nele. Essa ambiguidade o torna objeto de polêmicos debates teóricos das ciências humanas e sociais, sobretudo para a Ciência das Religiões. Nesse sentido, estudá-lo desafia cada pesquisador da área a se munir de conceitos abrangentes, atualizados e reconhecidos sobre o que seria ou não religião.

Já em 1962, o cientista das religiões Wilfred C. Smith (2006, p. 72) afirmou sarcasticamente: "a pergunta 'o confucionismo é uma religião?' é uma pergunta que o Ocidente jamais conseguiu responder e a China nunca foi capaz de formular". Elaborada de maneira tão seca e direta, a pergunta é provocadora, mas não tão bem formulada. Preferimos questionar se o confucionismo, como sistema cultural, tem ou não elementos religiosos. Ainda assim, o cerne do problema está em saber qual definição de religião é usada. Aqui você já pode perceber que estão em jogo dois conceitos complexos, o de confucionismo e o de religião. O primeiro já foi explicado, razão pela qual agora é necessário dar atenção ao segundo.

Religiões são coisas ambíguas, como se observa na história da humanidade. Afinal, elas podem libertar, mas também podem oprimir; podem servir para manter a paz, mas também para gerar guerras; podem incentivar o estudo e a pesquisa, mas podem perseguir pensadores que apresentem novas ideias. Enfim, qualquer julgamento de valor sobre o que é religião (se é "boa" ou "ruim") se mostra como apressado e bastante parcial, pois ignora a complexidade dos processos históricos que envolvem a religiosidade.

O termo *coisas* não foi escolhido à toa quando, no parágrafo anterior, o utilizamos para nos referir às religiões. Fazemos menção a Émile Durkheim (1996), que o usou pela primeira vez no contexto de uma teoria das religiões de 1912, em um debate direto com a Ciência das Religiões, fazendo menção a seu criador, Max Müller. Para Durkheim, para existir uma ciência que estuda a sociedade, a sociologia, seu objeto de estudo deveria ser visto como uma "coisa", assim como geólogos tratam uma rocha ou biólogos tratam um animal marinho. Da mesma forma, religiões podem ser vistas como "coisas" históricas e sociais passíveis de serem estudadas por qualquer ser humano com base em fontes materiais, como documentos escritos (textos religiosos ou jornais espiritualistas, por exemplo), artefatos usados em ritos, bem como entrevistas e questionários. Na Ciência das Religiões, diz-se que se estudam expressões humanas passíveis de serem observadas materialmente na realidade e que podem ser qualificadas conceitualmente como religiosas.

Etimologicamente, a palavra portuguesa *religião* deriva do termo latim *religio*. Por sua vez, *religio* pode ser entendido como "escrúpulo" ou como "agir de maneira apropriada", sendo um termo normalmente empregado na Antiguidade romana, registrado desde pelo menos o século I Antes da Era Comum (AEC), para se referir à forma respeitosa como eram realizados os ritos para divindades. Ao longo dos séculos, o vocábulo assumiu diversas variações e significados para diferentes grupos. O caso mais famoso é o do teólogo africano Lactâncio, nascido na região norte do continente africano, que, na época, pertencia ao Império romano. Com base em uma leitura cristã, ele defendeu o termo *religare*, no sentido de religação com o deus cristão, ideia mais conhecida atualmente. No entanto, a noção de *religare* faz sentido no contexto da cristandade, e não deveria ser generalizada para todas as religiões (Azevedo, 2010; Usarski, 2013).

Então, expusemos até aqui que religiões são ambíguas, que elas podem ser estudadas por meio da observação de suas expressões materiais históricas e que a origem etimológica do termo advém da antiga noção romana de agir de maneira respeitosa. Como, no entanto, podemos definir religiões de uma maneira mais geral? Essa é uma especialidade da Ciência das Religiões e, justamente por isso, adotaremos uma das definições mais aceitas mundialmente na área, que foi formulada pelo cientista das religiões Wouter Hanegraaff (2017, p. 239):

> Religião = qualquer sistema simbólico que influencie as ações humanas, fornecendo possibilidades para manter contato ritualisticamente entre o mundo cotidiano e um quadro metaempírico mais geral de significados.
> [...]
> Uma religião = um sistema simbólico, incorporado em uma instituição social, que influencie as ações humanas, oferecendo possibilidades para manter contato ritualisticamente entre o mundo cotidiano e um quadro metaempírico mais geral de significados.
> [...]
> Uma espiritualidade = qualquer prática humana que mantenha o contato entre o mundo cotidiano e um quadro metaempírico mais geral de significados por meio da manipulação individual dos sistemas simbólicos.

Convém detalharmos essa definição. Ela abrange uma tripla dimensão que corresponde respectivamente a cada parte indicada: (1) abstrata/teórica; (2) contextual; e (3) pessoal.

1. A dimensão abstrata cobre o conceito teórico mais geral de religião, segundo o qual diversos fatos ou fenômenos podem ser lidos como um conjunto maior (como "religião chinesa", "religião civil" ou "religião antiga"). Nessa perspectiva mais teórica, diversos elementos que compõem o conceito abstrato são vistos por cada pesquisador como um conjunto ou sistema, ainda que isso não seja tão claro para quem o pratica: (i) um sistema simbólico que sustenta a existência de seres e princípios metaempíricos (por exemplo, divindades, anjos, carma ou pecado), ou seja, cuja existência está além do alcance do domínio dos sentidos humanos; e (ii) ações rituais que mantêm contato entre os seres humanos e esses seres e princípios metaempíricos, fechando um circuito que gera significado um ao outro.

2. A dimensão contextual implica que esse conceito teórico (religião) tem correspondências materiais e históricas em instituições sociais (*uma* religião/religiões) que explicitamente se veem como algum tipo de sistema. Por exemplo: um templo budista, uma igreja cristã, um terreiro de umbanda ou qualquer outra associação religiosa.
3. A dimensão pessoal implica que, diante de tantas religiões (ou sistemas culturais religiosos), cada ser humano utiliza e significa esses sistemas religiosos a seu modo, sempre tendo como base, no entanto, seus contextos culturais. A essas expressões especificamente pessoais que bebem das fontes dos sistemas culturais religiosos Hanegraaff (2017) chama de *espiritualidade*.

Reconhecendo a singularidade chinesa, alguns autores intentaram conceituar a categoria *religião* levando em consideração essa cultura. Tim Barrett e Francesca Tarocco (2014) pesquisaram a genealogia do termo originalmente europeu *religião* na língua chinesa, *zōngjiào* 宗教, que foi criado no século XIX com base na tradução do japonês. O vocábulo é derivado das noções de linhagem (*zōng* 宗) e de ensinamento/doutrina (*jiào* 教), originalmente comuns nos meios budistas e, mais tarde, na sociedade chinesa em geral. A palavra atual seria uma inversão da sequência comum de itens lexicais mais antigos (*jiàozōng* 教宗, "ensinamento de uma linhagem"), que denotariam o conjunto de preceitos e genealogia de determinado grupo e/ou escola budista, daoista ou de outras tradições.

Há outra explicação sobre a palavra *zōngjiào*, ligada ao contexto confuciano. Conforme Sinedino (2012, p. 80), *zōngjiào* "associa dois caracteres; o primeiro tem relação com o culto [da linhagem] dos antepassados (宗) e o segundo, com a ideia de doutrina, algo ensinado de fora para dentro por alguém superior (教)". Ele acrescenta que, durante o contexto em que Confúcio viveu, "o que se poderia chamar de religião era uma soma de fenômenos mais ou menos relacionados pelo culto a espíritos" (*Shén* 神), que podem ser chamados de *divindades* (seres metaempíricos).

Dessa forma, de teóricos clássicos, como Durkheim (1996) e Hanegraaff (2017), extraímos três lições: (1) o que diferencia o que é religioso de outras dimensões da vida humana é a associação com seres ou princípios metaempíricos; (2) sendo institucionalizadas ou não, religiões são sistemas simbólicos sociais que podem ser observados; (3) baseada nesses sistemas simbólicos sociais, frequentemente cada pessoa cria uma versão própria dessas referências, que podemos chamar de *espiritualidade*. Já recorrendo a autores que pesquisam cultura chinesa (Barrett; Tarocco, 2014; Sinedino, 2012), concluímos que a visão chinesa de religiões inclui as noções de "linhagem" e de "ensinamentos". Assim, aqui adotamos a definição de religiões como **sistemas culturais com práticas e ensinamentos que remetem a aspectos metaempíricos e são socialmente mantidos mediante linhagens construídas pelos praticantes.**

Como isso se aplica ao confucionismo?

Claramente, o confucionismo pode ser compreendido como um sistema cultural que tem práticas e ensinamentos. Quanto à parte final de nosso conceito, nos capítulos anteriores evidenciamos a preocupação confuciana de estabelecer linhagens que ajudassem a manter suas práticas e seus ensinamentos ao longo da história humana. Resta identificar os aspectos "metaempíricos" ou "não empíricos" da tradição confuciana.

Como você deve ter notado ao longo da leitura desta obra, na história dessa tradição são encontradas diversas expressões que podem ser qualificadas como religiosas. Por exemplo: o próprio Confúcio fazia questão de que os ritos para divindades continuassem a ser praticados; há a busca pelo ideal de Shèng 圣, que pode tanto ser traduzido como "sábio" quanto "santo", alguém que supera a mera humanidade das pessoas comuns; nessa tradição existem práticas oraculares ou divinatórias, fundamentadas, inclusive, em um de seus textos básicos, o *Clássico das Mutações*.

> **IMPORTANTE!**
>
> No texto da Base Nacional Comum Curricular de Ensino Religioso (Brasil, 2018, p. 457), é proposto desenvolver a habilidade dos estudantes em "(EF08ER04) discutir como filosofias de vida, tradições e instituições religiosas podem influenciar diferentes campos da esfera pública (política, saúde, educação, economia)". Aplicando-se os termos usados nesse documento orientador da educação brasileira, aqui o confucionismo pode ser interpretado como uma "filosofia de vida", ou seja, uma referência cultural que não necessariamente vem de fontes religiosas. Assim, o docente pode escolher abordar o confucionismo justamente para debater o conceito de religião, ou, ao contrário, ao adotar a noção de filosofias de vida, evitar a longa discussão teórica sobre se se trata de uma religião ou não; nesse caso, ele pode abordar o tema mais diretamente, na aula de Ensino Religioso escolar, que deve ser uma Ciência das Religiões Aplicada à educação (Costa, 2019) mediante o processo de transposição didática (Santos, 2018). Esse tema também é adaptável para outros componentes curriculares como História, Geografia (política) ou Sociologia. Assim, para estudar o confucionismo em sala de aula, sugerimos trabalhar com a habilidade referida, com atividades que mostrem como valores confucianos influenciam o comportamento de pessoas em todo o mundo, tendo impacto na política e na economia internacional, bem como no cotidiano de migrantes.

Por mais que enfatizemos que o confucionismo carrega expressões mais marcadamente políticas, não se pode ignorar seus traços religiosos, como os ritos sacrificiais exigidos ao imperador e os cultos aos antepassados que, com o decorrer dos séculos, passaram a ser uma prática popular entre os chineses. Na verdade, pensando, sobretudo, na Antiguidade e na era imperial, em "tratados entre países, guerras, cultivo da terra, calendário, não havia parte da vida diária que não fosse ritualizada", o que não significava "aos chineses que isso talvez fosse uma dimensão religiosa da existência, diferente do resto" (Sinedino, 2012, p. 80-81). Assim, mesmo integrada com as outras expressões da vida social, a tradição confuciana contém elementos religiosos. Trataremos sobre eles na seção seguinte.

6.2 Aspectos religiosos em textos e práticas dos eruditos (Ru)

No conceito de religião que formulamos na seção anterior, deixamos claro que, por constituírem sistemas culturais, as religiões são expressões humanas observáveis. Entre os diversos meios de se analisar elementos confucianos de contornos religiosos, nesta seção escolhemos tratar das fontes textuais e práticas que as linhagens de eruditos confucionistas produziram na história de sua tradição.

Iniciaremos com a obra *Os Analectos*, já que representa uma das fontes mais utilizadas pelos eruditos e é um documento que mostra elementos religiosos relacionados a Confúcio e seus primeiros discípulos. Esses elementos formaram e nortearam o confucionismo ao longo de sua história.

Encontramos elementos que interpretamos como religiosos em 57 das 500 passagens, presentes em 17 dos 20 capítulos d'*Os Analectos*, tendo como fonte a tradução e numeração de Sinedino (Confúcio, 2012). De maneira geral, esse número mostra que, em pouco mais de 10% d'*OsAnalectos*, há passagens que explicitamente contêm menções a elementos metaempíricos. Isso mostra que, realmente, questões religiosas não são um tema central nessa obra, embora tenha uma presença significativa e diluída por toda a sua extensão. Sistematizamos, no Quadro 6.1, as informações sobre os temas contemplados e sobre as passagens em que aparecem. Analisaremos esses aspectos a seguir.

Os temas religiosos que mais aparecem n'*Os Analectos* são, de longe, os ritos e/ou cerimônias religiosas. Explicamos no Capítulo 2 que a noção de rito na tradição confuciana (e chinesa em geral, por consequência) tem um sentido mais abrangente que aquele comum na língua portuguesa, no qual se incluem desde a maneira adequada de agir socialmente com cada pessoa até os rituais para divindades. Lembrando disso, abordaremos o papel e a importância dos ritos (*Li* 礼) religiosos, especificamente os sacrificiais e os de purificação, presentes na obra ora em foco.

No Capítulo 1 relatamos que, já na Antiguidade chinesa, existiam ritos prestados para as divindades e para os ancestrais, entre os quais se incluíam, muitas vezes, oferendas ou sacrifícios – tanto de vegetais quanto de carnes. Os eruditos (Ru), empregados (Shi) ou não pelos duques e reis, eram especialistas no conhecimento tradicional que inclui tais rituais, conforme prescrito nos clássicos ou na tradição oral. Confúcio viveu esse contexto e foi símbolo da classe dos Ru e dos Shi, o que significa que ele mesmo conhecia e praticava os ritos sacrificiais.

QUADRO 6.1 – Elementos religiosos citados n'*Os Analectos*

Tema	Passagem (capítulo e trecho)	Número de ocorrências
Sacrifícios e purificação (ritos, objetos, reflexões)	2.24; 3.2, 3.6; 3.10; 3.11; 3.12; 3.17; 5.3; 6.4, 6.14; 7.12; 9.15; 10.7; 10.8; 10.9, 10.11; 10.14a; 12.2; 14.20; 15.1; 19.1; 20.1	22
Céu e mandato celestial	2.4, 6.8; 7.22; 9.1; 9.5; 9.6, 11.18; 12.5; 14.37; 14.38; 16.8; 20.1; 20.3	13
Altares e templos	3.15; 3.21; 10.2; 10.14b; 11.24; 11.25; 12.21; 14.20; 16.1; 19.23	10
Divindades (espíritos)	2.24, 3.13; 6.4, 6.20; 7.20, 7.34; 8.21; 11.11	8
Divinação e *Yijing*	5.17; 7.16; 9.9; 13.22; 14.28	5
Culto aos ancestrais	1.9; 10.9; 10.14a	3
Morte e ritos de luto	1.9; 3.4, 10.15	3

Fonte: Elaborado com base na numeração dada pelo tradutor Sinedino em Confúcio, 2012.

O Quadro 6.1 mostra que os ritos de sacrifício e de purificação foram, por 22 vezes, tratados por Confúcio e registrados por seus discípulos. Contudo, Sinedino (2012) argumenta que não se trata exatamente de uma postura de "devoção", no sentido de fé fervorosa – ainda que isso possa acontecer nessa cultura. Não se está afirmando que os chineses antigos (e dos períodos seguintes até hoje) não fossem religiosos; a questão é que, segundo o mencionado autor, a religiosidade chinesa tem uma característica pragmática, de relação de trocas com os seres metaempíricos – algo característico de vários outros sistemas religiosos antigos (Lambert, 2011).

Os sacrifícios e oferendas eram feitos para toda a rede de seres metaempíricos da antiga religião chinesa, entre os quais se encontravam desde divindades da época das dinastias Xia e Shang, até, e com mais destaque, seres e princípios ligados à cosmovisão dos Zhou. Isso significa que o Céu (Tian) era o principal e maior objeto desses rituais/cerimônias, visto como o mais antigo ancestral de todos os seres e coisas existentes. Somente o próprio imperador, o "Filho do Céu", deveria liderar os ritos dedicados ao Céu.

O antigo ser supremo dos Shang, o Shangdi (Soberano do Alto), ao lado de outras divindades, ainda recebia oferendas no tempo de Confúcio. No trecho 3.6 d'Os Analectos, Confúcio (2012) critica um ministro e discípulo seu (Ran You) que trabalhava para ele, porque queria fazer o "sacrifício Lü na montanha Tai" que era dedicado a pedir bênçãos à Shangdi e às divindades da Terra. Segundo ritos (Li), os ministros não poderiam realizar esse tipo de cerimônia, o que representaria uma blasfêmia (um descumprimento dos ritos). Confúcio, nesse caso, entendia, segundo Sinedino (2012, p. 72), que os "espíritos estavam atentos para a origem das oferendas e recusariam suas bênçãos" ao ministro.

Como você pode notar, Confúcio não apenas reconhecia a necessidade dos ritos religiosos, já que defendia a manutenção dos ritos dos Zhou em geral, mas também entendia que existiam vários seres metaempíricos: do Céu até divindades das montanhas. As tradições confucianas não chegaram a sistematizar um panteão de divindades que fosse amplamente aceito e cultuado por todos, até porque não era o interesse dos eruditos confucianos (Ru), que preferiam pensar em como governar e em como educar. Os daoistas e os praticantes da religião popular chinesa cumpriram esse papel social de organizar os seres que seriam homenageados em ritos, tanto nominalmente quanto em templos e altares, ainda que tenham seguido referenciais confucianos de hierarquia e decoro ritual quando o fizeram (Poceski, 2013; Costa, 2015b).

No entanto, textos confucianos fazem menção implícita e explícita a alguns seres metaempíricos. Por exemplo, n'Os Analectos (3.13) há o seguinte diálogo: "Wangsun Jia perguntou: 'Melhor que buscar as graças d[o espírito do canto sudoeste] 'Ao' é buscar as graças d[o espírito da cozinha] 'Zao'. 'O que me diz?'", ao que Confúcio respondeu: "Não é assim. Se alguém cai em desgraça com o Céu, não há para quem rezar [por ajuda]" (Confúcio, 2012, p. 81). Assim, por mais que se faça perceber a característica moral e política central na resposta de Confúcio, para nós agora é mais relevante notar que eles acreditavam que existiam algumas divindades dentro da casa de cada família.

> Os chineses antigos acreditavam que cada parte da casa possuía um espírito, que poderia ser propiciado em benefício dos moradores, Zao (竈) e Ao (奧) são dois exemplos desse gênero. O espírito Ao correspondia ao canto sudoeste da casa, um lugar nobre, onde se colocavam de hábito as esteiras de dormir ou sentar; era reservado ao dono da casa, e os filhos não ousavam ocupá-lo [...]. O espírito Zao é celebrado até hoje, talvez porque fosse uma das poucas divindades a que o povo tinha permissão para oferecer sacrifícios. 'Zao' é normalmente traduzido por 'deus do fogão', isto é, da área da casa em que se preparava a comida. A oposição entre os espíritos do Ao e do Zao é clara: o primeiro é nobre, mas não tem utilidade prática imediata; o segundo não tem nome nem pompa, mas é capaz de prover as necessidades comuns a todos. (Sinedino, 2012, p. 82)

Mais do que apenas aceitar a existência do Céu como ser e princípio supremo e das mais diferentes divindades, Confúcio conhecia ritos em que divindades se aproximavam com mais intimidade dos praticantes dos rituais. Logo, ocorriam processos de "transe" ou "mediunidade" na China antiga, dos quais Confúcio tinha conhecimento. N'*Os Analectos* (passagem 3.10), Confúcio critica outra cerimônia, o sacrifício imperial, que não era praticado conforme a etiqueta ritual (Li) dos Reis da Antiguidade. Ele explica que não queria mais ver o rito depois do momento das "libações" (derramamento ou bebida de vinho). Conforme Sinedino (2012, p, 78), "durante a libação, o espírito do ancestral [imperial] 'desce' para beber o vinho doce, incorporando-se no médium".

> **CURIOSIDADE**
>
> Na tradição confuciana, assim como seres metaempíricos (não humanos) podiam incorporar em humanos durante rituais com bebidas, realizavam-se ritos de purificação com bebidas para executar exorcismos (ver *Os Analectos* 10.11) – um rito que, no entanto, era visto como algo plebeu e dos povos do sul que difeririam da cultura Zhou. Mais de um milênio depois, o confuciano Han Yu, da era Tang, um grande crítico do que entendia ser "superstições" budistas e populares, escreveu um texto sobre "demônios" ou "espíritos". Han Yu primeiro desconstrói a ideia de que os demônios são acessíveis aos olhos, ouvidos e toque humano, mas ainda assim aceita a existência deles. Quanto à possibilidade de os demônios agirem de maneira que prejudicariam as pessoas, Han Yu diz:
>
>> O estado normal dos demônios é vago e confuso, sem forma ou som. Não obstante, quando os homens descuidam os preceitos do céu, quando esquecem o bem público, quando desafiam as leis da natureza, quando se rebelam contra as regras naturais das relações humanas e desrespeitam a justiça imanente, os demônios adotam uma forma, utilizam um som: sua resposta a essa situação consiste em fazer que chovam sobre a humanidade calamidades e desastres. Por isso todas as desgraças se devem aos próprios homens. Uma vez que se esgota seu impulso, os demônios voltam ao nada, que é seu estado ordinário. (Bueno, 2011b, p. 211).

No que tange à função social, as cerimônias aos antepassados da casa imperial tinham como papel abençoar *tudo sob o Céu*, ao contrário dos rituais para divindades hierarquicamente menores, que tinham poderes apenas locais. Isso revela uma questão muito importante: a visão de mundo política e a visão de mundo espiritual (que não se separavam) seguiam um mesmo padrão de ordem harmoniosa, também com hierarquias, tal como as divisões sociais de função e classe. Como já aludimos, essa perspectiva teve influências significativas sobre o pensamento religioso chinês, em especial, o daoismo e as práticas populares não institucionalizadas.

Assim, n'*Os Analectos* foram registrados dois tipos de prática ritual e de seus respectivos seres metaempíricos: a dos antepassados e a das divindades "de fora do lar" (Sinedino, 2012, p. 81). Essa divisão foi potencializada com o advento do confucionismo como doutrina oficial do Estado chinês na dinastia Han até a dinastia Qing. Fica evidente, portanto, que, se originalmente, desde os Shang na Antiguidade, somente a família imperial poderia oferecer sacrifícios em homenagem aos antepassados, a perspectiva confuciana incentivou a difusão dessa prática para toda a população. Desse modo, a filialidade com cada antepassado reforça a filialidade com os pais, bem como com o próprio governante (visto como o "pai" do povo, algo especialmente enfatizado desde Mêncio).

E onde essas práticas eram realizadas? Em templos. Havia grandes templos (como o Grande Templo Ancestral) que faziam parte da vida política e religiosa da Antiguidade chinesa. Neles, as pessoas, ao menos as das famílias nobres, mostravam a virtude de filialidade perante seus ancestrais. Isso mostra todo o respeito em relação à morte, que era vista não como um fim, mas como o início de outra forma de existência, que ainda estaria conectada com a família da existência terrena. No que concerne à morte, conforme a ideia das cinco relações sociais básicas, poderia haver, também, velórios em casa, feitos para amigos falecidos que não tinham ninguém da família vivo, como está registrado na passagem 10.15 d'*Os Analectos* (Confúcio, 2012).

FIGURA 6.1 – Templo ou Altar do Céu (*Tiāntán* 天坛) em Pequim, China

Outros tipos de templos e altares eram hierarquicamente menores, como o "altar da dança da chuva", o "altar da terra" ou o "altar dos grãos". Todos eles cumpriam funções para a vida cotidiana e até mesmo política. Novamente, *Os Analectos* apontam para a forte conexão da vida social, política e religiosa no contexto de Confúcio. Assim, ainda que na época do mestre não existisse *uma religião* como instituição distinta, certamente existia *religião* como um sistema cultural de ensinamentos e práticas compartilhados socialmente, que se referiam a seres e princípios metaempíricos.

CURIOSIDADE

Durante uma das primeiras missões europeias cristãs para conversão dos chineses, alguns jesuítas como Mateo Ricci (1552 EC-1610 EC) buscaram se adaptar à cultura local e resolveram imitar costumes confucianos. Quando os chineses convertidos ao catolicismo continuaram a praticar seus ritos (Li) tradicionais, como o culto caseiro aos antepassados, a elite católica europeia começou a se questionar se aquilo seria permissível aos cristãos, entendendo que os ritos não seriam "religiosos", ou se eram uma idolatria do ponto de vista cristão, caso os ritos tivessem, de fato, viés religioso. A disputa se tornou oficial e, após mais de um século de debates e decisões pontuais, finalmente os jesuítas perderam a questão, já que os ritos (Li) foram vistos como incompatíveis com a doutrina cristã católica. Essa decisão acabou prejudicando as missões católicas na China, que perderam força desde então. O trabalho de Pastor (2019) aborda a questão com detalhes.

Confúcio entendia que, sem os ritos (Li), não era possível ter ordem em *tudo sob o Céu*. Sem as etiquetas sociais (Li) que vinham desde os Reis da Antiguidade, inclusive os religiosos, não era possível diferenciar humanos de animais – uma ideia bastante usada na antropologia confuciana. Um exemplo disso é o seguinte diálogo na passagem 3.17 d'*Os Analectos*: "Zigong queria deixar [de oferecer] o carneiro do Rito de Anúncio da Lua Nova Gaoshuo. O Mestre disse: 'Ci, você tem pena desse carneiro, eu tenho pena desse Rito'" (Confúcio, 2012, p. 87).

Apesar da clara convivência e valorização dos ritos religiosos, que muitas vezes via como necessários, Confúcio tinha alguma reticência diante eles. Questionado sobre o que é a sabedoria, o mestre respondeu, entre outras coisas, que é "respeitar os espíritos, mas manter-se distante deles", conforme passagem 6.20 d'*Os Analectos* (Confúcio, 2012, p. 200). Em outro excerto (11.11) d'*Os Analectos* (na tradução de Sinedino), o discípulo Zilu pergunta sobre como servir aos espíritos/divindades, ao que Confúcio (2012, p. 335), responde: "não pôde servir às pessoas, como servir aos espíritos?"; quando Zilu insiste para saber sobre a morte, a resposta é: "não sabe o que é vida, como saber o que é a morte?".

Essas falas atribuídas a Confúcio mostram que, mesmo respeitando a dimensão religiosa, o mestre adverte para é preciso cuidar da vida e das pessoas. Outra possível interpretação é que Confúcio considerava nocivo o excesso de influência religiosa na vida social. Quando se trata da arte de governar, para Confúcio, isso poderia se tornar algo ainda mais perigoso – o que explica as críticas dele aos governantes que utilizavam de maneira indevida os ritos religiosos. Nesse sentido, qualificando o confucionismo como doutrina de Estado, é possível classificá-lo como uma "religião civil" (Horacio, 2011), já que essa tradição forneceria uma base de valores que visa manter a coesão da sociedade. Essa visão do confucionismo como um substrato comum à vida civil que funciona como uma religião – ainda que não o seja de fato ou explicitamente – é algo sobre o qual alguns autores têm teorizado nos últimos anos (Ivanhoe; Kim, 2016) e pelo qual até mesmo os defensores políticos do novo confucionismo advogam, como registramos no Capítulo 5.

Não obstante a adoção do confucionismo como doutrina de Estado para a sociedade civil, houve diversidade religiosa em toda a história chinesa imperial, ainda que confucianos atacassem religiões que entendiam representar perigo à legitimidade deles no poder. Assim, considerando que no confucionismo a virtude da sabedoria está ligada à capacidade de percepção e discernimento da realidade, "ser sábio não é negar as verdades religiosas, mas simplesmente colocá-las em seu lugar próprio" (Sinedino, 2012, p. 201). Essa atitude que mistura liberdade religiosa e controle social marcou historicamente as políticas confucianas sobre religiões nos últimos dois milênios, e influencia o governo chinês até hoje.

Contudo, na visão de Confúcio, mesmo mantendo-se uma distância respeitosa em relação às divindades, os sacrifícios e as oferendas deviam ser feitos. Os ritos (Li) eram tão importantes que, para além da relação de troca com divindades, houve um processo de "deslizamento semântico" de seu significado, conforme abordamos no Capítulo 2. Esse processo teve início na transição para a cultura da dinastia Zhou e culminou com a ressignificação de Confúcio da postura ritual, que passou a valorizar mais a moralidade e a ética da pessoa do que a forma do rito em si. Para o mestre, era necessário assumir a mesma postura de respeito e atenção empregada durante os ritos sacrificiais em todos os outros momentos da vida; em suma, tratava-se de um deslizamento semântico que foi do sacrífico à ética. A esse respeito, vale analisar, por exemplo, os seguintes trechos d'*Os Analectos*:

> Zizhang disse: 'Ao encontrar perigo, o shi deve oferecer sua vida. Ao encontrar um benefício, pondera [se é ou não] devido. Ao sacrificar, tem pensamentos respeitosos. De luto, tem pensamentos tristes. [Se conseguir agir assim,] talvez baste'. (Confúcio, 2012, p. 570, passagem 19.1)
>
> Ao oferecer sacrifícios [aos antepassados, faça-o] como se [eles] estivessem [presentes]. Ao oferecer sacrifícios aos espíritos [de fora do lar], faça-o como se [eles] estivessem [presentes]. (Confúcio, 2012, p. 79, passagem 3.12)
>
> Zhonggong perguntou sobre a Humanidade. O Mestre disse: 'Ao sair de casa [para trabalhar], é como se estivesse indo receber um hóspede importante. Ao comandar o povo, é como se realizasse um grande sacrifício. Aquilo que não se quer para si próprio, não se deve fazer aos outros'. (Confúcio, 2012, p. 356, passagem 12.2)

Além da questão ritualística e das respectivas implicações éticas disso no confucionismo, essa tradição tem uma forte relação com o Céu (Tian) e o mandato celestial (Tian ming) – algo de que já tratamos nos dois primeiros capítulos e ao qual agora apenas acrescentamos uma interpretação. Por um lado, a noção de Céu é muito mais cosmológica, sendo um princípio metaempírico impessoal, e pode ser entendida até mesmo como a fonte do que é "natural" (logo, também seria parte do mundo empírico/observável). Por outro lado, no entanto, como abordamos ao expor as contribuições de Mêncio no Capítulo 3, autores da escola dos eruditos (Ru), a começar por Confúcio, muitas vezes falavam do Céu de uma maneira mais íntima e pessoal, como se fosse alguém com vontades. Por exemplo, na passagem 7.22 d'*Os Analectos*, Confúcio (2012, p. 237) afirma: "o Céu fez a virtude nascer em mim". Por mais que possa recorrer a uma explicação filosófica sobre isso, trechos como esse veiculam certa visão religiosa dos confucianos em relação ao Céu, à virtude e ao mandato celestial, já que isso implica princípios metaempíricos.

A última questão religiosa presente n'*Os Analectos* que abordaremos agora refere-se à divinação (ao oráculo) e ao *Clássico das Mutações*[1]. Já reproduzimos a famosa passagem (7.16) em que Confúcio (2012, p. 230) diz que gostaria de ter mais tempo para estudar as *Mutações*. Mais explicitamente, há dois trechos em que partes do texto desse clássico são citados diretamente n'*Os Analectos*: a terceira linha do hexagrama "Constância Héng 恆" (Yijing, 2006) na passagem 13.22 (Confúcio, 2012, p. 412); e a "grande imagem" do hexagrama "Montanha Gěn 艮" (Yijing, 2006), em 14.28 (Confúcio, 2012, p. 444).

Ainda em dois trechos d'*Os Analectos* (passagens 5.17 e 9.9; Confúcio, 2012), questões ligadas à divinação são mencionadas, o que mostra que há um lugar na tradição confuciana para a divinação e a reflexão filosófica sobre as "mutações". Conforme

---

1 Para conhecer o *Clássico das Mutações*, veja a tradução direta ao português de Wu (2015), a tradução do século XX de Wilhelm (1991), ou o texto original com tradução do século XIX de Legge (Yijing, 2006).

Cheng (2008), o *Clássico das Mutações* é uma fonte em que a tradição confuciana recorre de tempos em tempos – algo que continua até hoje (ver Liu, 2019). Na história dos eruditos na China, destaca-se o caso de *Shào Yōng* 邵雍 (1011 EC-1077 EC), neoconfuciano da era Song que até hoje é reconhecido como o grande estudioso do *Yijing*, referência tanto para confucianos quanto para daoistas. Shao Yong é um dos muitos cosmólogos da história confuciana desde, pelo menos, Dong Zhongshu.

Também inspirado nos estudos do *Clássico das Mutações* e em fontes budistas e daoistas, o neoconfuciano *Zhōu Dūnyí* 周敦颐 (1017 EC-1073 EC) formulou a "Imagem da Polaridade Suprema" (*Tàijí tú* 太极图). Ele também escreveu a *Explicação sobre a Imagem da Polaridade Suprema*, *Tàijí Tú Shuō* 太极图说 (Zhou, 2006). Conforme registrou nessa imagem (ver Figura 6.2) e no texto explicativo, do estado "Sem Polaridade" (*Wújí* 无极) nasce a "Polaridade Suprema" (Taiji), do seu movimento nasce o Yang e da sua quietude nasce o Yin, e da alternância e da combinação deles nascem os cinco movimentos (fogo, água, terra, metal e madeira), que, com o princípio masculino e o feminino, por sua vez, produzem juntos as dez mil coisas (Adler, 2014).

Para Zhou Dunyi, essa reflexão sintetizava, com base no estudo das *Mutações*, como as coisas acontecem no mundo em sua complexidade. Mais importante, ele buscava referências de como agir, mais especificamente, para alcançar a sabedoria ou a santidade (Sheng) que Confúcio apontava nos Reis Sábios da Antiguidade. De tal modo, com seu estudo, ele concluiu que, assim como existe a multiplicidade de coisas no mundo (relativo ao Taiji), há a quietude (relativo ao Wuji), embora ambos sejam "fundamentalmente iguais".

FIGURA 6.2 – *Tàjí tú* 太极图 (Imagem da Polaridade Suprema), diagrama de Zhōu Dūnyí (1017 EC-1073 EC)

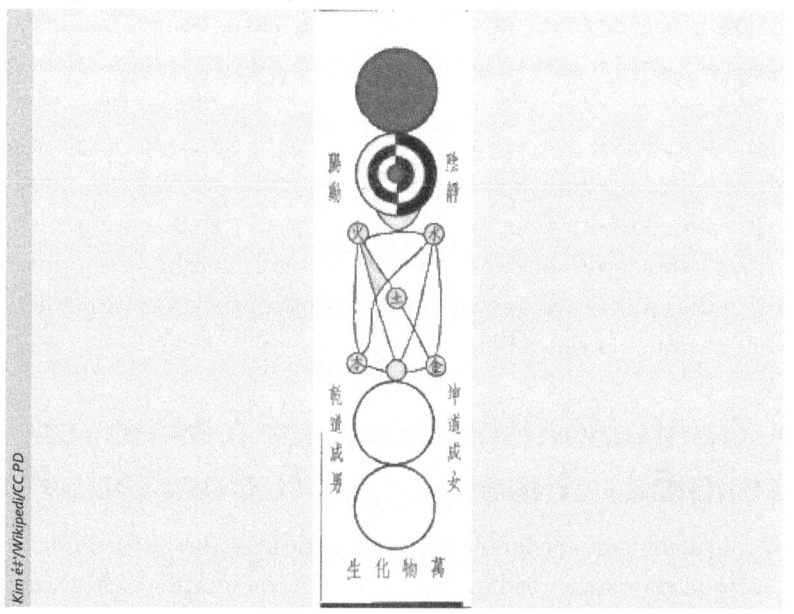

Num sentido parecido, tradicionalmente o confucionismo é marcado pela busca da sabedoria interior. Uma dessas formas, mencionada no Capítulo 4 e inspirada, em partes, na filosofia de Zhou Dunyi, é a **meditação** (sentada) confuciana. Elaborada pelos neoconfucianos da dinastia Song, a prática de "sentar em tranquilidade" (*Jìngzuò* 靜坐) consiste em ficar numa postura parada (sentada) e, em silêncio, aquietar a mente de reflexões, buscando a tranquilidade própria do estado Sem Polaridade (Wuji). A prática foi disseminada para eruditos do Japão e da Coreia a partir do período da dinastia Ming (Taylor; Choy, 2005a).

Nesse sentido, é uma prática espiritual confuciana que tem como objetivo o **autocultivo** do praticante, algo particularmente inspirado nas práticas meditativas budistas e daoistas. Tanto isso é verdadeiro que os daoistas mantêm uma prática homônima, embora tenham uma compreensão um pouco diferente dela (Kohn,

2008). A prática confuciana, mesmo sendo muito parecida com as inspirações de outras tradições, tem a particularidade de servir à iluminação do praticante que vive na sociedade e segue os ritos sociais desta, inclusive o de constituir família (diferente da meta budista, que vai além disso). Também a prática confuciana está associada ao desejo do praticante de ser um ser humano moralmente desenvolvido nessa mesma sociedade (diferente dos daoistas, que não veem com bons olhos esse moralismo preconcebido e preferem um agir de acordo com a naturalidade). Esse é um ótimo exemplo de prática de cultivo pessoal dos eruditos confucianos (Ru) que tem claramente viés religioso/espiritual.

6.3 Confucionismo popular e as novas religiões chinesas "confucionizadas"

O confucionismo foi defendido ao longo de milênios por eruditos (Ru) que eram ou se tornaram parte da elite da sociedade chinesa. Contudo, desde o tempo de Confúcio existiam práticas e ensinamentos mais populares ou popularizados ligados a Confúcio e a sua tradição. O famoso historiador da Antiguidade chinesa que viveu durante o período dos Han anteriores, *Sīmǎ Qián* 司马迁, chegou a visitar um templo dedicado a Confúcio.

> Sima Qian visitou Qufu, cidade natal de Confúcio, numa excursão de pesquisa e constatou que devotos do sábio tinham constituído uma comunidade em torno de seu túmulo, a qual passou a ser conhecida como Aldeia de Confúcio. Eles faziam sacrifícios no local de sua sepultura em dias festivos e realizavam banquetes e torneios de tiro com arco [e flecha]. A casa de Confúcio fora transformada em templo, e as roupas, o chapéu, a lira, a carruagem e os livros dele eram mantidos ali. (Schuman, 2016, p. 94-95)

Conforme a dinastia Han foi sendo "confucionizada", até imperadores começaram a prestar oferendas ao templo de Confúcio em Qufu. Com o passar dos séculos, outros templos para Confúcio surgiram, e cada vez mais pessoas, tanto da elite quanto das camadas mais pobres da população, prestavam homenagens em forma ritual para o mestre. Schuman (2016) informa que descendentes de Confúcio até hoje o homenageiam em ritos dentro de Templos de Confúcio na China continental. Esses templos também existem na Ásia achinesada, como em Taiwan e Hong Kong, além de Coreia do Sul, Japão, Vietnã e Indonésia.

IMPORTANTE!

Há mais de dois milênios são feitos rituais em homenagem a Confúcio em toda a China e também em outros locais da Ásia achinesada. Como se trata de uma prática tradicional singular que é quase totalmente desconhecida no Brasil, mostraremos agora duas fontes para que você conheça um pouco dessa expressão cultural e popular que, muitas vezes, abrange aspectos religiosos para além da mera homenagem social. Na seção Indicações culturais, no final do capítulo, citamos um *site* que contém diversos vídeos de um rito/cerimônia num Templo de Confúcio, na China. E, para quem prefere ler um pequeno relato em português, segue o que foi observado por Schuman (2016, p. 299) naquele país:

> "Bai!", ordena o mestre de cerimônias. "Reverência!", obedece Richard Kong. O empresário é um descendente de Confúcio – a 78ª geração –, e veio ao Templo de Confúcio de Pequim numa manhã quente de setembro de 2011 para homenagear o aniversário do Sábio Supremo – seu 2.562º. Kong curva-se amplamente perante uma placa memorial inscrita com o título de Confúcio no

> salão principal do templo, em seguida ergue sobre a cabeça um tecido de seda amarela esmeradamente dobrado e o depõe em frente do altar, numa oferenda para contentar o espírito de seu ilustre antepassado.

Talvez você esteja se perguntando: Seria possível, então, afirmarque há expressões populares do confucionismo ou, em outras palavras, existe algo que possa ser chamado de "confucionismo popular"? É o que alguns pesquisadores de vários lugares do mundo vêm concluindo, conforme mostra, com excelente poder de síntese, a revisão de literatura do cientista das religiões Yong Chen (2017). Sumarizaremos agora a discussão levantada pelo autor, que se refere, sobretudo, a fenômenos atuais presentes em todo o leste asiático e em comunidades migrantes.

Diante de uma variedade e até inconformidade de termos usados pelos diferentes autores sobre o tema, Chen (2017) aponta que o importante é deixar claro que há dois tipos de confucionismo. O primeiro é a tradição confuciana que se autodenomina como "confucionista" (Ru, eruditos, Rujia, Escola dos eruditos), cujos exemplos são as experiências históricas em governos no passado ou dos eruditos de hoje. O segundo tipo é o "confucionismo popular" (*Mínjiān Rújiào* 民間儒教), que é uma categoria analítica acadêmica, vista externamente, ainda que partindo de informações dos próprios praticantes.

Aqui, o termo *popular* faz referência a características de corte econômico, de comunicação de massa e de compreensão mais cotidiana do confucionismo. Por exemplo, é popular o que apresenta difusão abrangente dos ensinamentos para vários tipos de pessoas, apelo a questões "populares" (que não sejam de uma elite econômica) e interpretações não oficiais de ideias e de práticas. Todavia, não bastam essas qualidades para que um grupo ou prática social seja chamado de *confucionismo popular*; é preciso também, por óbvio, haver elementos marcadamente confucianos.

Mais especificamente, o confucionismo popular atual guarda características próprias. Como mostrado no Capítulo 4, desde a dinastia Ming, foi socialmente aprofundada e difundida a antiga noção sincrética de que os "Três Ensinamentos são um só" (*Sānjiào Héyī* 三教合一), ou seja, confucionismo, daoismo e budismo estariam integrados. Com essas influências, e tendo sofrido o impacto social do neoconfucionismo, foi crescentemente popularizada a prática de cultivo do Dao (Caminho) (*Xiūdào* 修道). Este termo é muito usado entre daoistas para se referir a práticas corporais e mentais de cultivo da saúde visando longevidade, mas a ideia de cultivo (Xiu) é utilizada por confucianos desde a Antiguidade, enfatizando o cultivo das virtudes morais.

Se nos concentrarmos nos elementos exclusivamente de origem confuciana (Ru), podem ser listadas mais duas características: (1) o uso dos clássicos confucianos, especialmente dos Quatro Livros e dos Cinco Clássicos, mas também de textos como o *Clássico da Filialidade*, seja para recitá-los, seja para lê-los como referência de cultivo do Caminho; e (2) o princípio de seguir os ensinamentos dos Eruditos (Rujiao) como eixo central, com base nas noções de transmissão autêntica do Caminho, criada por Zhuxi na dinastia Song, e do mandato celestial.

Segundo Chen (2017), essas características podem ser aplicadas a vários fenômenos que, sem a categoria teórica analítica de confucionismo popular, seriam considerados soltos e difíceis de serem entendidos. Como há uma diversidade de grupos e práticas a que a categoria pode ser aplicada, ele fala de uma continuidade entre dois polos (ver Figura 6.3): em um lado, expressões não institucionais ou vistas como seculares (educacionais, comunitárias etc.) e, no outro, religiões bem-institucionalizadas, normalmente criadas nos últimos séculos e décadas. Trata-se, então, de uma definição inclusiva, mas com critérios claros.

Figura 6.3 – Representação visual do conceito e tipologia do confucionismo popular

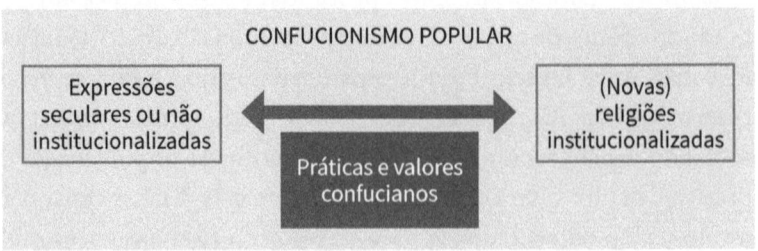

CONFUCIONISMO POPULAR

| Expressões seculares ou não institucionalizadas | ⟷ Práticas e valores confucianos | (Novas) religiões institucionalizadas |

Fonte: Elaborado com base em Chen, 2017.

Para explicar melhor esses dois polos, o autor fala de confucionismo como grande ou pequena tradição, remetendo a um antigo conceito da Ciência das Religiões e da sociologia. A grande tradição confucionista ocorreu principalmente quando essa era uma doutrina oficial do Estado chinês (e também do Estado coreano). Nesse caso, seus líderes conseguiram criar instituições em que seus valores e práticas foram ensinados, como cargos políticos públicos, escolas ou academias. Como pequena tradição, encontramos expressões práticas não oficiais, não ortodoxas, mas ainda assim com valores e fontes confucianas muito popularizados, que abrangem desde oráculos/divinações, possessão ou transe para comunicação com ancestrais e divindades, e até atividades voltadas à caridade.

Quanto à parte religiosa da pequena tradição, já comentamos no Capítulo 5 que migrantes realizam vários tipos de atividades que divulgam, de alguma maneira, as virtudes confucianas. Vale lembrar o caso do culto a Sanfacón em Cuba (Scherer, 2001), símbolo de lealdade e de "chinesidade". Em todo o leste asiático e nos locais de convívio das comunidades chinesas migrantes, é possível observar também a existência de oráculos – como o templo chinês situado em um bairro afastado do sul de São Paulo (Costa, 2015a, 2015b, 2017).

Há, ainda, o caso dos Salões de Fênix (*Luántáng* 鸾堂), "cultos de escrita mediúnica de Taiwan que se identificam explicitamente como confucionistas" (Clart, 2003, p. 5, tradução nossa). Esses cultos deita raízes em fenômenos de séculos anteriores na China continental – mencionamos anteriormente que n'*Os Analectos* são referidos rituais da Antiguidade em que se manifestava mediunidade ou transe espiritual. Tais práticas influenciaram muitos grupos com seus Escritos Sagrados (mediúnicos) dos Salões de Fênix (*Luántáng Shèngdiǎn* 鸾堂圣典), os quais são atravessados por valores confucianos, mas expressam também valores budistas e daoistas. É aí que entra o outro polo do confucionismo popular.

Como a grande tradição já não funciona da mesma maneira que na época imperial, outros fenômenos substituíram seu papel ortodoxo e, principalmente, ortoprático (das práticas entendidas como "autênticas"). É preciso contextualizar algumas informações agora. Ao longo da história chinesa, a noção de Três Ensinamentos foi se intensificando, gerando, na dinastia Ming, "novas religiões" que sincretizavam as religiões tradicionais – algo que já acontecia antes, mas de forma pontual. Na dinastia Qing essas novas religiões se fortaleceram e se difundiram, sobretudo entre classes mais pobres e populares, as quais, inclusive, rejeitavam o excesso de intelectualismo dos Eruditos, mas seguiam com vigor suas práticas rituais (Li).

Muitas dessas novas tradições apresentam características marcadamente confucianas. Elas trabalham com os clássicos confucionistas, rituais (com todos os elementos que se pode imaginar) que tentam reproduzir ritos oficiais dos Eruditos (Ru), inclusive cerimônias imperiais, ou simplesmente um vocabulário das virtudes confucianas. Em sua maioria, formaram-se nos séculos XIX e XX e tiveram influência inicial dos Salões de Fênix.

Um exemplo de nova religião que chegou ao Brasil (Costa, 2017) é o movimento que por vezes se chama *Tiān Dào* 天道, Caminho Celestial, ou *Yīguàn Dào* 一贯道, Caminho do Princípio da Unidade – termo inspirado na passagem 4.15 d'*Os Analectos* (Confúcio, 2012, 2007). Conforme explica Chen (2017), essa tradição é uma de muitas que passou por um processo de "confucionização", ou seja, elementos confucianos gradativamente se tornaram centrais. Com base em outros estudos, o autor pontua três elementos que compõem a confucionização da religião do Caminho do Princípio da Unidade.

O primeiro elemento confuciano, já em sua formação original no século XIX, foi a elaboração de uma teologia baseada nos clássicos confucianos, como o *Grande Aprendizado* (Liji, 2006; Bueno, 2011b), mas já com traços do monoteísmo islâmico e cristão que influenciaram a cultura chinesa. O segundo foi a inversão, no início do século XX, do preceito de "antes autocultivo, depois iniciação" para o "antes ser iniciado para depois o autocultivo", o que encaminhou para a iniciação os familiares dos praticantes – a prioridade da família é um elemento central do confucionismo. O terceiro foi a mudança de foco durante os anos 1980 EC dos ritos de mediunidade para práticas focadas nos clássicos, como recitação de jovens ou palestras com interpretações de seus líderes.

Como expressão institucionalizada do confucionismo (sempre sincretizado com outras tradições), essas novas religiões servem de substitutas do papel social da antiga "grande tradição" confuciana. Isso ocorre porque se apresentam e se expressam como portadoras da "transmissão do Caminho". Assim, como se consideram continuadores e divulgadores dos valores e das práticas confucionistas ortodoxas, acreditam que fazem o que é certo e legítimo de maneira que contribuem para promover a harmonia em *tudo sob o Céu*.

Sejam as práticas mais específicas e não institucionalizadas, sejam as novas religiões que se enquadram no grande conceito de confucionismo popular, esses fenômenos mostram que o confucionismo é ainda hoje uma tradição viva. Longe de serem apenas letras mortas em livros de biblioteca, as práticas e os ensinamentos confucianos (Rujiao) são vivenciados sobretudo no leste asiático, mas também em diversas partes do mundo para onde esses povos migraram. Até mesmo entre pessoas de culturas não asiáticas esses elementos podem ser praticados, já que festivais populares e novas religiões também alcançam esse novo público.

Esse último caso abre possibilidade para se pensar o confucionismo como "religião mundial" (Sun, 2013). No entanto, de uma maneira menos controversa, as novas religiões "confucionizadas", ou manifestações de um confucionismo popular, podem claramente ser entendidas como "religiões vivenciadas" (Sun, 2013). O termo (*lived religion[s]*), próprio do contexto da virada material da Ciência das Religiões da América do Norte que ocorre desde o final do século XX, chegou a formar uma corrente teórica (Vásquez, 2011).

Para os defensores do conceito de religião vivenciada (como Robert Orsi, 1997), as religiões devem ser interpretadas mais como práticas cotidianas feitas por pessoas e materializadas em espaços e coisas, e menos como resultado de fontes textuais, visão que configura uma teoria dinâmica das religiões. Assim, ao aplicarmos essas ideias ao confucionismo, ao pensar essa tradição, por mais que as obras centrais dela sejam relevantes, é essencial observar como os valores confucianos são vivenciados pelas pessoas que acreditam neles ou foram educados por eles. Para o pesquisador que mora no Brasil, para entender melhor o confucionismo, é aconselhável observar o comportamento de famílias de imigrantes chineses ou coreanos, tal como o fez Rosana Pinheiro-Machado (2007) – conforme citamos no Capítulo 5.

Por fim, em um entendimento descolonial (Dussel, 2000) em geral e crítico do orientalismo dentro da Ciência das Religiões (Smith, 2006; King, 2005) especificamente, somos mais inclinados a manter a crítica de que o confucionismo não pode ser adequadamente chamado de religião. Aceitamos que existem alguns bons argumentos para incluir o confucionismo no debate mais amplo sobre religiões e, até mesmo, sobre as "religiões mundiais" (Sun, 2013). Contudo, em nossa perspectiva, é mais apropriado tratá-lo como sistema cultural que, de um lado, tem elementos religiosos (entre outros aspectos) e, de outro, fornece bases para várias expressões culturais, inclusive para novas religiões chinesas, como evidenciam os exemplos que analisamos neste capítulo.

Síntese

Tópicos do Capítulo 6

Tópicos trabalhados	Conceitos teóricos ou característica do confucionismo
Etimologia de *religião* Durkheim e as religiões como "coisas" sociais Hanegraaff: religião, uma religião/religiões, e espiritualidade *Zōngjiào* 宗教: conceito chinês de religião Nosso conceito de religião	▪ O termo *religião* tem origem na palavra latina *religio* (ação cuidadosa, escrupulosa diante de algo importante), tendo diversas derivações e interpretações posteriores. ▪ Hanegraaff formula o conceito de religião mais aceito na Ciência das Religiões pelo mundo; ele associa as religiões a instituições, e a espiritualidade, à interpretação e à prática pessoal com base nos fundamentos sociais. ▪ O que distingue "coisas" religiosas/espirituais de outros tipos de expressões culturais é a referência a seres ou a princípios metaempíricos. ▪ A visão chinesa e japonesa do termo *religião*, traduzido como *Zōngjiào* 宗教, inclui, além dos ensinamentos, a importância da linhagem para as religiões. ▪ Nosso conceito: religiões são sistemas culturais com práticas e ensinamentos que remetem a aspectos metaempíricos e são socialmente mantidos mediante linhagens construídas pelos praticantes.

(continua)

(conclusão)

Tópicos trabalhados	Conceitos teóricos ou característica do confucionismo
Elementos religiosos presentes n'*Os Analectos*: • Sacrifícios e purificação • Céu e mandato celestial • Altares e templos • Divindades (espíritos) • Divinação e *Yijing* • (Culto aos) ancestrais • Morte e ritos de luto Meditação confuciana: "Sentar em tranquilidade" (*Jìngzuò* 靜坐)	• Ritos propriamente religiosos, que fazem menção direta a seres metaempíricos (divindades, espíritos, ancestrais falecidos) são o tema religioso mais presente n'*Os Analectos*, num tom de respeito e de distanciamento; o mais importante é aprender a ter a postura de respeito em todas as situações. • A relação com o princípio metaempírico do Céu e, especialmente, do mandato celestial é algo de muita importância para os confucianos, algumas vezes servindo de explicação metafísica do mundo social e natural. • Também são mencionados direta ou indiretamente diversos seres metaempíricos e seus respectivos templos ou altares em lugares dispersos d'*Os Analectos*, com destaque aos ancestrais já falecidos, cuja homenagem ritual é símbolo de filialidade por parte de quem homenageia. • Há poucas, mas importantes menções a oráculos e ao *Clássico das Mutações* como livro divinatório e filosófico, à prática de oráculos e à formulação inicial de uma cosmologia metafísica, que foi desenvolvida ao longo da história confuciana. • A ideia de cultivo interno da moralidade, por influência do budismo e do daoismo, transforma-se no confucionismo também na prática de meditação sentada.
Grande tradição e pequena tradição Confucionismo erudito e confucionismo popular Novas religiões chinesas "confucionizadas" Virada material da Ciência das Religiões e o conceito de religião vivenciada (*lived religion*)	• Grande tradição como o aspecto oficial, regulamentado, hierarquizado das tradições; pequena tradição como o aspecto popular e cotidiano (conceitos analíticos, e não julgamentos). • Confucionismo oficial dos eruditos, de tendência política, educacional e burocratizado. • Confucionismo popular como práticas de "massa", cotidianas ou familiares que seguem ensinamentos confucianos. • Cultos populares que se institucionalizam transformam-se em novas religiões chinesas. • Algumas das novas religiões chinesas passam por um processo de "confucionização": elementos confucionistas tornam-se centrais. • Uma maneira inovadora de estudar tais fenômenos sociais é observar a materialidade deles, as práticas cotidianas e as interpretações dos ensinamentos confucianos no dia a dia. • O confucionismo não é formado apenas por livros antigos, constituiu uma política oficial durante séculos e continua como uma tradição viva que tem impacto na vida de milhões de asiáticos e seus descendentes.

> **INDICAÇÕES CULTURAIS**
>
> AUTUMNAL SACRIFICE TO CONFUCIUS: A STUDY OF CONFUCIANISM'S SACRIFICIAL TRADITION. Disponível em: <https://academics.hamilton.edu/asian_studies/home/autumnalsacrifice/pages/videos.html>. Acesso em: 8 dez. 2020
>
> Esse *site* contém diversos vídeos que mostram ritos cerimoniais que incluem oferendas sacrificiais em templos confucianos. Não é necessário conhecer a língua para compreender esses vídeos, basta aproveitar a experiência de observar ao menos um ritual confuciano.

Atividades de autoavaliação

1. Max Müller, dizia que quem conhece somente uma religião, na verdade não conhece nenhuma. Isso tem uma conexão direta com o conceito de religião. Assinale a seguir a alternativa que melhor explica a frase de Müller.
   A) Se uma pessoa conhece tão somente a própria tradição religiosa, ela não tem referência suficiente para entender outros exemplos do tipo de fenômeno chamado *religião*
   B) Basta conhecer bem a própria religião, para, então, estar apto para conhecer todas as outras.
   C) É preciso conhecer todas as religiões para, depois, conhecer a própria religião.
   D) Certas pessoas conhecem várias religiões, e outras conhecem só a que praticam, e todas entendem de religiões.
   E) Não é necessário conhecer religião alguma para entender as religiões.

2. No que concerne à etimologia do termo *religião*, leia as afirmações seguinte:.
   I. O termo *religião* deriva originalmente de *religare*, de religação ao deus cristão e só depois de *religio*, dos antigos romanos.
   II. O termo *religio* significa fazer algo com cuidado ou escrupulosamente e é proveniente do antigo *latim*, sendo a raiz da moderna palavra *religião*.
   III. Em chinês, *religião* é palavra traduzida por *Zōngjiào* 宗教, termo em cuja formação *zong* 宗 significa "culto dos antepassados" ou "linhagem", e *jiao* 教 significa "ensinamento" ou "doutrina".

   A respeito dessas proposições, assinale a alternativa correta:
   A] Apenas I é falsa.
   B] Apenas II é verdadeira.
   C] Apenas II e III são falsas.
   D] Todas são falsas.
   E] Todas são verdadeiras.

3. Neste capítulo, empreendemos uma análise textual dos elementos religiosos presentes n'*Os Analectos*, uma prática comum entre cientistas das religiões desde o século XIX. Encontramos alguns elementos-chave que mencionam aspectos metaempíricos, como ritos sacrificiais para divindades ou para o Céu. Sobre os elementos encontrados nessa análise textual, leia as afirmações a seguir:.
   I. N'*Os Analectos*, encontramos pouco mais de 10% de passagens com elementos religiosos, mostrando que esse assunto não é central na obra, embora seja recorrente.
   II. Uma leitura d'*Os Analectos* mostra que os antigos chineses da época de Confúcio acreditavam em diversas divindades e tinham uma etiqueta ritual (Li) para cada uma delas.

III. É possível encontrar menções a práticas divinatórias ou oraculares n'*Os Analectos*, o que mostra que a comunicação com seres e princípios metaempíricos existe nessa tradição.

A respeito dessas proposições, assinale a alternativa correta:

A] Somente I e II são verdadeiras.
B] Somente II e III são verdadeiras.
C] Todas são verdadeiras.
D] Apenas III é verdadeira.
E] Todas são falsas.

4. Graças à inter-relação intensa com o budismo e o daoismo, eruditos (Ru) da dinastia Song começaram a elaborar uma forma própria de meditação sentada, o "sentar em tranquilidade". Contudo, diferentemente da meditação dos budistas e dos daoistas, a meditação neoconfuciana:

A] tinha como meta preparar seus praticantes para viver em comunidades distantes de suas famílias e do governo para explorar com mais intensidade a espiritualidade.
B] tinha como objetivo auxiliar quem a praticasse a ser capaz de viver de maneira mais natural, seguindo o fluxo da naturalidade.
C] tinha o mesmo fim das práticas daoistas e budistas, que era o cultivo do egoísmo e do afastamento de qualquer moralidade.
D] era voltada a um autocultivo que pretendia desenvolver o praticante moralmente para servir melhor à sociedade.
E] era centrada na ideia de iluminação, que pretendia desenvolver o praticante moralmente para ser um santo isolado da sociedade e da família.

5. A ideia de confucionismo popular é um conceito analítico pensado por pesquisadores para ajudar na compreensão de uma ampla rede de fenômenos que têm diversos nomes. Ao abranger um número tão grande de grupos e práticas, essa

categoria esclarece que o confucionismo não apenas reúne textos antigos em bibliotecas, mas também fornece, até hoje, bases culturais para religiões vivenciadas cotidianamente por pessoas. Sobre isso, é **incorreto** afirmar que:

A] milhões de pessoas em todo o mundo vivenciam valores confucianos no dia a dia.
B] o confucionismo é, sem dúvida alguma, uma religião.
C] comunidades de chineses migrantes muitas vezes vivenciam práticas confucianas.
D] as novas religiões chinesas substituíram o antigo confucionismo estatal como referência de ortodoxia da tradição.
E] até mesmo expressões seculares, como a recitação de clássicos, mostram que o confucionismo é uma cultura viva e vivenciada por muitos.

ATIVIDADES DE APRENDIZAGEM

Questões para reflexão

1. Quando formulamos o conceito de *religião*, sinalizamos que ele carrega uma formação histórica em línguas e culturas da Europa. Por isso, foi necessário buscar pelos termos propriamente chineses para nos aproximarmos do estudo de uma tradição chinesa. Fizemos isso para desconstruir a visão eurocêntrica do estudo das religiões, ao mesmo tempo em que abrimos nossa mente para outra perspectiva advinda de uma cultura diferente da nossa, brasileira. Em sua vida, suas referências são também de origem europeia/estadunidense ou você se utiliza de referências da própria cultura e de outras culturas diferentes da sua? (Por exemplo, você já viu filmes que não sejam brasileiros, nem da Europa, nem dos Estados Unidos? Já leu algum livro escrito por pessoas da África ou da Ásia? Já comeu refeições de países latino-americanos?)

2. Confúcio defende que se deve respeitar as divindades, mas sem esquecer de cuidar das pessoas e da vida prática. Esse pensamento foi aplicado na política confuciana, de forma que o Estado chinês sempre teve diversidade religiosa, embora as religiões tenham sido controladas por Eruditos confucianos (Ru) para que não tomassem o poder. Se você fosse governante de um país ou de uma cidade, você buscaria dar mais liberdade às religiões ou buscaria controlar o poder delas para que não prejudicassem a liberdade das pessoas?

Atividade aplicada: prática

1. Você sabe organizar seu conhecimento e seu estudo? Organizar o pensamento é fundamental para que suas expressões sejam mais claras e eficientes. Uma das formas de fazer isso é sistematizar suas leituras. Na seção 6.2, apresentamos um quadro com o resultado de nossa leitura d'*Os Analectos* contendo o recorte de elementos religiosos, um exemplo de produto de uma leitura sistemática. No entanto, o processo todo é mais completo. A atividade a seguir pode ser feita com qualquer leitura, mas recomendamos que você comece com este capítulo. Cumpra os passos a seguir:

1º Faça uma leitura rápida, evitando parar (se o texto for longo, leia cada pequena parte ou seção de uma vez só).

2º Faça uma segunda leitura completa, marcando de alguma maneira pequenos trechos em que as ideias do autor se destaquem (seus argumentos, suas teses ou conclusões). Se possível, faça um fichamento: transcreva esses trechos marcados em uma folha ou documento virtual.

3º Releia somente os trechos marcados para fixar o conhecimento.

4º Resuma o que leu em uma síntese ou em tópicos.

5º Prepare uma apresentação para expor o tema a colegas ou pessoas próximas leigas no assunto. Empenhe-se para ser claro e direto ao expor suas ideias. Na medida do possível, mantenha-se fiel ao texto lido, mas sinta-se à vontade para adequá-lo à forma como você se comunica para o público que vai ouvi-lo. Depois de fazer a exposição, pergunte a seus interlocutores o que entenderam para que você observe como a mensagem foi interpretada por eles.

CONSIDERAÇÕES FINAIS

Ao finalizar a leitura desta obra, certamente é notável para você, leitor, a rica diversidade interna da grande tradição que se relaciona ao legado de Confúcio, o que mostra que o confucionismo continua vivo e, atualmente, tem passado por um intenso processo de transformação para se adaptar aos novos desafios. Em nosso entendimento, o confucionismo é um sistema cultural que envolve política, filosofia, moralidade, religião/espiritualidade e educação, havendo, é claro, outras palavras que nomeiem diversos aspectos da realidade confuciana. Nossa principal conclusão com este livro é que, além da diversidade interna desse sistema, o confucionismo é uma tradição marcada pelas transformações decorrentes de encontros interculturais.

As diversas tradições que desafiaram o confucionismo geraram reações confucianas que a enriqueceram e a dinamizaram. Como resultado, podem ser vistos: os antigos filósofos defensores do pensamento de Confúcio, as cosmologias confucianas, a meditação confuciana de "sentar na tranquilidade", a visão confucionista de convivência pacífica de várias tradições, o confucionismo como marca da identidade chinesa e, claro, o recente constitucionalismo confuciano. Ao mesmo tempo, existiram e ainda existem diversas tradições que foram desafiadas pelos confucionistas e, por isso, tiveram de elaborar respostas que também fizeram surgir novidades em seu meio, principalmente o legalismo, o budismo, o daoismo e o cristianismo.

Ao longo do livro, mostramos um panorama histórico dessa tradição. Citamos desde suas raízes na Antiguidade, passando pela transformação do legado antigo feita por Confúcio, pela formação do confucionismo por seus primeiros defensores filósofos, a longa experiência confuciana como doutrina oficial do Estado até a crise pela qual passou durante a modernidade causada principalmente pelo século da humilhação na China. Por fim, refletimos sobre os aspectos religiosos presentes no confucionismo, não apenas mostrando as expressões populares e dos eruditos (Ru), mas também conceituando religião com base em fundamentos teóricos da Ciência das Religiões, desafiados pela singularidade da cultura chinesa e do confucionismo.

Finalizamos esta singela obra desejando que você, leitor, tenha alcançado um direcionamento básico para a compreensão deste sistema cultural tão complexo que é o confucionismo. Intencionamos apenas fornecer fundamentos para o estudo dos temas aqui abordados – o confucionismo, a China, as culturas humanas, as religiões asiáticas e a Ciência das Religiões. Por essa razão, desejamos que continue a buscar aprofundamento nesses assuntos, lembrando-se sempre de que até mesmo os eruditos confucianos, sempre ávidos por conhecimento, também buscavam aquietar sua própria mente e aplicar o que aprenderam. Que seu aprendizado continue por toda a vida!

REFERÊNCIAS

ADLER, J. A. **Reconstructing the Confucian Dao**: Zhu Xi's Appropriation of Zhou Dunyi. New York: Suny Press, 2014.

AZEVEDO, C. A. de. A procura do conceito de religio: entre o relegere e o religare. **Religare: Revista do Programa de Pós-Graduação em Ciências das Religiões da UFPB**, v. 7, n. 1, p. 90-96, mar. 2010. Disponível em: <https://periodicos.ufpb.br/ojs/index.php/religare/article/view/9773/5351>. Acesso em: 2 dez. 2020.

BARRETT, T. H.; TAROCCO, F. Terminology and Religious Identity: Buddhism and the Genealogy of the term Zongjiao. In: KRECH, V.; STEINICKE, M. (Ed.). **Dynamics in the History of Religions between Asia and Europe**: Encounters, Notions, and Comparative Perspectives. Brill: Leiden, 2014. p. 307-319.

BELL, D. A. Introduction. In: JIANG, Q. **A Confucian Constitutional Order**: how China's Ancient Past can Shape its Political Future. Princeton/Oxford: Princeton University Press, 2013. p. 1-24.

BRASIL. Ministério da Educação. **Base Nacional Comum Curricular**. Brasília, 2018. Disponível em: <http://basenacionalcomum.mec.gov.br/images/BNCC_EI_EF_110518_versaofinal_site.pdf>. Acesso em: 2 dez. 2020.

BUENO, A. **A arte da guerra chinesa**: a história da estratégia na China, de Sunzi a Maozedong. São Paulo: Madras, 2019.

BUENO, A. **A educação chinesa na visão confucionista**. EducArte, 2011a. Disponível em: <https://www.academia.edu/1439632/EducArte_a_Educa%C3%A7%C3%A3o_Chinesa_numa_vis%C3%A3o_confucionista>. Acesso em: 2 dez. 2020.

BUENO, A. **Cem textos de história chinesa**. União da Vitória: FAVIUV/Kaygangue, 2011b.

BUENO, A. Confúcio no Brasil: um problema literário e epistemológico. In: BUENO, A. et al. (Org.). **Imagens da América Latina**. União da Vitória: Guari, 2014. p. 112-128.

BUENO, A. Confúcio volta à cena: 'a batalha pelo império' e o resgate do confucionismo na China. In: NETO, J.; LEÃO, K.; RICON, L. **Imagens em movimento**: ensaios sobre cinema e história. Rio de Janeiro: Autografia/ Recife: EDUPE, 2016. p. 46-64.

BUENO, A. Introdução e apresentação. In: CONFÚCIO. **As lições do mestre**. São Paulo: Jardim dos Livros, 2013. p. 5-23.

CASCUDO, L. da C. **Dicionário do folclore brasileiro**. Rio de Janeiro: Ediouro, 2005.

CASCUDO, L. da C. **Literatura oral no Brasil**. São Paulo: Global, 2009.

CHEN, Y. Conceptualizing "Popular Confucianism": the Cases of Ruzong Shenjiao, Yiguan Dao, and De Jiao. **Journal of Chinese Religions**, v. 45, n. 1, p. 63-83, 2017.

CHENG, A. **História do pensamento chinês**. Petrópolis: Vozes, 2008.

CLART, P. Confucius and the Mediums: is There a "Popular Confucianism"? **T'oung Pao**, v. 89, n. 1, p. 1-38, 2003.

CONFÚCIO. **As lições do mestre**. Tradução, introdução e organização de André Bueno. São Paulo: Jardim dos Livros, 2013.

CONFÚCIO. **Os Analectos**. Tradução, introdução, comentários e notas de Giorgio Sinedino. São Paulo: Ed. da Unesp, 2012.

CONFÚCIO. **Os Analectos**. Tradução, introdução e notas de D. C. Lau. Porto Alegre: L&PM, 2007.

COSTA, M. O. da. Chinese Religions. In: GOOREN, H. (Org.). **Encyclopedia of Latin American Religions**. Heidelberg/New York: Springer, 2015a. p. 1-5.

COSTA, M. O. da. **Ciência da Religião Aplicada como o terceiro ramo da *Religionswissenschaft***: história, análises e propostas de atuação profissional. 241 f. Tese (Doutorado em Ciência da Religião) – Pontifícia Universidade Católica de São Paulo, São Paulo, 2019. Disponível em: <https://tede2.pucsp.br/handle/handle/22356>. Acesso em: 1º dez. 2020.

COSTA, M. O. da. **Daoismo tropical**: Transplantação do Daoismo ao Brasil através da Sociedade Taoísta do Brasil e da Sociedade Taoísta SP. 235 f. Dissertação (Mestrado em Ciência da Religião) – Pontifícia Universidade Católica de São Paulo, São Paulo, 2015b. Disponível em: <https://tede2.pucsp.br/handle/handle/1956>. Acesso em: 2 dez. 2020.

COSTA, M. O. da. Religiões chinesas institucionalizadas na América Latina: um estudo exploratório-descritivo. In: BAGGIO, F.; PARISE, P.; SANCHEZ, W. L. (Org.). **Diásporas africanas e processos sociorreligiosos**. São Paulo: Paulus, 2017. p. 249-262.

DURKHEIM, E. **As formas elementares da vida religiosa**: o sistema totêmico na Austrália. São Paulo: M. Fontes, 1996.

DUSSEL, E. Europa, modernidad y eurocentrismo. In: LANDER, E. (Org.). **La colonialidad del saber**: eurocentrismo y ciencias sociales – perspectivas latinoamericanas. Buenos Aires: Clacso, 2000. p. 55-70.

EDUCAÇÃO UOL. Ásia – Leste Asiático – Divisão Política. 2013. Disponível em: <https://educacao.uol.com.br/disciplinas/geografia/asia---leste-asiatico-divisao-politica.htm>. Acesso em: 21 dez. 2020.

FAIRBANK, J. K.; GOLDMAN, M. **China**: a New History. 2. ed. London: Harvard University Press, 2006a.

FAIRBANK, J. K.; GOLDMAN, M. **China**: uma nova história. Porto Alegre: L&PM, 2006b.

GRANET, M. **O pensamento chinês**. Rio de Janeiro: Contraponto, 1997.

HANEGRAAFF, W. J. Definindo religião, apesar da história. Traduzido por Fábio L. Stern. **Religare: Revista do Programa de Pós-Graduação em Ciências das Religiões da UFPB**, João Pessoa, v. 14, n. 1, p. 202-247, dez. 2017. Disponível em: <https://periodicos.ufpb.br/index.php/religare/article/view/37583>. Acesso em: 18 dez. 2020.

HARBSMEIER, C. Hsün Tzu's Logic. In: NEEDHAM, J. **Science and Civilisation in China**. Cambridge: Cambridge University Press, 1998. p. 321-326. v. 7, Part I: Language and Logic.

HORACIO, H. H. Religião civil e religião secular: a religião como política e a política como religião. In: SIMPÓSIO NACIONAL DA ASSOCIAÇÃO BRASILEIRA DE HISTÓRIA DAS RELIGIÕES, 12., 2011.

HO, Y. C. **Antropologia filosófica e fundamentos de educação nos *Analectos* de Confúcio**: subsídios para um estudo comparativo intercultural. 116 f. Dissertação (Mestrado em Educação) – Universidade de São Paulo, São Paulo, 1999. Disponível em: <https://repositorio.usp.br/item/001019832>. Acesso em: 2 dez. 2020.

HO, Y. C. **O resgate do coração perdido**: virtude e justiça na educação menciana. 211 f. Tese (Doutorado em Educação) – Universidade de São Paulo, São Paulo, 2006. Disponível em: <https://repositorio.usp.br/item/001536857>. Acesso em: 2 dez. 2020.

HUANG, Y. **Confucius**: a guide for the perplexed. London: Bloomsbury Academic, 2013.

INSTITUTO CONFÚCIO NA UNESP. Sobre o Instituto Confúcio na Unesp. (Estrutura). 2020. Disponível em: <https://www.institutoconfucio.com.br/sobre/>. Acesso em: 2 dez. 2020.

IVANHOE, P. J.; KIM, S. Introduction. IVANHOE, P. J.; KIM, S. (Ed.). **Confucianism, a Habit of the Heart**: Bellah, Civil Religion, and East Asia. New York: Suny, 2016. p. 1-24.

JIANG, Q. **A Confucian Constitutional Order**: how China's Ancient Past can Shape its Political Future. Princeton/Oxford: Princeton University Press, 2013.

KALTENMARK, M. **A filosofia chinesa**. Lisboa: Edições 70, 1981.

KAO, J. B. S. T. **Confucionismo e tridemismo**. Rio de Janeiro: Franciscanos, 1953.

KING, R. Orientalism and the Study of Religions. In: HINNELLS, J. R. **The Routledge Companion to the Study of Religion**. New York: Routledge, 2005. p. 275-290.

KNOBLOCK, J. (Ed.). **Xunzi**: a translation and study of the complete works. Stanford: Stanford University Press, 1988.

KOHN, L. Jingzuo 静坐 "quiet sitting". In: PREGADIO, F. (Org.). **The Encyclopedia of Taoism**. London/New York: Routledge, 2008. p. 575-576.

LAI, K. L. **Introdução à filosofia chinesa**: confucionismo, moismo, daoismo e legalismo. São Paulo: Madras, 2009.

LAMBERT, Y. **O nascimento das religiões**: da pré-história às religiões universalistas. São Paulo: Loyola, 2011.

LAO TSE. **Tao Te Ching**: o livro do caminho e da virtude (*Dào Dé jīng*). Tradução e comentários de Wu Jyh Cherng; coautoria, transcrição, edição e adaptação de Marcia Coelho de Souza. Rio de Janeiro: Mauad X, 2011.

LAOZI. **Dao De Jing**: Escritura do Caminho e Escritura da Virtude com os comentários do Senhor às Margens do Rio. Tradução, notas, variantes e seleção de textos por Giorgio Sinedino. São Paulo: Editora Unesp, 2016.

LAU, D. C. Introdução, notas, apêndices e tradução. In: CONFÚCIO. **Os Analectos**. Porto Alegre: L&PM, 2007.

LIEZI. **Vazio Perfeito**. Tradução e notas de Chiu Yi Chih. São Paulo: Mantra, 2020.

LIJI 禮記. In: STURGEON, D. **Chinese Text Project**. 2006. Disponível em: <https://ctext.org/liji>. Acesso em: 2 dez. 2020.

LIU, D. J. **An introduction to the Zhou Yi (Book of Changes)**. Asheville-EUA: Chiron Publications, 2019.

LOEWE, M. **Dong Zhongshu, a 'Confucian' Heritage and the Chunqiu Fanlu**. Leiden: Brill, 2011.

MAKEHAM, J. Introduction. In: MAKEHAM, J. (Ed.). **New Confucianism**: a Critical Examination. New York: Palgrave Macmillan, 2003. p. 1-21.

MILLER, A. 春秋左傳 **Chunqiu Zuozhuan** (online translate). University of Virginia, 2007. Disponível em <http://www2.iath.virginia.edu/saxon/servlet/SaxonServlet?source=xwomen/texts/chunqiu.xml&style=xwomen/xsl/dynaxml.xsl&doc.view=tocc&chunk.id=tpage&toc.depth=1&toc.id=d2.3&doc.lang=bilingual>. Acesso em: 2 dez. 2020.

MÜLLER, F. M. **Introduction to the Science of Religion**: Four Lectures Delivered at the Royal Institution, in February and May, 1870. London: Longmans, Green & Co., 1882.

NEEDHAM, J. **Science and civilisation in China**: introductory orientations. Cambridge: Cambridge University Press, 1954. v. 1.

ORSI, R. Everyday miracles: The study of lived religion. In: HALL, D. **Lived religion in America**: toward a history of practice. Princeton: Princeton University Press, 1997, p. 3-21.

OWNBY, D. Kang Xiaoguang: Social Science, Civil Society, and Confucian Religion. **China Perspectives: Religious Reconfigurations in the People's Republic of China**, n. 4, p. 101-111, 2009. Disponível em: <https://journals.openedition.org/chinaperspectives/4928>. Acesso em: 2 dez. 2020.

PALAIS, J. B. Confucianism and the Aristocratic/Bureaucratic Balance in Korea. **Harvard Journal of Asiatic Studies**, v. 44, n. 2, p. 427-468, Dec. 1984. Disponível em: <http://lea.vitis.uspnet.usp.br/arquivos/confucianism-and-the-aristocratic-bureaucratic-balance-in-korea_james-palais.pdf>. Acesso em: 2 dez. 2020.

PASTOR, R. M. **A descoberta de Confúcio pela Europa**: a interpretação do confucionismo clássico pelos jesuítas na missão da China (século XVII). 2019. 166 f. Dissertação (Mestrado em História) – Universidade Federal Rural do Rio de Janeiro, Seropédica, 2019. Disponível em: <https://sucupira.capes.gov.br/sucupira/public/consultas/coleta/trabalhoConclusao/viewTrabalhoConclusao.jsf?popup=true&id_trabalho=7628484>. Acesso em: 2 dez. 2020.

PINHEIRO-MACHADO, R. A ética confucionista e o espírito do capitalismo: narrativas sobre moral, harmonia e poupança na condenação do consumo conspícuo entre chineses ultramar. **Horizontes Antropológicos**, Porto Alegre, v. 13, n. 28, p. 145-174, jul./dez. 2007. Disponível em: <https://www.scielo.br/pdf/ha/v13n28/a07v1328.pdf>. Acesso em: 2 dez. 2020.

PINHEIRO-MACHADO, R. **China, passado e presente**: um guia para compreender a sociedade chinesa. Porto Alegre: Artes e Ofícios, 2013.

POCESKI, M. **Introdução às religiões chinesas**. São Paulo: Ed. da Unesp, 2013.

SANTOS, A. F. dos. **A contribuição do confucionismo para as inter-relações doutrinárias presentes no pensamento japonês durante a formação do Período Edo (Séc. XVII)**. 172 f. Dissertação (Mestrado em História) – Universidade Federal do Rio Grande do Sul, Porto Alegre, 2011. Disponível em: <https://lume.ufrgs.br/handle/10183/36979>. Acesso em: 2 dez. 2020.

SANTOS, R. O. dos. Ciência da Religião e transposição didática: compreensão e impacto no ensino religioso. **PLURA: Revista de Estudos de Religião**, v. 9, n. 1, p. 30-55, 2018. Disponível em: <https://revistaplura.emnuvens.com.br/plura/article/view/1477/pdf_240>. Acesso em: 2 dez. 2020.

SCHERER, F. Sanfancón: orientalism, self-orientalization and "Chinese Religion" in Cuba. In: TAYLOR, P. **Nation Dance**: religion, identity, and cultural difference in the Caribbean. Indianapolis: Indiana University Press, 2001. p. 153-170.

SCHUMAN, M. **Confúcio e o mundo que ele criou**. São Paulo: Três Estrelas, 2016.

SHEN, G. et al. Age of Zhoukoudian Homo erectus determined with 26 Al/10 Be burial dating. **Nature**, v. 458, n. 7235, p. 198-200, 2009.

SHUJING. In: STURGEON, D. **Chinese Text Project**. 2006. Disponível em: <https://ctext.org/shang-shu>. Acesso em: 2 dez. 2020.

SINEDINO, G. Introdução e comentários. In: CONFÚCIO. **Os Analectos**. São Paulo: Ed. da Unesp, 2012.

SMITH, W. C. **O sentido e o fim da religião**. São Leopoldo: Sinodal, 2006.

SOUZA, J. G. V. de. **Zhuangzi**: uma tradução comentada do segundo capítulo. 2016. 115 f. Dissertação (Mestrado) – Universidade de São Paulo, São Paulo, 2016. Disponível em: <https://www.teses.usp.br/teses/disponiveis/8/8133/tde-13102016-151251/pt-br.php>. Acesso em: 2 dez. 2020.

STERN, F. L. Homossexualidade, transexualismo e Medicina Tradicional Chinesa. **Bagoas-Estudos gays: gêneros e sexualidades**, v. 4, n. 5, p. 95-118, 2010. Disponível em: <https://periodicos.ufrn.br/bagoas/article/view/2314>. Acesso em: 2 dez. 2020.

STERN, F. L.; COSTA, M. O. Metodologias desenvolvidas pela genealogia intelectual da Ciência da Religião. **Sacrilegens**, Juiz de Fora, v. 14, p. 70-89, 2017. Disponível em: <https://periodicos.ufjf.br/index.php/sacrilegens/article/view/26967>. Acesso em: 2 dez. 2020.

STURGEON, D. **Chinese Text Project**. 2006. Disponível em: <https://ctext.org/>. Acesso em: 2 fev. 2020.

SUN, A. **Confucianism as a World Religion**: Contested Histories and Contemporary Realities. Princeton: Princeton University Press, 2013.

SUN-TZU. **A arte da guerra**. São Paulo: Conrad, 2010.

TAYLOR, R. L.; CHOY, H. Y. F. Ching-tso (Quiet-Sitting). In: TAYLOR, R. L.; CHOY, H. Y. F. **The Illustrated Encyclopedia of Confucianism**. New York: The Rosen Publishing Group, 2005a. p. 90-92.

TAYLOR, R. L.; CHOY, H. Y. F. Mou Tsung-san. In: TAYLOR, R. L.; CHOY, H. Y. F. **The Illustrated Encyclopedia of Confucianism**. New York: The Rosen Publishing Group, 2005b. p. 442-443.

THE ANALECTS. In: STURGEON, D. **Chinese Text Project**. 2006. Disponível em: <https://ctext.org/analects>. Acesso em: 2 dez. 2020.

USARSKI, F. Etimologia do termo religião e suas funções didáticas. **Diálogo – Revista de Ensino Religioso**, São Paulo, ano XVIII, n. 71, pp. 14-19, ago./set. 2013. Disponível em: <https://www.academia.edu/16236239/Etimologia_do_termo_religi%C3%A3o_e_suas_fun%C3%A7%C3%B5es_did%C3%A1ticas>. Aceso em: 2 dez. 2020.

VAN NORDEN, B. W. **Introdução à filosofia chinesa clássica**. Petrópolis: Vozes, 2018.

VASCONCELOS, D. T. de. Uma introdução ao retorno da legitimidade de Confúcio na República Popular da China. **Cadernos de História UFPE (CADHIST UFPE)**, v. 12, n. 12, p. 151-170, 2017. Disponível em: <https://periodicos.ufpe.br/revistas/cadernosdehistoriaufpe/article/view/234820/29651>. Acesso em: 2 dez. 2020.

VÁSQUEZ, M. A. **More than belief**: a materialist theory of religion. Oxford/New York: Oxford University, 2011.

XUNZI (荀子). **Xunzi** (v. 1). Translated into English by John Knoblock, translated into Modern Chinese by Zhang Jue. Changsha/Beijing: Hunan People's Publishing House/Foreign Languages Press, 1999a.

XUNZI (荀子). **Xunzi** (v. 2). Translated into English by John Knoblock, translated into Modern Chinese by Zhang Jue. Changsha/Beijing: Hunan People's Publishing House/Foreign Languages Press, 1999b.

XUNZI (荀子). In: STURGEON, D. **Chinese Text Project**. 2006. Disponível em: <https://ctext.org/xunzi>. Acesso em: 2 dez. 2020.

XUNZI (荀子). **Xunzi:** The complete text. Translated and with an introduction by Eric L. Hutton. Princeton: Princeton University Press, 2014.

YIJING. In: STURGEON, D. **Chinese Text Project.** 2006. Disponível em: <https://ctext.org/book-of-changes>. Acesso em: 2 dez. 2020.

YANG, X. Tai Xuan Jing 太玄經. In: STURGEON, D. **Chinese Text Project.** 2006. Disponível em: <https://ctext.org/taixuanjing>. Acesso em: 2 dez. 2020.

YU, D. **Confúcio, com amor.** São Paulo: Best Seller, 2009.

WAARDENBURG, J. **Classical Approaches to the Study of Religion**: Aims, Methods and Theories of Research. Introduction and Anthology. Berlim/New York: Walter de Gruyter, 1999.

WALTERS, D. **I Ching Alternativo.** Introdução ao T'ai Hsüan Ching de Yang Hsiung de Derek Walters. Tradução de Bernadette Siqueira Abrão. São Paulo: Siciliano, 1989.

WILHELM, R. (Ed.). **I Ching**: o livro das mutações. São Paulo: Pensamento, 1991.

WU, J. C. (Ed.). **I Ching**: o tratado das mutações. Tradução, notas e comentários de Wu Jyh Cherng em coautoria com Marcia Coelho de Souza. Rio de Janeiro: Mauad X, 2015.

ZHOU, D. Y. Taiji Tu Shuo. In: STURGEON, D. **Chinese Text Project.** 2006. Disponível em: <https://ctext.org/wiki.pl?if=en&chapter=942058&remap=gb>. Acesso em: 2 dez. 2020.

BIBLIOGRAFIA COMENTADA

BUENO, A. **A educação chinesa na visão confucionista.** EducArte, 2011. Disponível em: <https://www.academia.edu/1439632/EducArte_a_Educa%C3%A7%C3%A3o_Chinesa_numa_vis%C3%A3o_confucionista>. Acesso em: 2 dez. 2020.

Trata-se de uma das poucas publicações sobre um tópico específico da tradição confuciana, no caso, a educação. Mais do que expor a perspectiva confucionista, o autor mostra em alguns dos capítulos o que se pode aprender com essa visão tão pouco conhecida no Brasil. André Bueno é o pesquisador que mais tem contribuído qualitativa e quantitativamente para a sinologia em língua portuguesa em geral.

CHENG, A. **História do pensamento chinês.** Petrópolis: Vozes, 2008.

Esse é o livro mais abrangente em termos históricos disponível em português sobre a história do pensamento ou filosofia da China. Mais exatamente, trata-se do livro em português com o maior conteúdo sobre história do confucionismo como escola de pensamento ou filosofia. A autora é uma das maiores autoridades sobre o tema no universo dos francófonos e em todo o mundo.

CONFÚCIO. **Os Analectos.** Tradução, introdução e notas de D. C. Lau. Porto Alegre: L&PM, 2011.

Esse material é a fonte mais antiga e confiável do pensamento de Confúcio, traduzido do chinês para o inglês e, depois, para o português, de alta qualidade e fácil acesso, além de conter comentários detalhados e aprofundados de D. C. Lau, grande especialista em confucionismo.

CONFÚCIO. **Os Analectos**. Tradução, introdução, comentários e notas de Giorgio Sinedino. São Paulo: Ed. da Unesp, 2012.
Primeira tradução completa e bilíngue d'*Os Analectos*, de Confúcio, direto do chinês para o português, e publicada por um brasileiro. Além desse ineditismo, conta com introdução e comentários do tradutor, que são baseados no mais reconhecido comentador dessa obra dos últimos mil anos, o (neo)confuciano Zhu Xi 朱熹.

LAI, K. L. **Introdução à filosofia chinesa**: confucionismo, moismo, daoismo e legalismo. São Paulo: Madras, 2009.
Introdução à filosofia chinesa clássica ou antiga de um ponto de vista acadêmico, abrange somente as principais tradições de pensamento, sendo uma boa fonte para o entendimento do pensamento chinês antigo e mais especialmente dos primeiros séculos do confucionismo.

VAN NORDEN, B. W. **Introdução à filosofia chinesa clássica**. Petrópolis: Vozes, 2018.
Trata-se de introdução à filosofia clássica chinesa de um ponto de vista acadêmico e comparativo, especialmente indicado para quem deseja conhecer essas tradições em uma perspectiva filosófica. Apesar de cobrir somente a Antiguidade chinesa, traz reflexões pautadas na atualidade.

PINHEIRO-MACHADO, R. **China, passado e presente**: um guia para compreender a sociedade chinesa. Porto Alegre: Artes e Ofícios, 2013.
Trata-se da primeira obra em português do Brasil sobre a história chinesa, sendo bastante abrangente. A autora é a antropóloga brasileira que mais discute cultura chinesa. Nessa obra, além de alguns trechos sobre o confucionismo, é abordado como essa tradição teve influência em diversos aspectos da cultura chinesa: política, relações internacionais, poesia, relações de gênero ou comércio.

POCESKI, M. **Introdução às religiões chinesas.** São Paulo: Ed. da Unesp, 2013.
Este livro, escrito por um cientista das religiões de maneira bastante didática e crítica, contempla elementos do confucionismo ainda pouco estudados no Brasil, como seus aspectos religiosos, em especial sua relação com as religiões populares chinesas.

SCHUMAN, M. **Confúcio e o mundo que ele criou.** São Paulo: Três Estrelas, 2016.
Escrito em linguagem fácil e envolvente, ainda que citando especialistas, essa obra mostra-se como uma aproximação bastante indicada a quem deseja conhecer a tradição confuciana de maneira mais leve. Ao mesmo tempo, o autor faz conexões relevantes com o impacto do confucionismo no mundo antigo e no mundo atual, tanto na Ásia quanto em outros continentes.

WILHELM, R. **Introdução a Confúcio.** Rio de Janeiro: Contraponto, 2011.
Esta é uma introdução à tradição confuciana marcada por um prisma erudito e europeu do início do século XX, sendo ainda uma das únicas obras em português que contêm a tradução de fontes antigas chinesas. Por um lado, é uma das fontes em português que auxiliam na compreensão desse objeto de estudo; por outro, é preciso considerar com cautela a mentalidade de quem o escreveu e quando o escreveu, ficando atento a certos vícios de tradução e buscando filtrar o que a obra tem de melhor e o que não mais é adequado.

APÊNDICES

Apêndice 1: Quadro da cronologia chinesa e confuciana

CRONOLOGIA CHINESA E CONFUCIANA	
Nome da dinastia ou do período	Marcos e personagens da tradição confuciana
Antes da Era Comum (AEC)	
Os Três Soberanos (Sān Huáng 三皇) e Os Cinco Imperadores (Wǔ Dì 五帝)	Soberano Celestial; Soberano Terrestre; e Soberano Humano Huángdì 黄帝 (Imperador Amarelo), Zhuānxū 顓頊, Kù 嚳, Yáo 堯 e Shùn 舜
Dinastia Xià 夏 (ca. 2100-ca.1600)	Yǔ 禹, o Grande, "funda" a primeira das dinastias antigas
Dinastia Shāng 商 [Yīn 殷] (~1600–1046)	Culto a Shàngdì 上帝 e aos ancestrais; formação sociopolítica mais organizada; uso de ossos divinatórios, avanços técnicos militares e na agricultura
Dinastia Zhōu 周 (1046-256) Zhōu Anterior (1046-771)	Rei Wén 文, seus filhos (Rei Wǔ 武 e o Duque Dàn 旦 de Zhōu) e seu neto, Chéng 成. Estabelecimento da ideia de mandato celestial (Tiānmìng 天命)
Zhōu Posterior (771-256) Primaveras e Outonos (771-481)	Início das cem escolas de pensamento; nascimento de Confúcio, Laozi, Mozi Segundo a tradição, edição dos cinco clássicos por Confúcio: *Clássico dos Ritos, Clássico das Mutações, Clássico da Poesia, Clássico da História* e *Anais de Primavera e Outono*
Estados Combatentes (403-221)	Mêncio e Xunzi; outras escolas: dos nomes, legalistas, daoistas, moístas etc.
Dinastia Qín 秦 (221-206)	Reunificação imperial, com poder centralizado e com ideias dos Legalistas Queima de livros clássicos
Dinastia Hàn 汉 (206 AEC- 220 EC) Hàn Ocidental (206-12 EC)	Historiadores pai e filho Sima Confucionismo se torna doutrina oficial do Estado

(continua)

(continuação)

CRONOLOGIA CHINESA E CONFUCIANA	
Nome da dinastia ou do período	*Marcos e personagens da tradição confuciana*
Era Comum (EC)	
Dinastia Xīn 新 (9-23)	Yang Xiong comentador d'*Os Analectos* e do *Yijing*, e autor da obra *Fāng Yán* 方言 (Palavras regionais) e do *Tàixuán Jīng* 太玄經 (Clássico do Mistério Supremo)
Hàn Oriental (23-220)	O budismo chega à China, há a formação social do daoismo: tradições que coexistiram com o confucionismo em toda história chinesa
Três Reinos (220-265)	Comentário de Wángbì 王弼 a'*Os Analectos* e ao *Yijing*
Dinastia Jìn 西晉 (265-420)	Confucionismo perde espaço para ideias daoistas e para o crescimento do budismo nos círculos eruditos e para a gestão dos estados
Dinastias do Sul e do Norte (386-589)	Confucionismo perde força em vários estados que disputam a hegemonia da China
Dinastia Suí 隋 (581-618)	Reunificação do império chinês
Dinastia Táng 唐 (618-907)	Confucionismo volta a ser a base política do Estado, em coexistência com o budismo e o daoismo
Cinco Dinastias (907-960)	Período de turbulências políticas e sociais
Dinastia Sòng 宋 (960-1279) Song do Norte (960-1127) Song do Sul (1127-1279)	"Neoconfucionistas", formados pelas correntes do "Estudo do Caminho" (Dàoxué 道学), do "Estudo da mente" (Xīnxué 心学) e do "Estudo do Princípio" (Lǐxué 理学)
	Zhū Xī 朱熹 (1130-1200) altera a base original dos exames oficiais dos Cinco Clássicos para os "Quatro livros": *Os Analectos* de Confúcio, o livro de Mêncio, o "*Invariável Meio*" (Zhōng Yōng 中庸) e o "*Grande Estudo*" (大学 Dàxué)
Dinastia Yuán 元 (1280-1368)	Período de invasão Mongol Reformulação dos exames de Zhu Xi se torna oficial

(conclusão)

CRONOLOGIA CHINESA E CONFUCIANA	
Nome da dinastia ou do período	*Marcos e personagens da tradição confuciana*
Dinastia Míng 明 (1368-1644)	Restauração do poder pelo povo Hàn
	Desenvolvimento do neoconfucionismo, com destaque para Wang Yangming. Crescente força da noção de que os "Três ensinamentos são um só"
	Formação das primeiras "novas religiões chinesas", com forte aspecto de "confucionismo popular"
	Difusão das missões cristãs europeias
	A longa dinastia coreana Joseon (1392-1910) abraça o (neo)confucionismo como doutrina política oficial
Dinastia Qīng 清 (1644-1911)	Período de invasão dos Man
	Crescimento de uma tradição de letrados críticos, com destaque para Wang Fuzhi
	Busca de adaptação aos impactos do colonialismo europeu: tentativas de reformas constitucionalistas confucianas, queda do sistema de exames pelos clássicos (1905) e início de movimentos rebeldes pelo fim do império invasor
República da China (1912-1949)	"Queda de Confúcio"
	Apesar de o confucionismo não ser mais a doutrina oficial, a doutrina moderna do "Tridemismo" do pai da república chinesa, Sun Yat-sen, tem como uma das bases o confucionismo
República Popular da China (1949-)	Desvalorização e perseguição ao confucionismo por parte do novo governo comunista/maoista
	O confucionismo continua a ter força em outros locais de predominância chinesa, como Hong Kong, Taiwan, Singapura ou Malásia, sendo um elemento identitário nas populações chineses migrantes
	Desde as reformas do governo de Deng Xiaoping na década de 1980, o confucionismo volta a ter algum reconhecimento social na China: criação dos Institutos Confúcio para difusão oficial da cultura chinesa pelo mundo, com ênfase na educação e língua
	Filme *Confúcio* dirigido por Hu Mei e lançado em 2010 torna-se *best-seller* de popularização da figura de Confúcio
	Há um renascimento modesto de centros de formação confucianos de um novo confucionismo

Apêndice 2: Quadros de transliteração e pronúncia da escrita chinesa

Os *Hànzi* 汉子 (caracteres chineses) são signos da língua escrita chinesa (*Zhōngwén* 中文) que, em si mesmos, não apresentam, necessariamente, a informação sobre como devem ser pronunciados. Como saber a forma de falar uma palavra escrita na forma de um caractere chinês? Por meio de estudo formal e aprendizado cultural, de preferência das duas formas em conjunto. O quadro de pronúncias a seguir não visa ensinar a ler fluentemente os caracteres, mas a entender a transliteração deles para letras de alfabetos latinos, ou simplesmente romanização, fornecendo uma noção sobre o som (fonema) dos termos chineses usados nesse livro.

Por exemplo, o termo 文, no título, pode ser romanizado como *wén*, e pronuncia-se aproximadamente como "uen" – devido ao acento "´", fala-se subindo o tom, como quando se pergunta (uen?). Para outras palavras, no entanto, há muitas formas, por exemplo, o termo "子 zi", que muitas vezes foi transliterado como "tsu", "tzu", "tse" ou "tze". Diante das muitas possibilidades de transformar os caracteres em letras e sons reproduzíveis por falantes de línguas neolatinas, optamos pelo sistema de transliteração *Hànyǔ Pīnyīn* 汉语拼音 (ou simplesmente "Pinyin"). É o padrão mais usado e oficial da China continental, além de já ser de amplo conhecimento entre chineses de outras regiões, como de *Táiwān* 台湾, Singapura e Malásia.

Segue um resumo de modelos de pronúncia feitos por nós, adaptados especialmente para brasileiros. Mostramos primeiro os tons e em seguida as letras, começando pelas vogais e informando depois as consoantes. Sugerimos a você, leitor, testar nosso modelo na leitura de termos chineses usados ao longo deste livro.

QUADRO DE PRONÚNCIA DE LÍNGUA CHINESA PARA BRASILEIROS		
TOM	Exemplo	Descrição
1º (¯)	dā	Alto e nivelado, "cantado"
2º (´)	dá	Começa em tom mediano, então sobe até o topo, próximo do tom usado para perguntas no português brasileiro. (p. ex.: "É?"; "Sério?"; "Vamos?")
3º (ˇ)	dǎ	Começa de médio para baixo, desce até embaixo e então sobe até o topo, com clara variação de tom. (p. ex.: o "uai" mineiro)
4º (`)	dà	Começa no topo, então desce rápido e forte até embaixo, foneticamente próximo da noção de sílaba tônica ou "forte" em português, como o verbo "é".
Neutro	da	Plano, sem ênfase, pronúncia "fraca" ou "leve", como o nosso "certo!" ou "ok!".
VOGAIS	Pronúncia aproximada em termos do português brasileiro	Descrição para pronúncia de brasileiros
a	azeitona / aparelhagem	Pronúncia idêntica no Brasil
o	moço / avô	Pronúncia mais fechada (igual "avô", diferente de "avó")
e	você / êita	Pronúncia que enfatiza o uso da garganta
i	identificar	Pronúncia idêntica no Brasil
u	curso / luta	Pronúncia idêntica no Brasil
ü	Não há equivalente em português	Pronúncia entre "i" e "u", com lábios em forma de bico (lembra pronúncia característica de franceses)
er	erva	Pronúncia próxima do sotaque "caipira" do interior do Brasil
ai	papagaio / acaí	Pronúncia idêntica no Brasil
ei	meio	Pronúncia idêntica no Brasil
ao	pau / mingau	Pronúncia próxima ao "au" no final das palavras no Brasil
ou	louro	Pronúncia idêntica no Brasil, mas com o "o" mais fechado

(continua)

(continuação)

QUADRO DE PRONÚNCIA DE LÍNGUA CHINESA PARA BRASILEIROS		
an	maçã	Pronúncia apenas próxima *à* do "an" no Brasil, pois em língua chinesa palavras com "n" no final tem uma pronúncia mais aberta e expansiva
en	cem	Pronúncia idêntica ao "em" falado no Brasil. Em língua chinesa palavras com "n" no final tem uma pronúncia mais aberta e expansiva
ang	Não há equivalente em português	O "g" no final é mudo ou "engolido"
eng	Não há equivalente em português	O "g" no final é mudo ou "engolido"
ong	Não há equivalente em português	O "g" no final é mudo ou "engolido"
ia	Não há equivalente em português	Pronúncia que deve enfatizar a letra "a" no final
ie	tietê	Pronúncia que deve enfatizar a letra "e" no final
iao	filial	Pronúncia que busca expressar as três letras (*i, a, o*) de uma só vez
iu	piou (verbo piar)	Atenção, apesar de só ter "i" e "u", a pronúncia precisa ter um "ou" no final
ian	caiena	Em língua chinesa, palavras com "n" no final têm uma pronúncia mais aberta e expansiva. Nesse caso, também deve se pronunciar "i" e "a" juntos
in	pinha	Em língua chinesa, palavras com "n" no final têm uma pronúncia mais aberta e expansiva
iang	Não há equivalente em português	O "g" no final é mudo ou "engolido"
ing	Não há equivalente em português	O "g" no final é mudo ou "engolido"
iong	Não há equivalente em português	O "g" no final é mudo ou "engolido"
ua	**água**	Pronúncia idêntica no Brasil, mas juntam-se o "u" e o "a"
uo	Não há equivalente em português	Pronúncia que deve enfatizar a letra "o" no final

(continuação)

QUADRO DE PRONÚNCIA DE LÍNGUA CHINESA PARA BRASILEIROS		
uai	"uai" (mineiro)	Pronúncia que deve juntar o "u", o "a" e o "i" em um só som
uan	Não há equivalente em português	Em língua chinesa, palavras com "n" no final têm uma pronúncia mais aberta e expansiva. Pode haver dois casos: (1) "u" está entre o "u" e o "i" fazendo bico, ficando "iuân"; ou (2) com o "u" mais marcado
un	unificado	Em língua chinesa, palavras com "n" no final têm uma pronúncia mais aberta e expansiva.
uang	Não há equivalente em português	O "g" no final é mudo ou "engolido", aproximando-se de "uãn"
üe	Não há equivalente em português	Pronúncia do "u" entre "i" e "u", com lábios em forma de bico, enfatizando o "e" no final
üan	Não há equivalente em português	Pronúncia do "u" entre "i" e "u", com lábios em forma de bico, enfatizando o "a" com "n" no final com pronúncia mais aberta e expansiva
ün	Não há equivalente em português	Pronúncia do "u" entre "i" e "u", com lábios em forma de bico, enfatizando o "n" no final com pronúncia mais aberta e expansiva
CONSOANTES	Pronúncia aproximada em termos do português brasileiro	Descrição para pronúncia de brasileiros(as)
b	bala / bicicleta	Pronúncia idêntica no Brasil
p	por favor	Pronúncia da letra "p" deve ser feita de forma aspirada/soprada
m	mulher	Pronúncia idêntica no Brasil
f	farofa	Pronúncia idêntica no Brasil
d	duvidar / dado	Pronúncia idêntica no Brasil
t	tártaro / Tiago (sotaque da região Nordeste do Brasil)	Pronúncia da letra "t" deve ser feita de forma aspirada/soprada, com a língua nos dentes superiores
n	nariz	Pronúncia idêntica no Brasil, mas o "n" deve ser mais marcado.
l	lápis / Luis	Pronúncia idêntica no Brasil
g	gago / guerra	Pronúncia idêntica ao "g" fechado (ga, gue, gui, go, gu). Nunca como g de "ge" ou "gi"

(conclusão)

QUADRO DE PRONÚNCIA DE LÍNGUA CHINESA PARA BRASILEIROS

k	cabelo	Pronúncia fechada, igual ao nosso "c" do início das *sílabas "ca", "co" e "cu", e o "q" de "querer" e "quiser"*
h	rapaz / correr	Pronúncia sempre como nosso "r" aberto com utilização da garganta (rua, roer, carro)
j	dia / divã (nos sotaques do sudeste brasileiro)	Pronúncia aberta do "d", sempre como sotaques do Sudeste, nunca como os sotaques do Nordeste do Brasil.
q	Tia / tio (próxima do sotaque carioca)	Pronúncia aspirada/soprada, sem equivalentes no Brasil. Recomendamos pronunciar "tia" enquanto sorri (sotaque carioca)
x	xixi (na fala de crianças)	Pronúncia idêntica ao "x" no Brasil. Em alguns sotaques chineses se aproxima de "s"
zh	Djavan	Pronúncia próxima do primeiro som da palavra do instrumento de sopro "**didj**eridu".
ch	tchau	Pronúncia sem equivalente exato em português; aproxima-se do som inicial palavra italiana aportuguesada "tchau", mas com a boca mais fechada
sh	~ chiclete	Pronúncia próxima ao "x" no Brasil, mas com a boca mais fechada e a língua no céu da boca
r	jambo ou porta (sotaque "caipira" do interior do Brasil)	Pronúncia com pelo menos duas variações: (1) mais próxima do "j" brasileiro (no norte da China), ou (2) do "r" do sotaque "caipira" do interior paulista (no sul da China)
z	~ "tzuo"	Pronúncia originalmente sem equivalente em português. Mistura entre "t" e "z".
c	~ "tss"	Pronúncia originalmente sem equivalente em português. Mistura entre "t" e "s", como um "tchau" com pronúncia mais fraca e aberta
s	sapato / cigarra	Pronúncia idêntica no Brasil
y	identificar	Idêntico ao "i" do Brasil, mas considerado como consoante. Se vier antes de "u" a pronúncia da palavra fica como "ü"
w	Ulisses	Pronúncia idêntica ao "u" do Brasil, mas considerado como consoante.

RESPOSTAS

Capítulo 1
1. e
2. d
3. a
4. c
5. b

Capítulo 2
1. b
2. a
3. b
4. c
5. b

Capítulo 3
1. a
2. e
3. c
4. c
5. d

Capítulo 4

1. e
2. a
3. d
4. c
5. c

Capítulo 5

1. e
2. d
3. c
4. b
5. a

Capítulo 6

1. a
2. a
3. c
4. d
5. b

SOBRE O AUTOR

Matheus Oliva da Costa é cientista das religiões com licenciatura plena pela Universidade Estadual de Montes Claros (Unimontes). É mestre e doutor em Ciência das Religiões pela Pontifícia Universidade Católica de São Paulo (PUC-SP). Realiza pesquisas com foco nas culturas chinesas, em especial, artes marciais, religiões e filosofias da China, com ênfase no confucionismo, no daoismo e no *taijiquan* (*Taichi chuan*) – temas que estuda desde a adolescência. Foi professor de 2012 a 2017 de ensino religioso escolar fundamentado na Ciência das Religiões. Em 2015 foi professor da primeira graduação (licenciatura plena) pública à distância (EaD) em Ciência das Religiões do Brasil, oferecido pela Unimontes em parceria com o programa Universidade Aberta do Brasil (UAB), do governo federal. É cocriador e organizador do Seminário de Ciência da Religião Aplicada (Semcrea), evento que fomenta a profissionalização de cientistas das religiões e promove discussões sobre a aplicação dessa ciência, por exemplo, na educação escolar. Em 2018 foi especialista convidado da subcomissão para formulação das Diretrizes Curriculares Nacionais (DCN) de Ciência(s) da Religião no Conselho Nacional de Educação (CNE). É membro da Associação dos Cientistas da Religião do Pará (Acrepa). Foi criador e coordenador da licenciatura em Filosofia da Faculdade Ebramec, primeiro curso dessa área aprovado pelo Ministério da Educação (em 2019) que incluiu em seu currículo, de maneira intercultural, toda a história do pensamento chinês e outras matrizes filosóficas com a matriz grega prevista na formação filosófica. É também membro da Associação Latino-Americana de Filosofia Intercultural (Alafi).

Os papéis utilizados neste livro, certificados por instituições ambientais competentes, são recicláveis, provenientes de fontes renováveis e, portanto, um meio **respons**ável e natural de informação e conhecimento.

FSC
www.fsc.org
MISTO
Papel produzido a partir de fontes responsáveis
FSC® C103535

Impressão: Reproset
Fevereiro/2021